战略领导力评估

郭 焱 著

机械工业出版社

本书论述了战略管理理论（战略分析、战略制定、战略实施、战略评估和控制）与领导学理论（领导特质、领导行为、领导权变、领导影响力、关系领导力、生态领导力、数字化领导力、战略转型领导力及危机管理领导力）的主要内容，结合对战略领导者自身特质和行为特征的介绍，阐述了其与下属、工作任务等情境的联系和影响，与公司内外部利益相关者的关系，与生态环境系统的关系，以及在数字化转型、战略转型、危机管理中的特质与领导风格。此外，本书还介绍了战略领导者在战略分析、战略制定、战略实施、战略评估和控制方面应发挥的作用。

本书试图为组织的各层级高管在当前情境下评估自己的战略领导者素质和能力、提升有效的战略领导力提供帮助；试图为组织愿景、使命和战略目标的早日实现，进而为组织带来可持续的经济效益和社会效益，以及可持续的竞争优势提供帮助。本书是企业管理者进阶必备手册，也是领导力研究者的宝贵参考资料。

图书在版编目（CIP）数据

战略领导力评估 / 郭焱著. —北京：机械工业出版社，2021.1
ISBN 978-7-111-67070-4

Ⅰ.①战⋯ Ⅱ.①郭⋯ Ⅲ.①企业战略-战略管理 Ⅳ.①F272.1

中国版本图书馆 CIP 数据核字（2020）第 251458 号

机械工业出版社（北京市百万庄大街22号 邮政编码100037）
策划编辑：赵海青 母云红　责任编辑：赵海青 母云红 何 洋
责任校对：刘雅娜　　　　　　责任印制：郜 敏
北京圣夫亚美印刷有限公司印刷
2021年1月第1版第1次印刷
169mm×239mm・18印张・1插页・315千字
0 001—2 500册
标准书号：ISBN 978-7-111-67070-4
定价：89.00元

电话服务　　　　　　　　　网络服务
客服电话：010-88361066　　机 工 官 网：www.cmpbook.com
　　　　　010-88379833　　机 工 官 博：weibo.com/cmp1952
　　　　　010-68326294　　金 书 网：www.golden-book.com
封底无防伪标均为盗版　　　机工教育服务网：www.cmpedu.com

前　言

当今组织面临的主要挑战之一，是拥有一支能够在动荡、模糊和不稳定的环境中行动的领导团队，能有效地促进组织目标和战略的实现，从而确保其连续性（Elena Lysenko 等，2015）。假如您是某个组织的高管、首席执行官（CEO）、董事会成员或关键业务部门的负责人，也就是公司的战略领导者，对您来说，需要考虑的一个关键的问题是，是什么造就了一个优秀的而不仅仅是高效的、有战略远见的领导者？迈克尔·波特（Michael E. Porter）的定位学派认为，有效的战略领导者可以为组织获得长期优异的绩效，并确保组织在行业中处于有利地位，以高的进入壁垒确保其竞争地位（Porter，1980，1996，2008）；而以巴尼（Barney）为首的资源基础派认为，为了使组织具有长期可持续的竞争优势，战略领导者的核心任务是获取、开发和建立资源和能力（Barney，1991，1994；Hamel 和 Prahalad，1994；Grant，1996）。战略领导者应具备与其战略定位（Strategic Orientation）、战略实施（Strategic Implementation）、战略结盟（Strategic Alignment）和与核心竞争力开发（Development of Core Competency）相关的核心能力（Core Capability）。战略管理过程中，有效战略领导力的作用是确定和沟通战略方向，促进并监督战略的制定和实施，建立公司平衡控制机制，以保证企业达到预期目标，从而沿着理想的方向前进（Davies，2004）。2016 年，光辉国际调研的全球 7500 名领导者中，66%的领导者认为领导力要解决的问题是推动战略落地，17%的领导者认为他们拥有组织希望的领导力。调研发现，40%的公司没有依据公司战略调整领导力需求，亚太地区缺乏战略转型的领导力。

我们的研究发现，战略领导力影响战略管理的效率，包括战略定位、战略决策、战略实施、战略评估与控制。战略领导力就是战略领导者（个人、团队、组织）在战略管理过程（战略定位、战略制定、战略实施、战略评估和控制）中需要具备的核心能力。处于世界政治、经济、技术和社会发生巨大变革的 21 世纪，组织的长期成功取决于尽快开发和重新创造公司能力的能力，使公司能够应对不断变化的外部环境和竞争挑战。玛丽·库尔特（Mary Coulter）在《战略管理：实践导向》一书中指出，战略领导力是预测、展望，保持灵活性、战略性思考，并且能在组织中与他人一起孕育出能为组织创造出未来有价值和可行的变革的能力。有效战略领导力有六个主要影响因素：确定组织的愿景或目标、开发和维持组织的核心竞争力、开发组织的人力资本、创造和维持强有力的组织文化、重视组织决策和实践的伦理性，以及建立合适、均衡的控制。

战略领导力属于战略管理和领导学的交叉学科知识，本书对两者的融合做了有益的探索。本书将战略管理理论（战略分析、战略制定、战略实施、战略评估和控制）与领导学理论的主要内容（领导特质、领导行为、领导权变、领导影响力、关系领导力、生态领导力、数字化领导力、战略转型领导力及危机管理领导力）相结合，将战略领导者自身的特质和行为特征，与下属、工作任务等情境的联系与影响，公司内外部利益相关者的关系，生态环境系统的关系，数字化转型、战略转型以及危机管理所需要的特质与能力，战略领导者在战略分析、战略制定、战略实施、战略评估和战略控制方面应发挥的作用等相结合。本书试图为组织的各层级高管，在当前情境下评估自己的战略领导者素质和能力、提升有效的战略领导力提供帮助，试图为组织愿景、使命和战略目标早日实现，进而为组织带来可持续的经济效益和社会效益及可持续的竞争优势提供帮助。

本书是在天津大学管理与经济学部以及天津大学中国汽车战略发展研究中心的教师和研究生共同努力下完成的。其中，尹圆圆不仅协助统稿，而且编辑整理了第 2 章（2.1~2.4）、第 3~6 章和第 10 章；陈晶编辑整理了第 7 章（7.2、7.4）、第 8 章（8.2、8.3、8.5）、第 11 章（11.1、11.3、11.5）和第 12 章；王雪岚编辑整理了第 7 章（7.3）、第 9 章（9.3）和第 15 章；骈宇彤编辑整理了第 7 章（7.5、7.6）、第 9 章（9.3、9.4）和第 16 章；孙鹏国编辑整理了第 7 章（7.7）、第 8 章（8.4）和第 14 章；冷静泽编辑整理了第 1 章（1.3）；崔滨协助绘制了图 9-1~图 9-5、图 10-1、图 11-4 和图 11-5、图 15-1。

感谢参与本书整理出版的伙伴们，没有你们一年多的付出就没有本书的完成。感谢所有参考文献的作者，没有你们劳动成果的帮助，就没有今天的书稿。感谢天津大学管理与经济学部对本书的支持。感谢我的家人对我这个"工作狂"的宽容、理解和支持。

从 2020 年 6 月开始,我们提出做"中国领导力的使能者"(China Leadership Enabler, CLE)的愿景。我们已经构建了 MEDO(Motivation, Evaluation, Deployment, Output)模型,试图通过动因、评估、维护及输出来探索数字化变革的中国方法、中国实践和中国价值。

本书的读者对象可以是战略管理和领导力领域的学者,也可以是组织的各层级高管以及想成为组织各层级高管的人。本书可以作为面向未来管理的全面的领导力及战略管理自查手册,是读者值得拥有的战略领导力自我诊断评估工具。

郭 焱

目 录

前言

第一篇　战略领导力概述

第 1 章　战略领导力的定义及类型

1.1　战略领导力的定义　002
1.2　战略领导力的类型　008
1.3　测测你的战略领导力　012

第二篇　战略领导者的素质与能力

第 2 章　战略领导者的特质

2.1　人格　019
2.2　情商　021
2.3　道德　023
2.4　认知　024
2.5　管理知识、技能和能力　025
2.6　测测你的战略领导者特质　028

第 3 章　战略领导者的行为

3.1　领导行为类型　044
3.2　态度　045
3.3　感知力　046
3.4　归因和控制　046
3.5　思维模式　047
3.6　测测你的行为战略领导力　048

第 4 章 战略领导者的权变

4.1	下属成熟度权变	053
4.2	关系-任务-权力权变	055
4.3	路径-目标权变	057
4.4	领导者标准决策模型	059
4.5	测测你的权变战略领导力	061

第 5 章 战略领导者的影响力

5.1	权力影响力	067
5.2	政治影响力	068
5.3	团队影响力	070
5.4	测测你的战略影响力	072

第 6 章 战略领导者的关系领导力

6.1	组织内部关系	079
6.2	组织外部关系	081
6.3	领导者关系管理能力	082
6.4	测测你的战略关系领导力	086

第三篇 战略领导力的有效性评估

第 7 章 外部环境分析

7.1	外部环境关键因素识别	094
7.2	PESTEL 分析模型	095
7.3	产业生命周期模型	096
7.4	产业结构六力模型	099
7.5	利益相关者模型	103
7.6	竞争者分析模型	105
7.7	互联网环境关键因素识别	105
7.8	测测你的外部环境分析领导力	107

第 8 章 内部环境分析

8.1	内部环境关键因素识别	124
8.2	资源基础理论	125
8.3	产品生命周期模型	127
8.4	公司生命周期模型	129
8.5	价值链分析模型	136
8.6	测测你的内部环境分析领导力	138

第 9 章 战略制定

9.1	战略决策过程与战略领导	150
9.2	SWOT 矩阵	158
9.3	SPACE 矩阵	159
9.4	BCG 矩阵	160
9.5	GE 矩阵	161
9.6	测测你的战略制定领导力	162

第 10 章 战略方向制定

10.1	愿景型领导	182
10.2	使命型领导	183
10.3	价值观领导	184
10.4	战略与目标领导	185
10.5	测测你的战略方向领导力	189

第 11 章 战略实施

11.1	组织结构与战略匹配	196
11.2	体系流程与战略地图	201
11.3	人员与薪酬	205
11.4	战略实施与战略领导	206
11.5	测测你的战略实施领导力	210

第 12 章 战略评估与控制

12.1	战略评估	218
12.2	战略控制	219
12.3	测测你的战略评估与控制领导力	221

第四篇　新型战略领导力

第 13 章　生态领导力

- 13.1　组织生态模式　226
- 13.2　生态系统的发展阶段　227
- 13.3　生态领导力的特征　228
- 13.4　测测你的生态战略领导力　229

第 14 章　数字化领导力

- 14.1　数字经济及数字化变革　234
- 14.2　数字化转型对组织的影响　235
- 14.3　数字化转型领导力构成　238
- 14.4　数字化转型关键领导力要素模型　239
- 14.5　数字化转型领导力关键影响因素　242
- 14.6　测测你的数字化转型战略领导力　244

第 15 章　战略转型领导力

- 15.1　战略转型的方法　251
- 15.2　战略转型的分类　255
- 15.3　战略转型的挑战　256
- 15.4　战略转型领导力四要素　257
- 15.5　测测你的战略转型领导力　263

第 16 章　危机管理领导力

- 16.1　组织危机的类型　267
- 16.2　组织危机管理过程五阶段模型　268
- 16.3　组织危机管理过程五阶段的关键领导能力　269
- 16.4　测测你的危机管理领导力　271

参考文献　276

第一篇
战略领导力概述

第 1 章 战略领导力的定义及类型

1.1 战略领导力的定义

什么是战略领导力？学者们从战略领导者的概念、有效战略领导者的作用（职责、任务），推演了有效战略领导者应该具备的战略领导力（表1-1）。虽然学者们的表述有所不同，但对战略领导力的定义已经基本达成共识：战略领导者是指能够对团队和组织产生战略影响的个人，包括首席执行官（CEO）、首席运营官（COO）、董事会成员、高层管理团队（TMT）及关键业务部门的负责人。战略领导者要回答的最终问题是，如何更好地领导与影响他人达成组织的长期战略目标。有效战略领导者的作用在于确定战略方向（战略定位）、制定战略、实施战略、评估和控制战略，以实现组织愿景、使命和长期战略目标，确保组织具有长期的可持续竞争优势。有效的战略领导者应具备与其战略定位、战略制定、战略实施、战略评估和控制相关的核心能力（战略领导力）。有效的战略领导者决定组织的战略意图和战略使命，战略意图和战略使命决定战略制定和战略实施等战略行动，战略行动决定战略绩效。

表1-1 战略领导力的定义

学者（时间）	战略领导力的定义
Porter （1979，1996）	有效的战略领导者能够做到：①使公司在行业内处于有利地位，必要时重塑行业力量；②为使公司获得长远超群表现，设置高进入门槛，使公司保持竞争地位

(续)

学者（时间）	战略领导力的定义
Mintzberg（1987）	战略领导者与其说是计划战略，不如说是塑造战略，他们更像是工匠而不是"科学管理者"
Barney（1991，1994），Hamel & Prahalad（1994）；Grant（1996）	为了实现组织的长期可持续竞争优势，战略领导者的核心任务是获取、开发和建立资源和能力
Fidler（1996）	战略领导力可能更好地被认为是一种视角、一种看待事物的整体方式
Finkelstein，Hambrick & Cannella（1996）	从战略选择的角度，战略领导力的研究关注那些对组织负有全面责任的高管——他们的特点，他们做什么，他们如何做，尤其是他们如何影响组织的结果。战略领导研究的对象可以是个人（如首席执行官或部门总经理）、集团（最高管理团队）或其他治理机构（如董事会）
Leavy（1996）	开发了一个战略领导过程模型，研究领导者、组织历史和情境背景（Situational Contexts）之间动态互动的过程。这个模型把焦点放在领导的过程中，以及在战略实施过程中领导所扮演的角色。在该模型中，战略领导者注重绩效和战略影响，需要不断适应环境变化，制定和实施动态的战略，并且随着环境变化不断制定出与环境匹配的动态战略，从战略发展的时间轴上展示战略领导力在战略发展过程中的作用
Maghroori & Rolland（1997）	愿景、使命和执行是战略领导力密不可分的统一体。为保持组织的竞争力，保证战略落地，战略领导者要把握愿景、使命和执行的关系
House & Aditya（1997）	战略领导是为组织提供目的、意义和指导；而监督领导是为单位成员的日常活动提供指导、支持和纠正性反馈的行为
Ireland & Hitt（1999）	战略领导力是一个人预测、预见、保持灵活性、战略性思考并与他人合作进行变革的能力，这种变革将为组织创造一个可行的未来。有效的战略领导力包括六方面，即决定愿景或目标（战略方向）、维持有效的组织文化、强调伦理实践、探索和维持核心竞争力、发展人力资本、平衡组织控制
Boal & Hooijberg（2001）	战略领导的本质包括学习的能力、改变的能力和管理的智慧 战略领导关注为组织创造意义和目的；领导的战略理论与组织的领导有关；战略领导着重于对组织负有全面责任的人

(续)

学者（时间）	战略领导力的定义
Denis, Lamothe & Langley（2001）	战略领导是一种动态的集体现象，它的影响超出了一个焦点组织的界限。我们将战略领导定义为形成对未来的愿景、将其传达给下属、激励下属以及与同事和下属进行支持性战略交流的过程
Hinterhuber & Fridrich（2002）	战略领导力的任务涉及为组织成员设立愿景，塑造组织内兼具智慧、勇气和冒险精神的榜样，为利益相关者创造价值这三个方面
Ireland & Hitt（2002）	战略领导力的本质就是管理组织的人力资本和社会资本，通过开发和探索组织的资源，为企业创造长期的竞争优势
Fry（2003）	战略领导者负责在个人、群体、组织之间创造愿景和价值观的协同，在组织和环境的利益相关者之间建立有效的关系
Davies（2004）	战略管理过程中有效战略领导力的作用是确定和沟通战略方向，促进并监督战略的制定和实施，建立公司平衡控制机制，以保证组织达到预期目标，从而沿着理想的方向前进。战略领导者应具备与其战略定位、战略实施、战略结盟和核心竞争力开发相关的核心能力。战略领导者能够为组织构建当前的战略，并带领其他人定义组织未来的组织结构是什么
Boal（2004）	战略领导是一系列的决定和活动，包括过程导向的和实质性的决定，通过这些决定和活动，随着时间的推移，组织的过去、现在和未来将结合在一起。战略领导通过重申核心价值观和特性，在本组织与已知和未知的现实和可能性进行斗争时，在过去、现在和未来之间架起一座桥梁，确保连续性和完整性。战略领导开发、关注并使组织的结构、人力和社会资本和能力能够满足实时的机会和威胁。最后，战略领导理解并赋予环境动荡和不确定性意义，并提供一种远景和路线图，使组织得以发展和创新
Vera & Crossan（2004）	战略领导研究的重点是组织的高层人员。它认为执行工作不仅是一种关系活动，而且是一种战略性和象征性的活动
Sosik 等（2005）	战略领导是一个持续的过程，战略领导者通过有效地整合技术、人员、工作流程和商业机会，为员工、股东和社会创造经济、社会和智力价值。战略领导者是"聚焦战略的领导者"。他们也从流程的角度来探求企业组织的战略领导，指出战略领导同样存在输入、流程（任务）和输出。战略领导的输入内容包括高层领导者、员工、业务机会、趋势、技术、信息、合作伙伴、财务资源等。战略领导的流程（任务）内容包括识别和利用趋势、选择和培育战略所需要的人员、聚焦核心信息和战略、调试技术和人员、培育主人翁意识和信任、强化核心信息和战略、促进创新和学习、关注未来的成功等。战略领导的输出内容包括顾客满意度、与利益相关者的良好关系、人员改进、突出的财务绩效、扩展的知识基础、持续的流程、共享的领导力等问题

(续)

学者（时间）	战略领导力的定义
Hughes 等（2005）	组织战略是一个包括五个要素的学习过程。①评估我们所处的位置：收集并理解组织竞争环境的信息。②理解我们是谁，我们想要去哪里：组织的愿景、使命和核心价值。③学习如何达到目标：制定战略，包括确定优先事项。④完成旅程：实施策略将战略转化为行动。⑤检查我们的进展：这是对组织有效性的持续评估，然后引发对组织的新绩效水平的重新评估。在这个学习过程中，组织所需要的战略领导者必须协调愿景、资源和承诺，这样组织才能在变革中保持前进的势头。战略领导者的战略思维、战略行动和战略影响技能推动组织学习过程的连续迭代。这些技能在学习过程的每个要素中都是必需的，组织中每一个层次的领导者都可以练习这些技能。他们创造动力来推动组织的学习过程，将其与组织创造和维持竞争优势的不断发展的战略意图联系起来，他们共同构成了战略领导者
Sosik，Jung & Berson（2005）	战略领导力由一系列流程组成，包括输入—过程—输出三个环节：输入涉及高层领导者、员工、技术和信息、财务资源等；过程即识别和利用趋势、关注核心信息和战略、选择和培育符合战略的人员等；输出包括杰出的财务绩效、顾客满意度、持续的流程及人员改进等
Katherine Beatty & Richard Hughes（2005）	战略领导者通过其愿景和价值观、文化和气候、领导、结构和系统以及战略来增强组织的可持续竞争优势。战略领导包括发现组织需要做好和能够做好的少数关键事情，并创造必要的条件，以便在发现的影响下采取集体行动
Elenkov，Judge & Wright（2005）	我们将战略领导定义为形成对未来的愿景、与下属沟通、奖励和激励下属、与同事和下属进行战略支持交流的过程
Abell（2006）	战略领导力包括六项首要的任务活动，即在平衡长短期目标的基础上制定战略，在制定战略之前要明确组织的愿景和使命，实现市场机会、领导目标及组织资源的匹配，兼顾外部环境和内部资源，从整个业务系统的视角重新审视竞争，从单一产品和细分市场层面制定战略
Hambrick（2007）	一个复杂组织的领导是一个共享的活动，整个高管团队（TMT）的集体认知、能力和相互作用融入战略行为
Boal & Schultz（2007）	领导的监督理论，如路径-目标、偶然性、领导-成员交换（LMX）理论，关注的是领导者试图为下属提供指导、支持和反馈时的任务和以人为本的行为，而战略领导者关注的是有效实现组织的长远目标

(续)

学者（时间）	战略领导力的定义
Mackey（2008）	战略领导力的目标是产生改进的、可行的或组织的绩效
Mary Coulter（2009）	战略领导力是预测、展望、保持灵活性、战略性思考，并且能在组织中与他人一起孕育出能为组织创造出未来有价值和可行的变革的能力。有效的战略领导力有六个主要影响因素：确定组织的愿景或目标，开发和维持组织的核心竞争力，开发组织的人力资本，创造和维持强有力的组织文化，重视组织决策和实践的伦理性，以及建立合适、均衡的控制
中国科学院领导力课题组（2009）	战略领导者的任务包括构建组织愿景、提出战略目标并指明保证战略实施的路径、结构化地分配资源、平衡关键利益相关者的利益、促进组织可持续发展
M. A. Hitt, R. D. Ireland & R. E. Hoskisson（2010）	战略领导力是一种可以进行想象、预期、维持灵活性并且促使他人创造所需要的战略变革的能力。具体而言，战略领导力包括以下内容：①发展人力资本；②探求和维持核心竞争力；③决定战略方向；④强调理论实践；⑤维持有效的组织文化；⑥平衡组织控制
DeChurch, Hiller, Murase, Doty & Salas（2010）	公司最高层的领导包括为整个组织建立愿景和设定广泛的目标
Rush（2011）	战略领导不仅通过战略，还通过愿景、价值观、领导力、结构和系统来增强组织的可持续竞争优势
Hughes & Beatty（2011）	战略领导者的主要目标是引导组织达到竞争优势的理想目标
Hernandez, Eberly, Avolio & Johnson（2011）	组织的最高层负责制定战略决策，他们还为组织创造了总体目标和方向，指导战略的制定和实施
Gupta（2012）	战略领导力五维模型，即运用输入—流程—结果系统地做好战略计划，面向过去、现在、未来进行序列规划，根据自主权不同而采取相应的执行模式，将战略领导者、组织、环境相匹配取得盈利结果，追求企业家精神实现可持续发展
Paul J. H. Schoemaker, Steve Krupp & Samantha Howland（2013）	沃顿商学院（Wharton School）通过对两万多名高管进行研究，发现战略领导者应该具备六种技能：预测、挑战、解释、决定、协调和学习。让领导者有策略地思考，有效地驾驭未知

(续)

学者（时间）	战略领导力的定义
Ambula（2015）	战略领导力反映了一个领导者对创造变革和推动组织向新的方向或市场发展的战略思考的程度
Richard L. Hughes, Kathreine Colarelli Beatty & David L. Dinwoodie（2016）	战略领导力就是领导力战略。战略领导者要回答的最终问题是，如何更好地领导与影响他人达成组织的长期战略目标。战略领导建立在战略和领导的基础上，而战略领导者就是一个组织中负责确定战略发展方向和长远发展目标并推动目标实现的高层领导者。战略领导要回答的问题包括：领导者的职责、定位与使命是什么，领导者如何更好地影响他人达成战略目标，领导者如何战略性思考、战略性行动、战略性地影响他人，领导者如何实现战略引领、如何达成战略协同、如何推动战略落地。战略领导力就是领导者要学会战略性地思考、战略性地行动和战略性地影响他人。当战略领导者有了战略引领（Direction）、战略协同（Alignment）和战略承诺（Commitment）后，他们就实施了战略领导力
Mark Kriger & Yuriy Zhovtobryukh（2016）	战略领导者需要不断平衡一系列持续的、通常是相互竞争的需求，包括：平衡长期、中期、短期投资期限；基于直觉的分析规划过程；突破本地及全球的限制，抓住机遇；差异化和整合组织功能；保持灵活性和集中控制；利用现有资源，开发未知资源；管理不断变化的内外部环境
Mehdi Samimi 等（2019）	战略领导力就是能够对公司产生战略影响的组织高层管理人员（如 CEO、高管团队成员、总经理等）所具有的作用。战略领导者有八方面的作用：制定战略决策、维护外部利益相关者关系、人力资源管理、激励影响他人、管理信息、监管公司运行、处理社会道德问题、平衡各方冲突需求

　　本书认为，战略领导力就是战略领导者（个人和团队）在战略管理过程（战略定位、战略制定、战略实施、战略评估和控制）中需要具备的核心能力。战略领导者自身的特质和行为对战略领导力具有内在影响，战略领导者的下属、工作任务等权变因素，战略领导者的影响力，以及组织内部和外部的关系领导力，对战略领导力具有直接影响（详见第二篇）。战略领导力的有效性体现在战略管理的各个环节，即战略分析（战略定位）、战略制定、战略实施、战略评估与控制。只有有效地发挥了战略领导力，才能确保组织战略的成功，最终实现绩效潜能和长远发展（详见第三篇）。当前，随着经济和市场不断发展，新的商业模式和组织方式不断涌现，组织变革越来越活跃，在一般能力和素质

的基础上，对战略领导者又有了新的要求。因此，本书第四篇分析了新型战略领导者应该具备的核心能力，并对其有效性进行了评估。

1.2 战略领导力的类型

战略领导力理论的发展经历了领导特质、领导行为（领导风格）、考虑下属以及工作任务情境的权变领导、考虑对下属和团队影响力的影响力领导、考虑内外部关系的关系领导、考虑利益相关者的生态领导、考虑组织转型的转型领导、考虑危机管理的危机领导。战略领导力的类型区分了领导力和战略领导力、监督型领导和战略型领导以及新领导力和传统领导力，包括关注领导者本身的领导特质和领导风格理论、关注下属的包容领导力、关注环境的权变领导力、关注员工和任务的关系导向领导力、关注领导风格的指导性和参与性领导力、关注员工成功的服务型领导力、关注激励方式的交易性和变革性领导力；关注愿景的愿景领导力；关注自身吸引力的魅力领导力、关注信念的激励领导力（Inspirational Leadership）、关注自信的自恋领导力、关注同理性的共情领导力、关注权力下放的赋能型领导力、关注组织文化结果的文化创新领导力和文化维持领导力、关注数字化转型的数字领导力、关注利益相关者的生态领导力、关注领导资源互补的共享领导力、关注信息技术的电子领导力、关注道德的诚信领导力、关注关系和情境现象的傲慢领导力、关注下属的包容性领导力。

战略领导力理论最初由汉布瑞克（Hambrick）和梅森（Mason）（1984）提出的高层梯队理论（the Upper Echelons Theory）发展而来。高管管理背景特征（价值观以及可观测的年龄、职业经验、教育背景、团队特征等）对组织绩效、战略选择和绩效水平有部分预测作用。该理论认为，战略领导力不仅要研究主导联盟对组织结果的影响方式，而且要研究高层管理人员的象征意义和社会结构（Hambrick & Pettigrew, 2001）。汉布瑞克和佩迪格鲁（Pettigrew）（2001）注意到领导力和战略领导力的区别。首先，战略领导力是对组织最高层人员的研究；其次，领导力研究主要关注领导者和下属之间的关系，而且这种关系已经从许多角度进行了研究（House & Aditya, 1997）。领导特质理论和领导风格理论关注的是领导者本身（Bryman, 1986; Stogdill, 1948）。包容领导理论关注的是下属（Lord & Maher, 1991; Phillips & Lord, 1982）。社会学方法和领导力模型关注的是环境（Kerr & Jermier, 1978; Meindl, 1993）。此外，领导力研究还包括权变方法、领导-成员交换（LMX）理论、个性化领导模型和社会建构主义方法（Fiedler, 1967; Graef, 1983; Graen & Scandura）。罗伯特·格林里夫（Robert Greenleaf）（1977）的服务型领导（Servant Leadership）理论认为，最好的领导者是那些致力于让团队中的人获得成功的人，然后，领导者为他们提供完成任务所需的必要条件。

与微观层次的领导力理论不同，战略领导力研究不仅关注与关系有关的活动，还关注战略活动和象征活动（Hambrick & Pettigrew，2001）。在战略领导力理论中，伯恩斯（Burns）（1978）区分了两种类型的领导者：交易型领导者（Transactional Leaders）和变革型领导者（Transformational Leaders）。交易型领导者是指一个人主动与他人接触，交换有价值的东西。这种关系并不超出预期商品的交换。大多数早期的领导理论都属于交易型领导，因为它们似乎过于狭窄和简单，无法解释领导者在变革中的角色（Conger，1999）。变革型领导者只关注领导变革。变革型领导者以这样一种方式与他人交往，即领导者和下属彼此提升到更高的动机和道德水平。重要的是，变革型领导者应该解决下属的真实需求，并领导下属实现这些需求。变革型领导由四部分组成：魅力或理想化的影响、激励、智力激励和个性化考虑（Bass，1985）。在伯恩斯（1978）的基础上，巴斯（Bass）（1985、1998）的交易型领导力/变革型领导力（Transactional Leadership/Transformative Leadership），已经被广泛应用于高层管理人员的研究中（Lowe，Kroeck & Sivasubramaniam，1996）。巴斯（1985、1998）认为，变革型领导力和交易型领导力可以从不同的维度进行区分，一个领导者既可以是交易型，又可以是变革型，或者既不是交易型也不是变革型。交易型领导通过经济和心理激励的直接交换来激励下属。交易型领导者会设定目标，明确地约定领导者对组织成员的期望，以及他们的努力和承诺将如何得到奖励，并提供建设性的反馈以确保每个人都能完成任务。在现有的体系中运作，交易型领导者寻求强化组织的文化、战略和结构；而变革型领导超越面对面互动和共同利益的即时性，为整个组织注入一种共同的使命感和目的感，是一种战略类型，具有魅力，激励人心，激发智力，体现个性化关怀。变革型领导者能够激发下属的积极性，从而更好地实现领导者和下属的目标。他们通过让下属意识到所承担任务的重要意义和责任，激发下属的高层次需要或扩展下属的需要和愿望，使下属为团队、组织和更大的政治利益超越个人利益（Dusya Vera，Mary Crossan，2004）。

卡内拉（Cannella）和门罗（Monroe）（1997）指出，随着人格理论的发展，变革型领导和愿景型领导理论建立了一种更实际的高层管理观。变革型领导风格和交易型领导风格的定义建立在之前的分类研究基础上，如关系导向型领导力（Relations-Oriented）与任务导向型领导力（Task-Oriented Leadership）

（Fiedler，1967）以及指导型领导力（Directive Leadership）与参与型领导力（Participative Leadership）（Heller & Yukl，1969）。此外，交易型领导力非常接近豪斯（House）和米切尔（Mitchell）（1974）的路径-目标理论。魅力领导力（Charismatic Leadership）、激励领导力（Inspirational Leadership）、愿景领导力（Visionary Leadership）领导模式（House & Shamir，1993；Westley & Mintzberg，1989）与变革型领导力有许多相似之处。豪斯（1976）将魅力型领导者定义为那些具有异常自信、有强烈动机去获得和维护影响力的人。尽管高管的魅力可以预期增加下属的动机，并最终提高公司绩效，但结果是混合的（Tosi，Misangyi，Fanelli & Waldman；Yammarino，2004；Waldman Javidan & Varella，2004）。为了调和关于CEO魅力的文献中的不同结论，阿格尔（Agle）等（2006）进行了一项纵向研究发现，尽管组织绩效与CEO魅力的后续感知相关，但反之则不正确。沃瓦克（Wowak）等（2016）发现，CEO魅力影响了战略动态性、战略不一致性和企业社会责任。

布里曼（Bryman）、斯蒂芬斯（Stephens）和坎波（Campo）（1996）的新领导力和传统领导力二分法扩展了巴斯的研究。霍伊伯格（Hooijberg）（2000）将监督型领导与战略型领导区分开来，认为前者是组织中的领导（关注执行力），而后者是组织的领导（关注决策力）。领导者的自恋领导力（Maccoby，2000）和共情领导力（Dutton, Frost, Worline, Lilius & Kanov, 2002）强调，CEO的同理心和自信心是公司绩效的关键决定因素；其他研究强调了变革型领导者拥有这些共同的特点。戴维斯（Davies）等人（2004）将战略领导者能力分为两类：实现组织活动所需的能力和个人能力。这些维度包括战略定位、战略实施、战略联合和战略能力开发。赋能型领导力（Empowering Leadership）是与下属分享权力，并提高其内在激励水平的能力（Srivastava, Bartol & Locke, 2006）。

诚信领导力（Authentic Leadership）是利用和促进积极心理能力和积极道德氛围的能力，以培养更强的自我意识、内化的道德观点、对信息的平衡处理，以及提升领导者与下属工作关系的透明度，从而促进积极的自我发展（Walumbwa, Avolio, Gardner, Wernsing & Peterson, 2008）。

在系统分析领导在组织文化中所起的作用时，不仅要考虑到领导在文化连续性和持久性方面的作用，还要考虑到领导在文化产生和变化方面的作用，即通过其后果来区分不同类型的文化领导力：文化创新型领导力（The Innovation Culture Leadership）与文化维持型领导力（The Maintenance Culture Leadership）。创新型领导者似乎具有更突出、更引人注目的个人品质，他们会把自己的想法推销给别人。维持型领导者更多的是一个促进者，他们能够阐明现有的意识形态，从而使它们保持活力和吸引力。如果愿景是激进的，它也可能有助于将形势界定为一场需要激进解决方案的危机，从而需要结构和战略创新。如果愿景更保守，领导者和下属将倾向于在现有的公认解决方案框架内将他们的世界视为更易于管理的。无论如何定义，当领导者使用和强调适合处理与预期后果相关的核心问题的文化形式时，文化领导更有可能有效（Harrison M. Trice & Janice M. Beyer，1991）。

数字领导力（Digital Leadership）是指人类行动者与数字技术之间的相互作用。为了应对数字革命，必须有一种懂得如何利用数字机遇及其附带工具的领导力（Bennis，2013）。这种数字领导力可以被定义为通过人工助手的指导和信息通信技术（ICT）的使用，依靠信息通信技术实现一个目标（Husing，et al，2013）。数字转型对组织运作方式的影响是，共享人员和知识的网络组织，通过新技术的交流，以及个人利用新信息技术发展自己的可能性。对沟通、信息质量、不断变化的网络组织的额外要求是数字领导者必须处理的内容。在这种类型领导者的领导下，目标和资源都涉及使用信息通信技术。拥有高度数字化资历的组织比其所在行业的竞争对手平均获得更好的结果：收入创造能力高出9%，盈利能力高出26%，市场估值高出12%（Westerman，et al，2012）。

生态领导力（Ecological Leadership）认为，领导是相互关联的相互作用，通过多层次的领导过程表现出来，因为领导力分布在组织的微观、中观和宏观层面（Edwards，2009）。在这一方面，领导作为一个动态的沟通过程，在组织的不同层次上运作，塑造和理解组织活动的展开。这种展开发生在相互作用的过程中，这是关系领导理论的基础（Uhl-Bien，2006）。爱德华（Edwards）进一步指出生态对组织内部情感环境的重要性：除非微观层面的人际交流网络是友好的、有利于个人健康，否则组织部门不可能是健康和安全的工作场所（R. Scott Pochron，2009）。

共享领导力通常以一种公开的和非公开的方式分布在群体中（Ensley, Hmieleski & Pearce，2006）。联合 CEO 的存在是正式实践共享领导的一种方式，研究表明，只要命令统一得到保证或不被破坏，它就可以使公司受益（Krause, et al.，2015）。共享领导力（Shared Leadership）依赖于这样一种假设，即单个人往往缺乏履行领导职能所需的全部能力，因此，在那些具有互补能力的人之间分担这一责任可能会提高领导效率。为了支持这个观点，汉布瑞克和卡内拉（2004）发现，缺乏运营管理经验和管理焦点的公司（the Focal Firm）经验的 CEO 更有可能拥有首席运营官（COO）。因为履行战略领导的职能需要较强的能力，我们认为，共享领导力的视角非常适合研究战略领导跨职能的有效性。

电子领导力（E-Leadership）关注先进的信息技术AIT（互联网、电子邮件、视频会议、虚拟团队等）和领导力对个人、团队和组织交互作用的交互影响。它关注AIT的正确取用，AIT如何影响领导的传播机制以及如何改变培养领导的方式（AIT系统将渗透到领导力的评估和发展中），以及如何利用AIT来发展领导力。最终，关注每个人将如何塑造组织在未来的良好运作（Bruce J. Avolio, John J. Sosik, Surinder S. Kahai, Bradford Baker., 2014）。

傲慢领导力（Hubristic Leadership）是一种关系和情境现象，是所有领导者都可能面临风险的过程。与傲慢相关的风险还需要解决监管、立法、责任、问责制和治理等系统性问题。对短期股东利益的关注与傲慢的出现有着密切的联系。因此，需要加强利益相关方的问责制和责任，包括考虑到商业道德和组织价值。只有了解傲慢的特点、原因和后果，才能对抗和遏制它所造成的危害（E. Sadler-Smith, et al., 2019）。

包容性领导力（Inclusive Leadership）有助于改善所有工作团队成员的工作体验，激发其创造力，提升工作绩效，减少离职率，以及提升他们所在团队和组织的效率，同时保持他们在团队中的独特性（Amy E. Randela, et al., 2018）。包容性领导者具有以下六个特征：①可见承诺。他们明确表达对多样性的真诚承诺，挑战现状，让他人负起责任，并将多样性和包容作为个人的优先事项。②谦逊。他们对自己的能力很谦虚，承认错误，并为他人创造贡献的空间。③意识到偏见。他们意识到个人盲点和制度缺陷，并努力确保精英制度。④对他人好奇。他们表现出开放的心态和对他人的深度好奇，不加评判地倾听，以同理心寻求理解周围的人。⑤文化智力。他们关注其他文化，并根据需要进行调整。⑥有效协作。他们赋予他人权力，注重思维多样性和心理安全，注重团队凝聚力（Juliet Bourke, & Andrea Espedido, 2020）。

1.3 测测你的战略领导力

指导语： 本书所有问题均采用李克特五点量表（A Five-Point Likert Scale），范围从十分赞同（5）到十分不赞同（1），见表1-2。请仔细阅读以下问题，每个问题从非常不符合到非常符合有五种选择。如果该描述明显不符合您或者您十分不赞同，请选择"1"；如果该描述多数情况下不符合您或者您不太赞同，请选择"2"；如果该描述半正确半错误，您无法确定或介于中间，请选择

"3"；如果该描述多半符合您或者您比较赞同，请选择"4"；如果该描述明显符合您或者您十分赞同，请选择"5"。

注意：请根据您的实际行为打分，而不是根据您所期望达到的行为打分。

表1-2 李克特五点量表

问题	非常不符合	不太符合	不确定	比较符合	非常符合
1. 我应该怎样领导在很大程度上取决于环境	1	2	3	4	5
2. 理解变革的战略驱动因素对我的组织极其重要	1	2	3	4	5
3. 一个多元化的国际团队中建立健康文化的第一步是建立关系	1	2	3	4	5
4. 我认为有道德的行为不包括让人们快乐	1	2	3	4	5
5. 员工积极性高的公司绩效比其他公司更好	1	2	3	4	5
6. 我认为我应该决定我的员工做什么和怎么做，并在一定程度上控制结果	1	2	3	4	5
7. 我认为高绩效的领导者必须确保团队和部门的人员表现良好	1	2	3	4	5
8. 我认为信任形成的三个关键因素是可信度、亲近感和可靠性	1	2	3	4	5
9. 我认为团队中共享领导的最佳形式是每个人都有不同的心态	1	2	3	4	5
10. 我最重要的竞争力是道德	1	2	3	4	5
11. 人们在变革中经历的典型过程是否认、愤怒、讨价还价、沮丧和接受	1	2	3	4	5
12. 跨文化培训是我尝试发展团队文化的一种常见方式	1	2	3	4	5
13. 我并不需要诚实地分享所有的信息	1	2	3	4	5
14. 我应该通过倾听他人的潜在需求来了解他人的动机	1	2	3	4	5
15. 我认为只有通过与利益各方广泛协调，才能达成有效的决策	1	2	3	4	5
16. 我应该明确员工的角色和职责来使他们达到更高的标准	1	2	3	4	5
17. 我认为行为表现不稳定的人是不能盲目信任的	1	2	3	4	5

(续)

问题	非常不符合	不太符合	不确定	比较符合	非常符合
18. 当领导一个虚拟团队时,我认为应该委派领导任务给团队成员,以鼓励一种领导心态	1	2	3	4	5
19. 关注速度、持续改进、以客户为中心的领导是敏捷领导者	1	2	3	4	5
20. 在与拒绝变革的人打交道时,共情式的倾听通常被认为很重要的	1	2	3	4	5
21. 积极的心态是应对利益多样性最重要的能力	1	2	3	4	5
22. 招募不同的人加入我的团队,以确保观点的多样性	1	2	3	4	5
23. 拒绝帮助他人的员工是因为其对自己的责任有明确认识	1	2	3	4	5
24. 我认为最好的决策基于数据、感情和怀疑	1	2	3	4	5
25. 我会用问题来引导员工承担更多的责任,以达到更高的绩效	1	2	3	4	5
26. 我认为一个承诺了却没有兑现承诺的人是一种管理风险	1	2	3	4	5
27. 我认为"心理安全"的作用是鼓励每个人都说出来并对此负责	1	2	3	4	5
28. 一个多元文化团队,其成员一起共同制定参与规则	1	2	3	4	5
29. 顾问通过提供不同的观点,帮助调解冲突,推动组织变革	1	2	3	4	5
30. 如果我的领导对我事无巨细地管理,我会质疑这种管理	1	2	3	4	5
31. 我认为不应该责备和批评同事	1	2	3	4	5
32. 我经常缺席可能是因为我信任我的团队	1	2	3	4	5
33. 我认为在不同团队中做决策时,有足够的时间听取每个人的意见是最重要的	1	2	3	4	5
34. 我认为需要用明确的制裁来约束绩效不佳的团队成员	1	2	3	4	5

(续)

问题	非常不符合	不太符合	不确定	比较符合	非常符合
35. 我认为冲突是信任的信号	1	2	3	4	5
36. 我会向其他人表明我的合作意愿和计划，激励其他团队的领导者共享领导力	1	2	3	4	5

得分与解释：

本测试共有36题，最高分为180分，包括四个分量表，每个分量表有五个题目，主要内容如下：

(1) **定义领导力**：1、10、19、28。决定人们应该一起做什么，以及如何和为什么应该一起做，这些都是领导力的表现。

(2) **变革的挑战**：2、11、20、29。了解变革的现象，理解人们对变革的不同反应，并且开发相应的技能，可以通过经验帮助自己和他人，这些都是非常重要的。

(3) **健康的文化**：3、12、21、30。无论是团队、部门还是组织，尊重和信任的关系是任何健康文化的核心。虽然商业专业人士经常忽视积极关系的价值，但它们是文化的核心支柱。

(4) **道德领导**：4、13、22、31。领导者应建立支持道德行为的组织制度和政策，如创建开放政策，鼓励人们畅所欲言，建立清晰的道德准则，奖励道德行为，对违反者采取零容忍的态度。

(5) **激励大家**：5、14、23、32。动机与其说是一种外在现象，不如说是一种内在现象，领导者的目标可能不是推动人们走向成功，而是激活他们的内在资源，让他们发现使自己充满动力的方法，从而在具体任务中达到更高的标准。

(6) **做出决策**：6、15、24、33。在 VUCA（Volatility, Uncertainty, Complexity, Ambiguity，即波动性、不确定性、复杂性、模糊性）时代，领导者做出有效决策需要综合考虑事实，倾听团队中每个人的意见，并且质疑自己。

(7) **提升绩效**：7、16、25、34。对于领导者来说，了解如何培养和维持一个高绩效的团队环境，比他们自己的优秀产出更为重要。事实上，领导他人是有效领导者的核心产出。

(8) **建立信任**：8、17、26、35。为了让领导者从耗费时间的监督中解放出来，放手是至关重要的，但学习将信任作为一种工具是一个具有挑战性的过程，尤其是因为成功不仅取决于我们愿意承担风险，还取决于他人完成我们委托他们完成任务的能力。

(9) **共享领导力**：9、18、27、36。团队领导在管理团队绩效中起着至关重要的作用。集体形式的领导被认为对团队绩效的贡献超过正式的个人领导。共享领导是一种集体的团队领导，涉及个体成员之间的动态共享影响，以实现集体的团队目标。

以上评估的分数能在一定程度上反映被试者领导力的高低：

162~180分：卓越的领导能力。您很可能已经掌握了最新的领导思想，而且您所做的不仅仅是在自己的团队中努力实施它，可能还在鼓励其他人参与共享领导，以支持您的组织成功。

144~161分：良好的领导能力。在某些方面，您可能还固守着对领导力的旧观念，可能过于关注自己的绩效，而不是推动他人的绩效。考虑多读一些关于共享领导力的文章，以了解如何开发一种更具包容性的团队领导，从而实现多元化的力量。

108~143分：一般的领导能力。大多数时候，您可能还固守对领导力的旧观念，可能过于关注自己的绩效，而不是推动他人的绩效。试着学习开放和包容，考虑跨团队和跨组织合作，从而实现多元化的力量。

108分以下：发展中的领导力。您正在发展您的领导力技能，并且可以想象这基本上是一条陡峭的学习曲线，如激励、信任、绩效管理等。对那些会挑战您假设的新想法保持开放的态度，这样您的领导水平就能迅速提升。这将帮助您在组织中产生巨大的影响。

第二篇
战略领导者的素质与能力

第 2 章 战略领导者的特质

汉布瑞克和梅森（1984）的高层梯队理论（Upper Echelons Theory）是最具战略性的领导力研究（Finkelstein, et al., 2009）。其借鉴有限理性（March & Simon, 1958）的观点认为，战略领导者的决策模式（Decision-Making Patterns）反映他们的性格和认知的局限性，这反过来又通过高层管理者的战略选择影响组织绩效（包括组织战略运作的有效性）。学者们最初依靠人口和/或可观测变量来捕获高管的性情（Executives' Dispositions）或决策行为模式，但现在越来越多地试图通过非人口统计（Non-Demographic）特征变量，如人格（Personality）、注意力（Attention）、认知（Cognition）等，捕捉战略领导者，提供更高的可靠性和探索更深层次的认知和行为的影响（Bromiley & Rau, 2016）。

一般来说，战略领导者的素质和能力由战略领导者的特质、行为、权变、影响力和其关系领导力组成。这些战略领导者的素质和能力是战略领导者带领组织通过战略定位、战略制定、战略实施、战略评估和控制，以保证组织达到预期目标，从而朝着理想的方向前进的基本保障。

自 20 世纪 20 年代开始，学者们开始关注领导者的某些特征，进而预言一个人能否成为领导者，甚至为培养战略领导者提供指导。特质（Characteristics）是指领导者区别于非领导者的个人性格和特征。领导特质论是将个人性格和特征作为描述和预测领导的标准，研究领导者和一般人的不同性格特点，并以此解释他们成为领导者的原因。有些个人特质对有效的战略领导行为有一定的促进作用，并且某个或某些特定的特质对战略领导力产生的作用会随着组织环境和现状的变化而变化。因此，同一个特质不一定适用于所有性质的组织。

学者们认为，战略领导者的性格特征会影响他们的决策和行为，并反映在公司水平的结果中（Hambrick & Mason，1984）。研究最多的战略领导者属性是人格特质，包括大五人格、核心自我评价和自恋。在直接测量战略领导者的个性特征时，研究人员使用了替代变量，如人口统计变量。例如，风险偏好的研究大多使用年龄或政治倾向等变量（Christensen et al.，2015）。在公司水平上区分领导者的性格冒险倾向和战略冒险倾向也是必要的，尽管它们可能是相关的。考虑到使用人口统计变量存在的问题（Carpenter, et al.，2004），近年来越来越多的学者开始直接测量人格特征，这是方法论上的一个进步（Harrison，Thurgood，Boivie & Pfarrer，2019）。

研究表明，有效领导行为中的特质包括：①人格（Personality）；②情商（Emotional Quotient）；③道德（Moral）；④认知（Cognition）；⑤管理知识、技能和能力（Managerial Knowledge，Skills，and Abilities）。

2.1 人格

人格（Personality）是构成一个人思想、情感及行为的独特行为模式，是一组看不见的特性和过程。当面对周围环境中不同的人、事物、观点时，人格往往能指向相对稳定的行为表现。最常使用的人格分类是大五人格模型（Big Five Model of Personality）：外向性（Extroversion）、随和性（Agreeableness）、责任心（Conscientiousness）、情绪稳定性（Emotional）和经验开放性（Openness to Experience）。每个人在这五类人格上的表现程度都不同。

1. 外向性

外向性是指一个人在社交场合的表现及健谈程度，特别是与陌生人交流相处时感到轻松自在的程度。外向性的人在社交场合通常表现得相当积极自信，喜欢掌控局面、影响他人。而内向性的人在社交场合中表现得较为安静、沉默，社交活动后会感觉能量耗尽，需要独自"充电"恢复。不同的职业岗位对外向性或内向性的重要程度会有所不同。比如，与社交相关的工作中，外向性的人会显得特别重要；而与科学研究相关的工作中，内向性的人更能发挥优势。外向还是内向不对领导力构成绝对影响因素，它们只是人们性格的一个方面，而且每种性格都有优缺点，外向性并不像人们通常认为的那样是所有领导者都必须具备的品质。当今时代，越来越多的人意识到内向性的人的一些品质也会造就他们领导的成功，很多著名的成功领导者都是内向性的人，如谷歌的拉里·佩奇（Larry Page）、苹果公司的执行总监蒂姆·库克（Tim Cook）、伯克希尔·

哈撒韦公司的沃伦·巴菲特（Warren E. Buffett）。

领导者应了解自己的性格特征以及在各种不同的情境下需要展现的方面和需要克服的缺点。在实际工作中，性格内向的人可能因为不善于表现自己而很难引起他人关注，因此就不太会因为辛苦工作而得到奖励。为了更加成功，内向性的人可以在必要的时候表现得更外向。

2. 随和性

随和性是指一个人对他人态度温和、乐意同他人合作、富于同情心、理解信任他人的程度。随和性程度高的领导者通常温和、易亲近，而随和性程度低的领导者通常冷漠、不友好，甚至麻木不仁。研究表明，随和性程度高的领导者比随和性程度低的领导者更有优势。尽管过度的随和性可能导致升职机会少、领导权威不足、震慑效果弱，但是，为了成功肆意践踏别人、只为自己着想的领导者已经不再流行，那样的时代已经结束。当今成功的领导者不再是过去顽固、自我、粗暴的风格，而是越来越懂得积极地向员工、公众、股东展现自己友好的一面，让人们亲近并信任他们。

3. 责任心

责任心（可靠性）是指一个人负责任、可依赖、坚持不懈、致力于成功的素质。研究发现，对于领导力而言，具备高度的可靠性很重要，因为高度的可靠性会让一个人有意识地去努力实现目标，从而达到高绩效。具有可靠性的人做错事时会感到内疚，内疚感是一种积极的情绪，它与对他人和组织的高度责任感共存，因此会让人感到信赖可靠。责任心强的人领导的组织更注重细节，组织业绩表现也更好。

4. 情绪稳定性

情绪稳定性是指一个人善于调整状态、情绪稳定的程度。情绪稳定程度高的领导者可以很好地调节压力，善于处理外界批评，能够与他人保持积极的关系，面对危机时有能力保持情绪稳定，从容处理危机。情绪稳定程度低的领导者很容易紧张或者沮丧，通常不自信，容易在压力下或者批评下情绪失控。

5. 经验开放性

经验开放性是指一个人的想象力、好奇心、创造力以及对新鲜事物的接受程度。高度的经验开放性对领导者很重要。经验开放性程度高的领导者求知欲强、兴趣广泛，经常通过旅行、大量的阅读或其他活动来追求新的经历。经验开放性程度低的领导者兴趣范围窄，会持续用已验证符合实际的方法来做事。在组织中，经验开放性程度高的领导者表现出更强的适应性，他们在实际的战略领导中更愿意冒险、创新、试验。这种领导又与组织的高绩效、高增长和高员工评价呈正相关。研究发现，早期的旅行经历以及对不同观点、不同文化的感悟对培养思想开放的领导者至关重要。在性格形成期间去旅行，让自身处于一个要求适应能力的环境，对领导者养成高度的经验开放性有很大帮助。

将大五人格与领导力相联系发现，外向性、责任心（可靠性）、经验开放性与领导力正相关。与领导力相关系数由高到低排名依次是外向性、责任心（可靠性）、经验开放性。具有外向性、责任心（可靠性）、经验开放性高的人多为十分成功的领导者。领导者需要了解自己基本的个性维度，从而学会突出自己自然特性中积极的方面，减弱消极的方面。

2.2 情商

情商是指能够感知、辨认、理解并成功管理自己和他人情感的能力。具备情商是指能够有效地管理自己和他人的关系。一项关于领导者的研究显示，水平一般的领导者和表现出色的领导者之间的差异有 2/3 是由于情感能力不同造成的，而只有 1/3 是由于技术能力不同造成的。高情商的人能够通过情绪的控制与调整发展一种积极有利的人际关系。

战略领导者需要具备高情商，因为组织中几乎所有影响员工情绪的事情都在领导者的掌控之下。战略领导者的情绪状态会影响到整个团队、整个部门甚至整个组织。如果战略领导者能够保持情绪稳定、态度积极，就能树立积极向上的榜样，激励、鼓舞团队成员。情商高的领导者还能够认识并驾驭情绪以提高下属的满意度、士气和积极性，最终提升组织整体效率。

情绪强烈地影响组织中人们的绩效表现，人的情绪与团队合作、决策能力、创造力、任务绩效等行为密切相关。消极的情绪会榨干人们的能量，使人们无法发挥出最好的状态。因此，情绪氛围糟糕的组织无法获得成功，因为人们没有能量、焦虑不安、毫无希望。心理学家发现，消极的情绪比积极的情绪更容易扩散，消极的人和消极的事对人们的情绪和心情影响很大。战略领导者不仅要控制自己的情绪，还应帮助他人管理消极情绪，确保消极情绪不会感染整个团队和组织。如图 2-1 所示，工作环境充满"毒性"，大部分人只能努力维持情感状态；相反，领导者情绪氛围积极，大部分员工才能努力工作。战略领导者释放积极情感时，员工能够扩大能量、创造力、智力，并且能够捕获更多的数据信息、更具有创造力，形成多种解决方案，取得更好的结果。只有积极情绪取代消极情绪，人们才能最大限度地发挥自己的潜能。

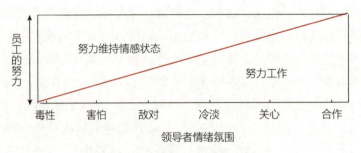

图 2-1 积极的领导力和绩效的关系

情商所具备的能力基本分为四类：自我意识、自我管理、同理心和关系管理。其中，自我意识和自我管理属于管理自身情绪的范畴，同理心和关系管理属于管理对他人情绪的范畴。

（1）**自我意识**。自我意识是指能够认识并理解自己的情绪情感起伏，能够精确地自我评估并对自己充满信心。自我意识是其他能力的基础，具备高度自我意识的领导者会用积极的态度对待自己，充分了解自身的实力并相信自己的判断、决策、想法和能力。自我意识与自我效能相关，它可以使一个领导者坦然面对困难和挑战，增强下属的信心并获得尊敬和爱戴，在面临任务时给予下属动力去坚定地完成任务。

（2）**自我管理**。自我管理是指能够控制破坏性的消极情绪和情感，进行自我调控，不否认它也不压抑它，同时还能够进行自我激励，保持积极乐观的心态，善于适应环境，有抱负和进取心。善于自我管理的领导者即使面临失败或遭遇困难，也会充满希望、保持乐观的情绪，他们通常会看到问题积极向上的一面，或是期待事情能往好的方向发展。大量调查表明，乐观是高层管理人员中最普遍的特质之一，乐观的领导者能看到机遇并带给他人希望，即使面临重大困难，也会带领大家共创美好明天。

（3）**同理心**。同理心是指能够理解他人的情绪和情感，设身处地地为他人着想、感知他人的情绪起伏。具备高度同理心的领导者会同情、关心他人，从多种角度看问题，高效地与不同类型的人交流，从而建立多种关系网，高效地开展政治行动，达成积极的结果。同理心还包括乐于服务，识别并满足员工、客户和合作伙伴的需求。

（4）**关系管理**。关系管理是指能够建立和保持与他人正面关系的能力。关系管理能力强的领导者了解自己的行为会影响他人，会对他人表现出同情心，保持敏感，态度友好。情商的这一能力包括培养他人，认真倾听和沟通，从而用积极的方式影响他人。领导者通过理解多种多样的情绪来引导、鼓舞他人向好的方向转变，建立团队合作，解决困难。通过良好的关系管理，领导者会在组织内外培养并维护有利的关系网。

情商高的人更能适应不断变化的环境，愿意跳出舒适圈，更能接纳他人的意见和想法。对领导者而言，情商还能够促使其识别并尊重下属是一个完整的人，他们有情感、意见和自己的想法。领导者能够运用情商帮助下属成长发展，让下属认识并提升形象和自我价值，使下属满足需求，最终实现个人和组织的目标。

2.3 道德

战略领导力不只是一套无关对错的实践，所有领导力实践都既可以用来做好事，也可能用来做坏事，因而都具有道德维度。领导者很多时候知道怎么做是正确的，关键是如何选择，以及是什么样的价值观让他们将这种行动付诸实践。领导者是选择自私贪婪和排挤他人，还是服务他人、激励员工发挥潜力？道德领导力是在实现目标过程中追求公正、诚实、善良和正确的行为。领导者对下属和组织的道德水平影响很大，道德型领导者能提升下属的素质，改进他人的生活；不道德的领导者为了私利而掠夺、压榨他人。

影响领导者选择的一个内部特征是个体的道德水平，依据道德水平从低至高可分为前习俗、习俗和后习俗三个阶段。

在前习俗阶段，个体盲目服从权威以求避免受到惩罚或伤害，追求满足自己的一时利益。处于低道德水平的领导者基本的价值取向是尽可能地索取，他们往往独断专行，经常把下属的成绩据为己有，行为粗暴轻蔑，贬低他人，利用职务之便为自己谋取个人利益。

在习俗阶段，个体学会让自己的行为符合家庭、组织和社会对良好道德行为的期望。这一阶段的领导者会遵守社会系统的规则、规范和公司文化的价值观。如果规则是不偷盗、不欺骗、不违反法律法规，他们会尽力遵守；如果规则引导人们欺骗、弄虚作假、自私自利，他们也会按照这样的习俗去做。

在后习俗阶段，个体遵从内化的公平正义的行为准则。处于这一水平的人会拒绝遵守违背自身行为准则的法律或法规，这些内化的价值观比外在的他人期望更重要。处于这一道德水平的领导者具有远见卓识，致力于服务他人和更伟大的事业。这些领导者能够公正地把普遍的标准用于解决道德冲突、平衡个人和他人以及共同的利益。研究发现，高道德水平与工作中更加道德的行为之间存在直接的关系。

要实践道德领导力，领导者要有勇气面对困难和恐惧，敢于冒险和引领变革，勇于承担责任，大胆说出自己的想法，为了组织的更高目标不懈奋斗。在实际工作中，道德与人们行为之间的关系十分复杂，即使一个领导者能够以较高的道德水平看待问题，也不能保证他就会以道德的方式行事。因此，要将领导者的道德思考与道德行动分开来看。受到绩效测评体系约束的领导者更需要不断地保持自我道德上的警惕。

2.4 认知

认知是指人们感知事物、理解信息、解决问题、与他人相处时的方式。个人由于对外向和内向、感觉和直觉、思考和情感、判断和感知等不同类型的偏好，会形成自己独特的优点和缺点，在解决问题、做决定时会有不同的方式，这就造成了个性差异。常用来测试认知类型的方法是迈尔斯-布里格斯类型分类指标（MBTI TM），它能评估人们在解决问题以及做决定时收集评估信息的方式有什么不同。MBTI TM 运用四类不同的特征组合，把人分为 16 种不同的人格类型。

（1）**外向型与内向型**。这一维度侧重于人们从哪里获得交际能力和精神力量。外向型的人在被他人围绕、与他人互动时能够获取能量；内向型的人在集中于个人的想法和感受时获得能量。

（2）**感觉型和知觉型**。这一维度侧重于个人如何接收信息。倾向于感觉型的人通过五大感觉来收集、理解信息；知觉型的人较少直接感知信息，他们更多地关注模式、交往关系、预感，而不是直接感知事实与细节。

（3）**感情型与思考型**。这一维度涉及做决定时考虑情感因素的程度。感情型的人更多地关注自己的价值观以及正误判断，还会考虑某个决定影响他人感受的程度；思考型的人主要关注事情的逻辑性，而且做决定时会保持客观。

（4）**判断型与感知型**。这一维度关注个人对不确定性事物的态度，以及做决定的迅速程度。判断型的人喜欢确定、有结果的状态，他们倾向于设立目标和截止日期，会根据有用的信息快速地做出判断；感知型人群在做决定前收集大量的数据、信息，他们喜欢不确定性，不喜欢设立截止日期，会多次改变想法才做出最终决定。

以上四类不同的倾向组合形成了 16 种独特的类型，然而，这些倾向并不是固定不变的，随着人们生活经历的丰富、知识经验的增长和对事情理解的变化，可能会改变自己原有的倾向。测试的结果并不存在所谓的"领导型"，MBTI TM

中的 16 种人格类型的人都可以成为高效的领导者。领导者要学会利用此测试法强化优点、克服缺点，适应下属和环境，平衡自己做事的方法。

在了解自身认知模式的基础上，领导者应当充分利用其认知优势，将优势与合适的领导角色类型相匹配，从而发挥最大效率。优势是以知识和技能为支撑，从而获得强化的天赋，可以看作是天生的特质、固有的认知模式。比如，一个人可能天生外向且充满好奇心，另一个人可能天生很有条理。人的天赋需要放大、加强并且加以利用，否则它往往只是人们潜力的一部分。一旦识别出自己的天赋，通过后天的学习以及练习，天赋就有可能转化成优势。领导行为的成功在一定程度上依赖于领导者角色与其优势的匹配程度。根据个人优势与领导角色匹配的不同，组织机构中的领导者可以分为三种类型：操作型领导角色和合作型领导角色和咨询型领导角色。

（1）**操作型领导角色**。操作型领导角色是最接近于传统的、直接以垂直管理为导向的角色，在这种角色下，领导者通过职位权力和直接领导来实现目标。典型的操作型领导善于分析、知识渊博，能将自身知识转化成带动他人积极工作的能力。

（2）**合作型领导角色**。合作型领导角色是一个开放型的角色，合作型领导没有操作型领导那么强的职位权力，他们经常利用个人权力影响他人从而实现目标。合作型领导具有出色的人际交往能力，善于沟通，通过个人影响力来获得他人的认可并建立关系网，他们具有很高的积极性、坚定性以及灵活性。

（3）**咨询型领导角色**。咨询型领导角色是对其他组织成员和部门提供指导和支持的角色。这类领导者需要有较强的业务能力以及说服力来影响他人。咨询型的领导角色还需要较高程度的诚实性、建立信任以及使得组织保持较为固定的职业道德背景。

作为一个战略领导者，需要了解自身的优势并将注意力放在优势而不是劣势上，没有必要把精力投入到自身的弱项上或者与优势不符的工作中。当一个人利用自身的优势去生活和工作时，他就会变得更加有动力、更加称职；只有将注意力放在自身的优势上，天赋才能发挥积极的作用，此时，个人会感到充满能量、热情、享受工作。这是高效领导行为的基础。

2.5 管理知识、技能和能力

战略领导者的基本能力包括管理知识、技能和能力（Managerial Knowledge, Skills, and Abilities）。假设领导力的有效执行需要卓越的能力，学者们强调了战略领导者能力的重要性（Andrews，1980；Helfat，Peteraf，2015）。一些文章已经提出了在战略领导过程中扮演重要角色的特殊技能和能力。研究人员认为，高层管理人员所需要的一些技能和能力包括及时的决策、认知与行为复杂性（Boal & Hooijberg，2001）、视野开阔的思考（DeChurch, et al.，2010）、捍卫战略的勇气（Andrews，1980）、适应领导风格的能力（Vera & Crossan，2004）等。需要未来的实证研究来检验这些特征。研究管理能力的另一种方法是关注管理者如何获得专业知识，以及这些背景专业能力如何影响他们的绩效。这种方法强调战略领导者的财务知识、行业知识和工作经验。例如，卡明斯（Cummings）和诺特（Knott）（2018）发现，在有效管理研发（R&D）资源方面，内部CEO比外部CEO更成功。伯米斯（Bermiss）和穆尔曼（Murmann）（2015）发现，失去一名具有职能背景的高管比失去一名具有管理外部关系背景的高管对公司的生存更有害。第三种方法将能力视为凭证，即可观察到的战略领导者的特征，如可被公众和董事会识别的特征，以及通过表明合法性来影响公司的能力。董事或投资者通常依赖启发法来评估某个领导者可能给公司带来的潜在价值。像名人录这类证书应该是未来研究的重点（Treadway，Adams，Ranft & Ferris，2009）。

英国著名传奇银行家内森·罗斯柴尔德（Nathan Rothschild）说过，人们是在炮弹落在港口时，而不是在舞厅里演奏小提琴时，赚取了巨额财富。罗斯柴尔德认为，环境越不可预测，如果具备利用它的领导技能，则机会就越大。沃顿商学院和咨询公司通过对两万多名高管进行研究，确定了让领导者有策略地思考、有效地驾驭未知的六项技能：预测（Anticipate）、挑战（Challenge）、解释（Interpret）、决策（Decide）、协调（Align）和学习（Learn）。在关于领导力的文献中，每一项技能都得到了关注，但通常是孤立的，很少处在高风险和高度不确定性的特殊背景下，这种不确定性可能成就或毁掉公司和个人的职业生涯。一个适应性的战略领导者，一个在面对挫折时既坚定又灵活、既坚持不懈又能对战略做出反应的人，已经学会了同时运用这六项技能（Paul J. H. Schoemaker, Steve Krupp, and Samantha Howland，2013）。最后的自我测试将帮助一个人评估自己的优势和劣势，弥补缺陷，并优化全面领导技能组合。

（1）预测。大多数组织和领导者都不善于发现业务外围的模糊威胁和机会。战略领导者需要时刻保持警惕，通过审视环境，寻找变化信号，锻炼自己的预测能力。领导者提升预测能力需要做到以下几个方面：与客户、供应商和其他合作伙伴沟通，了解他们面临的挑战；进行市场调查和商业模拟，了解竞争对手的观点，估计他们对新计划或产品的可能反应，并预测潜在的颠覆性产品；

使用场景规划来设想各种未来，并为意外做好准备。观察一个快速增长的竞争对手，看看它采取了哪些让你困惑的行动，列出你最近失去的客户，并试着找出其中的原因。

（2）**挑战**。战略领导者需要质疑现状，挑战自己和他人的假设，鼓励不同的观点。只有经过仔细思考和通过多个角度检查问题，他们才会采取决定性的行动。这需要耐心、勇气和开放性的心态。提高挑战能力需要了解问题的根本原因，而不是表象。可以运用丰田公司创始人丰田章男的"五个为什么"（Five Whys），以探究问题产生的根本原因。例如，这个月产品的退货率增加了5%，为什么？因为产品会出现间歇性故障，为什么？等等。列出关于业务方面的长期想法（"高转移成本以防止客户流失"），并询问不同的小组是否成立；鼓励辩论，举行"安全区"会议，期待并欢迎公开对话和争论。设立一个明确的职位用来质疑现状。在决策过程中要包括反对者，以尽早地面对挑战。从不受决定直接影响的人中获取建议，可能会收获很好的看法。

（3）**解释**。若领导者以恰当的方式提出挑战，难免造成信息的混杂与冲突。正因如此，最优秀的人一定是善于解读的。领导者不应当下意识地期待一切耳闻目睹都如自己所料，而是需要将所有接收到的信息整合起来——认识规律，在一片模糊中理清思路，并且寻求新的思路。提高解释力需要做到以下几个方面：在分析不明确的数据时，列出至少三种可能的解释来解释自己所观察到的现象，并向不同的利益相关者征求意见；强迫自己放大细节、打开视野，积极寻找与自己的假设不符的信息和证据，用定量分析补充观察；可以出去散散步、看艺术展、听听非古典音乐、打乒乓球等来促进思想的开放。

（4）**决策**。在不确定的时期，领导者可能不得不在信息不完整的情况下做出艰难的决定，而且通常必须迅速做出决定。但战略思考者从一开始就坚持多种选择，不要过早地陷入简单的"去"或"不去"选择。他们不会信口开河，而是遵循一个有纪律的过程，在严格和速度之间取得平衡，考虑到所涉及的权衡，同时考虑短期和长期目标。最后，战略领导者必须有勇气通过一个健全的决策过程来实现自己的信念。提高决策能力需要做到以下几个方面：通过明确地询问团队，我们还有什么其他的选择来重构二元决策，把大的决策分成几个部分来理解，更容易看到意想不到的结果；根据长期和短期项目调整决策标准；让别人知道战略领导者在决策过程中的位置；你是否仍然在寻求不同的想法和争论，或者正在走向结束选择；确定谁需要直接参与，谁可以影响你的决定的成败；考虑试验而不是下大赌注，并做出阶段性的承诺。

（5）**协调**。战略领导者必须善于发现共同点，并在持有不同观点和议程的利益相关者中取得认同。这需要积极的拓展。成功取决于积极的沟通、信任的建立和频繁的参与。提升协调能力需要做到以下几个方面：尽早地、经常性地沟通，以克服组织中最常见的两种抱怨，即没有人问过我，也没有人告诉过我；确定关键的内部和外部利益相关者，将他们的立场映射到你的计划上，并准确指出任何利益的不一致；寻找隐藏的联盟议程。使用结构化和便利的对话来暴露误解或抵抗的领域；直接接触抵制者，了解他们的顾虑，然后解决问题；在计划或策略推出期间，要警惕地监视与这些计划或策略有关的组织的内外利益相关者（如股东、员工、供应商等）的立场；认可并奖励那些支持团队合作的员工。

（6）学习。战略领导者是组织学习的焦点（Focal Point）。他们提倡一种探究的文化，并在成功和不成功的结果中寻找经验教训；他们以一种开放的、建设性的方式研究自己和团队的失败，以发现隐藏的教训。提升学习能力需要做到以下几个方面：建立行动后的回顾，记录从重大决策或里程碑（包括失败项目的终止）中获得的经验教训，并广泛地交流由此产生的见解；奖励那些尝试一些值得称赞的事情，但在结果方面失败的管理者；进行年度学习评估，以了解哪些决策和团队交互可能存在不足；确定那些没有按照预期产生的计划，并检查根本原因；创造一种重视探究的文化，把错误视为学习的机会。

成为一名战略领导者意味着在上面讨论的六项技能中找出弱点并改正。研究表明，一项技能的优势不能轻易弥补另一项技能的缺陷，因此，有条不紊地优化所有六项技能非常重要。

2.6 测测你的战略领导者特质

2.6.1 五大人格量表

指导语： 请仔细阅读以下问题，每个问题从非常不符合到非常符合有五种选择（表2-1）。如果该描述明显不符合您或者您十分不赞同，请选择"1"；如果该描述多数情况下不符合您或者您不太赞同，请选择"2"；如果该描述半正确半错误，您无法确定或介于中间，请选择"3"；如果该描述多半符合您或者您比较赞同，请选择"4"；如果该描述明显符合您或者您十分赞同，请选择"5"。

注意： 请根据您的实际行为打分，而不是根据您所期望达到的行为打分。

表2-1 五大人格量表

问题	非常不符合	不太符合	不确定	比较符合	非常符合
1. 我不是一个容易忧虑的人	1	2	3	4	5
2. 我喜欢周围有很多朋友	1	2	3	4	5
3. 我很喜欢沉浸于幻想和白日梦中,去探索、发展其中所有可能实现的东西	1	2	3	4	5
4. 我尽量对每一个遇到的人彬彬有礼、非常客气	1	2	3	4	5
5. 我让自己的物品经常保持整洁干净	1	2	3	4	5
6. 有时候我感到愤怒,充满怨恨	1	2	3	4	5
7. 我很容易笑	1	2	3	4	5
8. 我喜欢培养和发展新的爱好	1	2	3	4	5
9. 有时候,我会采用威胁或奉承等不同手段,去说服别人按我的意愿做事	1	2	3	4	5
10. 我比较擅长为自己安排好做事进度,以便按时完成任务	1	2	3	4	5
11. 当面对极大的压力时,有时我会感到好像就要垮了似的	1	2	3	4	5
12. 我喜欢那些可以单独做事、不被别人打扰的工作	1	2	3	4	5
13. 我对大自然和艺术中蕴涵的美十分着迷	1	2	3	4	5
14. 有些人觉得我有些自我中心,不太考虑别人的感受	1	2	3	4	5
15. 许多时候,事到临头了,我才发现自己还没做好准备	1	2	3	4	5
16. 我很少感觉孤独和忧郁	1	2	3	4	5
17. 我很喜欢与别人聊天	1	2	3	4	5
18. 我认为让学生接触有争议的学说或言论只会混淆和误导他们的思想	1	2	3	4	5
19. 如果有人挑起争端,我随时准备好反击	1	2	3	4	5
20. 我会尽量认真地完成一切分派给我的任务	1	2	3	4	5
21. 我经常感到紧张而心神不定	1	2	3	4	5
22. 我喜欢置身于激烈的活动之中	1	2	3	4	5
23. 我对诗词基本上没有什么感觉	1	2	3	4	5

(续)

问题	非常不符合	不太符合	不确定	比较符合	非常符合
24. 我觉得自己比大多数的人都优秀	1	2	3	4	5
25. 我有一些明确的目标,并能有条不紊地向目标迈进	1	2	3	4	5
26. 有时我感到自己一文不值	1	2	3	4	5
27. 我通常回避人多的场合	1	2	3	4	5
28. 对我来说,让头脑无拘无束地想象是一件困难的事情	1	2	3	4	5
29. 受到别人粗暴无礼的对待后,我会尽量原谅他们,让自己忘记这件事	1	2	3	4	5
30. 开始着手学习或工作之前,我会浪费很多时间	1	2	3	4	5
31. 我很少感到恐惧或焦虑	1	2	3	4	5
32. 我常常感到自己精力旺盛,好像充满能量	1	2	3	4	5
33. 我很少留意自己在不同环境下的情绪或感觉变化	1	2	3	4	5
34. 我相信人性是善良的	1	2	3	4	5
35. 我努力做事以达到自己的目标	1	2	3	4	5
36. 别人对待我的方式常使我感到愤怒	1	2	3	4	5
37. 我是一个乐天开朗的人	1	2	3	4	5
38. 我经常体验到许多不同的感受或情绪	1	2	3	4	5
39. 很多人觉得我对人有些冷淡,经常与别人保持一定距离	1	2	3	4	5
40. 一旦做出承诺,我通常会贯彻到底	1	2	3	4	5
41. 很多时候,当事情不顺利时,我会感到泄气,想要放弃	1	2	3	4	5
42. 我不太喜欢和人聊天,很少从中获得太多乐趣	1	2	3	4	5
43. 阅读一首诗或欣赏一件艺术品时,我有时会感到非常兴奋或喜悦	1	2	3	4	5
44. 我是一个固执倔强的人	1	2	3	4	5
45. 有时候,我并不是那么可靠和值得信赖	1	2	3	4	5
46. 我很少感觉忧伤或沮丧	1	2	3	4	5
47. 我的生活节奏很快	1	2	3	4	5

(续)

问题	非常不符合	不太符合	不确定	比较符合	非常符合
48. 我对思考宇宙规律或人类生存状况没有什么兴趣	1	2	3	4	5
49. 我尽量对他人做到体贴周到	1	2	3	4	5
50. 我做事情总是善始善终，是一个很有做事能力的人	1	2	3	4	5
51. 我经常感觉无助，希望有人能帮助我解决问题	1	2	3	4	5
52. 我是一个十分积极活跃的人	1	2	3	4	5
53. 我对许多事物都很好奇，充满求知欲	1	2	3	4	5
54. 如果我不喜欢某一个人，我会让他知道	1	2	3	4	5
55. 我好像总不能把事情安排得井井有条	1	2	3	4	5
56. 有时我会感到十分羞愧，以至于只想躲起来，不见任何人	1	2	3	4	5
57. 我宁愿独自做事，而不是领导指挥别人	1	2	3	4	5
58. 我喜欢研究理论和抽象的问题	1	2	3	4	5
59. 如果必要的话，我会利用别人来达到自己的目的	1	2	3	4	5
60. 对于每件事，我都力求做到最好	1	2	3	4	5

得分与解释：

本测试共有60题，采取五级评分，包括五个分量表，每个分量表有12个题目，主要内容如下：

(1) **神经质（Neuroticism）量表**：1、6、11、16、21、26、31、36、41、46、51、56。神经质量表评估情感的调节和情绪的稳定性。神经质得高分的个体倾向于有心理压力、不现实的想法、过多的要求和冲动以及不适应的应对反应。虽然这个方面的高分并不预示着存在临床上的障碍，但患有临床综合征的个体往往会在这个量表上得高分（Costa & Widiger, 1994）。其中1、16、31、46为反向计分（即1=5分，2=4分，3=3分，4=2分，5=1分）。

(2) **外向性（Extraversion）量表**：2、7、12、17、22、27、32、37、42、47、52、57。外向性量表评估人际互动的数量和密度、对刺激的需要以及获得愉悦的能力。这个维度将社会性的，主动的，具有个人定向的个体和沉默的、严肃的、腼腆的、安静的个体做对比。这个方面可由两个品质加以衡量，即人际的卷入水平和活力水平。前者评估个体喜欢他人陪伴的程度，后者反映个体的个人节奏和活力水平。

(3) **经验开放性（Openness）量表**：3、8、13、18、23、28、33、38、43、48、53、58。经验开放性量表是评估对经验本身的积极寻求和欣赏以及对不熟悉情景的容忍和探索。这个维度将那些好奇的、新颖的、非传统的以及有创造性的个体与那些传统的、无艺术兴趣的、无分析能力的个体做比较。在五大因素中，这一维度是最充满争论的，对它的探索也是最少的，就其在语言上的描述而言，对它的解释也是最少的。

(4) **亲和性（Agreeableness）量表**：4、9、14、19、24、29、34、39、44、49、54、59。亲和性量表考察个体对他人所持的态度，这些态度既包括亲近人的、有同情心的、信任他人的、宽大的、心软的，也包括敌对的、愤世嫉俗的、爱摆布人的、复仇心重的、无情的。

(5) **可靠性（Conscientiousness）量表**：5、10、15、20、25、30、35、40、45、50、55、60。可靠性量表评估个体在目标导向行为上的组织、坚持和动机。这个维度把可信赖的、讲究的个体与懒散的、马虎的个体做比较，同时反映个体自我控制的程度以及延迟需求满足的能力。

部分条目反向计分：1、9、12、14、15、16、18、19、23、24、27、28、30、31、33、39、42、44、45、46、48、54、55、57、59。

以上评估能在一定程度上反映被试者是否是组织绩效需要的人格特征。得分在270~300分，表明被试者具有取得优异绩效领导者需要的人格特征；得分在240~269分，表明被试者具有取得良好绩效领导者需要的人格特征；得分在180~239分，表明被试者具有取得中等水平绩效领导者需要的人格特征；得分低于180分，表明被试者具有低水平绩效领导者具有的人格特征，亟须从外向性、随和性、责任心、情绪稳定性方面强化训练这些人格特征，如果训练效果甚微，更换具有相关人格特征的领导者也是不错的选择。

2.6.2 情商评估

指导语：请仔细阅读以下问题，每个问题从非常不符合到非常符合有五种选择（表2-2）。如果该描述明显不符合您或者您十分不赞同，请选择"1"；如果该描述多数情况下不符合您或者您不太赞同，请选择"2"；如果该描述半正确半错误，您无法确定或介于中间，请选择"3"；如果该描述多半符合您或者您比较赞同，请选择"4"；如果该描述明显符合您或者您十分赞同，请选择"5"。

注意：请根据您的实际行为打分，而不是根据您所期望达到的行为打分。

表 2-2　情商评估

问题	非常不符合	不太符合	不确定	比较符合	非常符合
1. 我能把各种不同的内在心理暗示与不同的情绪联系起来	1	2	3	4	5
2. 在承受压力的情况下，我会尽力让自己放松	1	2	3	4	5
3. 我了解自己的行为表现会影响他人	1	2	3	4	5
4. 我能很好地解决自己和他人的矛盾	1	2	3	4	5
5. 我知道自己什么时候会生气	1	2	3	4	5
6. 当别人对我生气发火时，我能保持冷静	1	2	3	4	5
7. 我时刻注意他人的感觉和反应	1	2	3	4	5
8. 我能与他人建立共识	1	2	3	4	5
9. 我能觉察到自己情绪的变化	1	2	3	4	5
10. 面对变化，我能在不改变原则的情况下巧妙应对	1	2	3	4	5
11. 我尊重和平等地对待所有人	1	2	3	4	5
12. 我能让别人感觉很亲近	1	2	3	4	5
13. 我控制自己的情绪对自我行为和表现的影响	1	2	3	4	5
14. 危机发生时，我能保持镇静	1	2	3	4	5
15. 我能与他人明确而有效地交流	1	2	3	4	5
16. 我能准确回应他人的情感	1	2	3	4	5
17. 我充分了解自己的实力并且相信自己的判断、决策和能力	1	2	3	4	5
18. 我能坚持自己的信念	1	2	3	4	5
19. 我能与所有反对自己的人保持良好的关系	1	2	3	4	5
20. 我有驾驭各类人的高超技艺	1	2	3	4	5

得分与解释：

本测试共有20题，最高分为100分，包括四个分量表，每个分量表有五个题目，主要内容如下：

（1）**自我意识**：1、5、9、13、17。自我意识主要评估被试者是否能够认识并理解自己的情绪情感起伏，能够精确地进行自我评估并对自己充满信心。

（2）**自我管理**：2、6、10、14、18。自我管理主要评估被试者是否能够进行自我调控，不否认也不压抑破坏性的消极情绪和情感，同时还能够进行自我激励，保持积极乐观的心态，对环境的适应能力强。

(3) **同理心**：3、7、11、15、19。同理心主要评估被试者是否能够理解他人的情绪和情感，设身处地地为他人着想、感知他人的情绪起伏，能够从多种角度看问题，高效地与不同类型的人交流。

(4) **关系管理**：4、8、12、16、20。关系管理主要评估被试者是否具有建立和保持与他人正面关系的能力。

以上评估能在一定程度上反映被试者情商的高低。得分在 85~100 分，表明被试者具有高情商；得分在 75~84 分，表明被试者具有良好的情商，能够培养领导力；得分在 60~74 分，表明被试者情商属于中等水平；得分低于 60 分，表明被试者情商处于低水平。

2.6.3 道德评估

指导语：请仔细阅读以下问题，每个问题从非常不符合到非常符合有五种选择（表2-3）。如果该描述明显不符合您或者您十分不赞同，请选择"1"；如果该描述多数情况下不符合您或者您不太赞同，请选择"2"；如果该描述半正确半错误，您无法确定或介于中间，请选择"3"；如果该描述多半符合您或者您比较赞同，请选择"4"；如果该描述明显符合您或者您十分赞同，请选择"5"。

注意：请按照您的实际表现来回答，而不是按照您期望的表现来回答。

表 2-3 道德评估

问题	非常不符合	不太符合	不确定	比较符合	非常符合
1. 我可以清楚地描述指导我行动的原则和价值观	1	2	3	4	5
2. 为了实现组织愿景，我愿意承担遭受重大损失的风险	1	2	3	4	5
3. 我会及时承认自己的错误和失败	1	2	3	4	5
4. 我会有意识地将自身的行为与高尚的情操相联系	1	2	3	4	5
5. 当他人的错误严重影响到我时，我会选择快速地原谅并忘却	1	2	3	4	5
6. 当他人犯了错误时，我会毫不犹豫地指出来	1	2	3	4	5
7. 我会依据我的原则和价值观来做重大决策	1	2	3	4	5

(续)

问题	非常不符合	不太符合	不确定	比较符合	非常符合
8. 即使是负面的消息，我也会告诉他人	1	2	3	4	5
9. 朋友和同事都认为我十分守约	1	2	3	4	5
10. 即使遇到阻力和排斥，我也会坚持进行改革	1	2	3	4	5
11. 我鼓励并帮助下属有长远的发展	1	2	3	4	5
12. 对待不公平的事，我能大胆指出	1	2	3	4	5
13. 当有人要我保密时，我总是完全做到	1	2	3	4	5
14. 对出言不逊的人，我敢于当面指出	1	2	3	4	5
15. 出现问题时，我很少指责他人或环境	1	2	3	4	5
16. 即使得不到认可或者丢掉职位，我也会按良心行事	1	2	3	4	5
17. 犯了严重的错误后，我会首先反思自己的问题	1	2	3	4	5
18. 为了捍卫我的信仰，我甘愿承担个人风险	1	2	3	4	5
19. 在同事眼里，我总是言行一致	1	2	3	4	5
20. 即使我将遭受重大损失，违反了我的原则，我也会说"不"	1	2	3	4	5

得分与解释：

本测试共有20题，最高分为100分，包括两个分量表，每个分量表有10个题目，主要内容如下：

(1) **道德成熟度**：1、3、5、7、9、11、13、15、17、19。道德成熟度主要评估被试者的道德发展水平，以及是否符合道德领导者。

(2) **道德勇气**：2、4、6、8、10、12、14、16、18、20。道德勇气主要评估被试者在领导情境中是否在道德方面具备勇气，遇到问题是否能够坚持正确的原则和价值观。

以上评估能在一定程度上反映被试者道德领导力的高低。得分在90~100分，表明被试者处于后习俗阶段，具有高度道德发展水平，这一阶段的领导者更重视正确的原则和价值观，能承担责任，出了问题不责怪他人，并且有极大的勇气执行道德准则；得分在80~89分，表明被试者介于习俗和后习俗之间，具有良好的道德发展水平，领导者在大多数问题上能够以正确的原则和价值观为重，比较有勇气坚持道德的行为；得分在70~79分，表明被试者处于习俗阶段，道德发展属于中等水平，领导者基本能够履行社会系统的责任和义务，在受到诱惑或者威胁的情况下，行为可能会违背道德；得分低于70分，表明被试者的道德发展水平处于较低阶段。

2.6.4 迈尔斯-布里格斯类型指标（MBTI TM）

指导语： 阅读下面每个选项，选择a或b。在有些情况下，可能a和b都适用于您，即使两者只有很小的差异，请选出更适合您的那个答案。

1. 我更喜欢（　　）。
   a. 解决新的、复杂的问题　　　b. 做之前做过的事情
2. 我喜欢（　　）。
   a. 在安静的环境中独自工作　　b. 出现在可以行动的地方
3. 我想成为（　　）的老板。
   a. 在做决定时建立并运用一些标准
   b. 考虑每个人的需求，允许例外
4. 当我忙于一个项目时（　　）。
   a. 喜欢直接完成，然后结束
   b. 通常使项目保持开放性，便于做有必要的更改
5. 做决定时，考虑的最重要的因素是（　　）。
   a. 合理的思维、想法以及数据　　b. 人们的感受和价值观
6. 项目进行中，我会（　　）。
   a. 在决定下一步怎么进行时，反复思考
   b. 立即开始进行工作，边进行边思考
7. 负责项目时，我倾向于（　　）。
   a. 尽可能多地掌握主导权　　　b. 寻求多种意见
8. 关于我的工作，我更喜欢（　　）。
   a. 同时负责多个项目，尽可能多地从每个项目中学到东西
   b. 负责一个具有挑战性的项目，使自己忙碌起来
9. 我经常（　　）。
   a. 无论什么时候做什么事情，都会罗列清单和计划，很讨厌大范围地变更我的计划
   b. 不会计划，做事时顺其自然地让事情发展
10. 与同事讨论问题时，对我来说很容易的是（　　）。
    a. 看见整体的"画面"　　　　b. 抓住情形中的细节问题

11. 办公室或家里的电话铃响时，我经常会（　　）。
    a. 觉得被打扰了　　　　　　　　b. 毫不介意地接电话
12. 更符合我的词语是（　　）。
    a. 喜欢分析　　　　　　　　　　b. 情绪稳定
13. 当我完成一项任务时，我会（　　）。
    a. 稳定而持续地做事　　　　　　b. 在精力充沛时工作，中间会休息
14. 当我听别人围绕话题讲话时，我经常设法（　　）。
    a. 把自己的经历与之联系在一起，看是否一样
    b. 分析评估信息
15. 当我有新想法时，我一般会（　　）。
    a. 马上去做　　　　　　　　　　b. 对这个想法多加考虑
16. 当负责项目时，我更喜欢（　　）。
    a. 缩小范围，清晰定义　　　　　b. 扩大范围，加入相关领域
17. 当我阅读时，我总是（　　）。
    a. 文章里写什么，我想什么　　　b. 读书的同时，联想其他的观点
18. 当我必须快速做决定时，我经常（　　）。
    a. 感到不安，希望能够有更多的参考信息
    b. 能够根据可用的数据做决定
19. 开会时，我会（　　）。
    a. 一边说一边整理我的想法　　　b. 在说之前，仔细思考问题
20. 工作中，我更喜欢花大量的时间关注（　　）。
    a. 想法　　　　　　　　　　　　b. 人
21. 会议中，我最反感这样的人（　　）。
    a. 提出很多粗略的想法　　　　　b. 说很多实践细节来延长会议
22. 我倾向于（　　）。
    a. 早起　　　　　　　　　　　　b. 熬夜
23. 在会议中，我喜欢人们（　　）。
    a. 很愿意参与，反应积极　　　　b. 做全面的准备，拟出大纲
24. 开会时，我更愿意让人们（　　）。
    a. 释放出更多的情感　　　　　　b. 以任务为主
25. 我更想在这样一个组织中工作（　　）。
    a. 我的工作能激发智慧　　　　　b. 我能为组织目标和使命奉献
26. 周末我会（　　）。

a. 计划要做的事情　　　　　　b. 顺其自然地有什么做什么

27. 我更倾向于（　　）。

　　a. 外向性　　　　　　　　b. 独自思考性

28. 我喜欢为这样的老板工作（　　）。

　　a. 充满很多新想法　　　　b. 务实

从以下每组词语中选择一个更让您有感触的词语：

29. a. 社会性　　　　　　　　b. 理论性
30. a. 创新　　　　　　　　　b. 实用
31. a. 条理性　　　　　　　　b. 适应性
32. a. 活跃　　　　　　　　　b. 集中

得分：

下面列出的条目每个算一分，根据上面清单中的选择计算分数。

I 得分 （内向性）	E 得分 （外向性）	S 得分 （经验感觉性）	N 得分 （直觉性）
2a	2b	1b	1a
6a	6b	10b	10a
11a	11b	13a	13b
15b	15a	16a	16b
19b	19a	17a	17b
22a	22b	21a	21b
27b	27a	28b	28a
32b	32a	30b	30a

共计：

选择得分较多的：I 或 E　　　　　　选择得分较多的：S 或 N

注：如果 I 和 E 得分相同，不计算第 11 题得分；如果 S 和 N 得分相同，不计算第 16 题得分。

T 得分 （思考性）	F 得分 （感情性）	J 得分 （判断性）	P 得分 （感知性）
3a	3b	4a	4b
5a	5b	7a	7b
12a	12b	8b	8a
14b	14a	9a	9b

(续)

T 得分 （思考性）	F 得分 （感情性）	J 得分 （判断性）	P 得分 （感知性）
20a	20b	18b	18a
24b	24a	23b	23a
25a	25b	26a	26b
29b	29a	31a	31b
共计：			
选择得分较多的：T 或 F		选择得分较多的：J 或 P	

注：如果 T 和 F 得分相同，不计算第 24 题得分；如果 J 和 P 得分相同，不计算第 23 题得分。
   最终得分：I 或 E——　　N 或 S——　　T 或 F——　　J 或 P——
   您的类型：_____（如 INTJ、ESFP 等）

解释与说明：

（1）**每个维度中涉及的性格特征**

外向：活力来自户外和与人、事的共处，兴趣广泛，边思考边说话。
内向：受到内心世界的思维、想法、深藏的兴趣所激励，说话前先思考。
感觉：喜欢事实、细节以及实际的解决方案。
直觉：喜欢意义、理论，基于数据进行联想，喜欢不确定性。
思考：通过分析、按照逻辑以及客观标准做决定。
感情：基于价值观、信仰和对他人的考虑来做决定。
判断：生活方式有条理、稳定、有计划，具有可控性。
感知：顺其自然、天真率直、思想开放并且寻根问底。

（2）**每个类型中涉及的性格特征**

ISTJ：组织者、值得信任、负责任、让人放心的委托人或严格的检验员。
ISFJ：安静、认真、专心、能够处理细节、优秀的管理员。
INFJ：坚持不懈、鼓舞人心、悄悄地关心他人、优秀的顾问。
INTJ：独立思考者、爱怀疑、理论化、有能力、优秀的科学家。
ISTP：冷静、善于观察、好相处、技艺精湛的手艺人。
ISFP：温暖、敏感、有集体意识、不会与他人发生冲突、优秀的艺术家。
INFP：理想主义、坚定的价值观、喜欢学习、适合上层服务业。
INTP：善于设计、逻辑强、概念化、喜欢挑战、优秀的建筑师。
ESTP：不确定性、社交型、善于解决问题、善于推销。

ESFP：社会化、慷慨、风趣、优秀的表演者。

ENFP：想象力丰富、热情、负责项目、出色的冠军。

ENTP：足智多谋、能够承受刺激、讨厌周而复始、挑战极限、优秀的发明者。

ESTJ：有序、系统化、实际、优秀的行政管理员或者主管。

ESFJ：人际能力强、协调性好、受欢迎、热情、容易合作、会感恩、忠诚、以人为导向。

ENFJ：有魅力、有说服力、说话流利的主持人、社交性强、活跃、优秀的老师。

ENTJ：有远见的规划者、掌管大局、精神饱满的演说家、天生的领导者。

以上测试评估了 16 种不同的人格类型，可以帮助人们确定自己的 MBTI TM 思维偏好。没有哪一种类型是绝对好或者绝对差的，也没有人只单纯属于一种类型，每个人都会偏向外向性或内向性，经验感觉性或直觉性，思考性或感情性，判断性或感知性。MBTI TM 是可变的，不是固定的。随着时间的推移，人们对倾向的理解，以及后来的学习培训、生活经历，都有可能改变自己的倾向。

2.6.5 管理能力评估

指导语：请仔细阅读以下问题，每个问题从非常不符合到非常符合有五种选择（表 2-4）。如果该描述明显不符合您或者您十分不赞同，请选择"1"；如果该描述多数情况下不符合您或者您不太赞同，请选择"2"；如果该描述半正确半错误，您无法确定或介于中间，请选择"3"；如果该描述多半符合您或者您比较赞同，请选择"4"；如果该描述明显符合您或者您十分赞同，请选择"5"。

表 2-4 管理能力评估

问题	非常不符合	不太符合	不确定	比较符合	非常符合
1. 从行业和部门内外广泛的专家与资源渠道获取信息	1	2	3	4	5
2. 从多个维度剖析问题，以便了解问题本质	1	2	3	4	5
3. 表现出好奇心和开放的心态	1	2	3	4	5
4. 平衡长期投资的增长和短期压力的结果	1	2	3	4	5
5. 评估利益相关者对变革的容忍程度和动力	1	2	3	4	5
6. 交流分享成功与失败案例来促进组织学习	1	2	3	4	5

(续)

问题	非常不符合	不太符合	不确定	比较符合	非常符合
7. 预测竞争者的潜在举动以及对新计划或新产品的反应	1	2	3	4	5
8. 寻求不同的观点，看到一个问题的多个方面	1	2	3	4	5
9. 在得出结论之前，与他人一起测试多个工作假设	1	2	3	4	5
10. 在做决策时，要确定对客户和其他利益相关者的平衡、风险以及意外后果	1	2	3	4	5
11. 查明并解决利益相关者之间的利益冲突	1	2	3	4	5
12. 即使已做出决定，也要在证据不一致的基础上加以纠正	1	2	3	4	5

得分与解释：

本测试共有12题，最高分为60分，包括六个分量表，每个分量表有两个题目，主要内容如下：

(1) **预测**：1、7。预测主要评估被试者在实际领导中能否始终保持警惕，通过分析市场环境信号以提高其预测能力。

(2) **挑战**：2、8。挑战主要评估被试者在实际领导中是否质疑现状，敢于挑战自己和其他所有人的想法，并且鼓励提出不同的意见。

(3) **解释**：3、9。解释主要评估被试者在实际领导中是否能将所有接收到的信息整合起来——认识规律，在一片模糊中理清思路，并且寻求新的洞察。

(4) **决策**：4、10。决策主要评估被试者在实际领导中是否遵循流程与速度相平衡，考虑了权衡得失以及短期和长期目标。

(5) **协调**：5、11。协调主要评估被试者是否能平衡各类利益相关者的利益，有效解决冲突，找到共同点并达成共识。

(6) **学习**：6、12。学习主要评估被试者在实际领导中是否提倡探究文化，在成功与失败的结果中汲取经验与教训。

战略领导者应该在这六方面都处于高水平。得分在54~60分，表明被试者处于高水平，熟练掌握并使用这六项技能，能进行战略性思考并有效地驾驭未知事物；得分在48~53分，表明被试者能较好地进行战略性思考并驾驭未知事物，或在某一方面表现优秀，其他方面较弱；得分在42~47分，表明被试者属于中等水平；得分低于42分，表明被试者各方面都处于低水平。通过比较各分量表的得分，可得出领导者更熟练地掌握某种技能。但是，这种倾向不是对立的，一个人可能同时在多个方面获得高分，也可能都获得低分。

战略领导者要找出上述六项技能中的弱点并加以改正。研究表明，一项技能的优势不能轻易地弥补另一项技能的劣势，因此，有条理地优化所有六项技能是很重要的。为了得到更清晰、更有用的结果，应进行更长时间的调查，可以让同事或至少是您的上级对您的答案进行审查和评论。

第 3 章 战略领导者的行为

自 20 世纪 50 年代开始,学者们开始关注领导者行为,例如如何对待下属,是民主方式还是独裁方式,效率如何。领导行为理论关注高效领导者的行为模式而非其人格特质。相对于人格特质而言,行为更容易习得,因此人人都可能成为领导者。组织行为主要关注的是高效领导与低效领导在行为上的差异,有效战略领导力不仅仅取决于领导者拥有的个人特质,也会反映在行为上。主要的战略领导行为因素有态度、感知力、归因和控制、思维模式。

美国爱荷华大学的库尔特·勒温(Kurt Lewin)等人(1939)的研究建立了早期的领导行为理论。他们从领导者使用权力的角度出发,将领导行为划分为独裁领导行为、民主领导行为和放任领导行为,奠定了领导行为理论的基础。美国俄亥俄州立大学的斯托格蒂尔(Stogdill)等人(1948)通过问卷调查,将领导行为划分为体谅型和主动结构型。根据该研究,体谅型主要表现为领导者对下属的关心程度,尊重他们的想法和感受,建立相互信任的关系;主动结构型表现为领导者以任务为导向和引导下属为完成任务而努力工作。美国密歇根大学的贾奇(Judge)(2004)将领导行为划分为两个维度:任务导向型和员工导向型。任务导向型领导强调工作目标和工作效率,关注工作效率、削减成本以及工作流程等,明确界定工作内容、工作关系和目标;员工导向型领导倾向于展现对下属的人文关怀,与下属在工作关系中建立互信,尊重员工的想法和情感。得克萨斯大学的布莱克(Blake)和莫顿(Mouton)(1991)提出了一个二维的领导方格理论。该理论建立了一个二维领导模型,将对人的关心和对任务的关心两个维度划分为 1~9 分,横轴代表对任务的关心,纵轴代表对人的关心,通过判定两个维度的关心程度来确定最后的领导行为。领导方格理论认为,当对人的关心程度和对任务的关心程度都高时,领导行为最有效。

早期领导行为理论的前提假设是领导者对组织内的所有人都采取同样的方式。后来的理论主要研究领导者与不同组织成员之间的个性化关系。这一时期的理论，第一阶段是垂直二元连接理论，主要讨论领导者的特质与行为对下属有不同的影响，从而产生群体内成员和群体外成员；第二阶段是领导-成员交换理论，主要研究领导者采取不同的方式对待每位下属，每个二元关系都包含独有的交换和沟通，研究领导-成员交换关系的发展，以及交换关系的质量如何影响结果；第三阶段是建立伙伴关系，认为领导者可以尽可能与每一位下属积极交流，从而提高其绩效。

3.1 领导行为类型

组织行为大致可以分为以人为导向的领导行为和以任务为导向的领导行为。以人为导向的领导者倾向于尊重他人的想法和感受，对他人保持积极的态度，认识到他人的成就，在下属执行任务时会给予充分的时间和鼓励，较容易与下属建立相互信任的关系；以任务为导向的领导者会阐明任务目标和工作职责，设立预期的工作绩效，计划资源的分配，检查工作进度和工作质量，对绩效进行评价。

在实际工作中，一个战略领导者可能是以人为导向的，也可能是以任务为导向的，通常还会同时出现两种类型混合的领导行为。图 3-1 中这四种复合型的领导风格都可能在现实中存在。研究表明，在下属满意度方面，以人为导向的领导比以任务为导向的领导表现更好；如果用战略绩效标准来衡量的话，以任务为导向的领导效率更高。尽管领导者可能在其中一种行为上表现的水平较

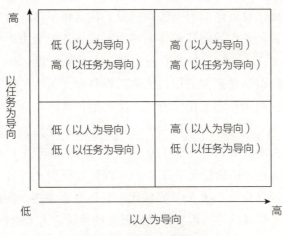

图 3-1　领导行为维度模式

高，但理想的领导者肯定是在两种领导行为上程度都比较高，"双高"的领导行为最有可能在各种各样的环境中取得成功。战略领导者是选择以任务为核心还是以人为核心取决于组织环境，领导者需要调整自己的行为来适应环境。

3.2 态度

态度是一种对人、事件、事物积极的或消极的评价。战略领导者对下属的态度会影响领导者与他人的相处方式。在一定程度上，领导者对人性所持有的整体态度对其领导风格有很大影响。

美国心理学家道格拉斯·麦格雷戈（Douglas McGregor）提出了关于人们工作原动力的理论，也即人们对待工作的态度，称为 X 理论和 Y 理论。X 理论认为，人基本上是懒惰的，主观上不愿工作，本能地逃避责任；因为人们不喜欢工作的特性，大部分人必须被强制、控制、指挥，或者以惩罚的方式威胁，才会尽全力去实现组织目标；大多数人都倾向于得到他人指导，没有雄心壮志，把安全感放在第一位。Y 理论认为，人的一般本性不是厌恶工作，如果给予适当的机会，人们会喜欢工作，并渴望发挥其才能；多数人愿意对工作负责，寻求发挥能力的机会；能力的限制和惩罚不是使人去为组织目标努力的唯一办法；在人类需要的各个层次上，激励都能起作用；大多数人类都具有想象力和创造力。

持 X 理论的领导者会认为只有强制、控制、指挥人们，让人们有危机感，才能使人们的努力最大化。他们很可能以任务为导向，高度关注产品而不是员工。相对地，持 Y 理论的领导者反对为了让人们更高效地做事而强制、控制人们，而是更多地以人为导向，关注人际关系。麦格雷戈认为 Y 理论更实际、更高效。研究表明，对人性持积极看法的领导者更可能获得成功。

在 X 理论与 Y 理论的基础上，日裔美国管理学家威廉·大内（William Ouchi）通过研究日本企业管理方法，提出了 Z 理论。Z 理论认为，应让员工参与决策，及时反馈信息；基层领导者应享有充分的权力，对基层问题要有充分的处理权；中层领导者要起到承上启下的作用；组织要长期雇用员工，使员工增加安全感和责任心；领导者要关心员工福利，创造融洽的上下级关系；领导者不能只关心生产任务，还必须创造和谐的工作环境；重视员工的培训工作，多方面培养他们的实际能力；应当全面评定员工各方面的表现。总的来说，Z 理论是介于 X 理论和 Y 理论的一种观点，它兼顾了对任务的关注和对人的关注，对领导者来说有一定的参考意义。

3.3 感知力

感知力是指人们通过选取、组织、解释外界信息，从而感知外界的过程。在态度、性格、价值观、兴趣、经验上，个体存在差异，因此，人们会用不同的方式看待相同的事情。战略领导者要特别注意由于自己不准确的感知而造成对人和事的错误评价。常见的错误类型包括刻板效应、晕轮效应、投射效应。

（1）**刻板效应**。刻板效应趋向于把个体归到组别中或者更宽泛的类型里，再把宽泛的组别总体特征赋予个体。常见的刻板效应，如认为女员工不如男员工果断、能干，女员工更容易受家庭拖累而影响工作效率。带有刻板效应的人不能真正了解自己评价的对象，并且负面的刻板效应还会阻止有才能的人进步，让他们无法为组织的成功充分发挥自己的才能。

（2）**晕轮效应**。晕轮效应是指感知者基于自己喜欢或不喜欢的特征形成对人或环境的总体印象。也就是说，晕轮效应会使感知者忽略其他特征，从而不能全面地评价他人或环境。晕轮效应在绩效评定中有很大影响，如喜欢高出勤率的领导者会认为，此类员工有责任心、勤奋、高产，而出勤率低的员工工作表现就差。如果领导者没有综合全部有关信息，而仅仅是凭自己更重视高出勤率的偏好进行评价，就会导致偏差。

（3）**投射效应**。投射效应是指感知者把自己个人的性格特征附加到他人身上，也就是感知者把自己的需要、感觉、价值观、态度转嫁到他人身上去评定他人。比如，喜欢利用他人、以权谋私的领导者会认为所有人都是如此，导致在判定他人行为时也会认为他人目的不纯、充满恶意，从而歪曲事实、误解他人。

以上这些常见的感知失误渗透在战略管理过程中的方方面面，它是造成很多战略领导者错误地评价员工、判定形势、制定战略的根源。战略领导者要能够识别这些感知失误，更好地调整自身的感知过程，使自己的观点和行为更符合客观现实。

3.4 归因和控制

1. 归因

归因理论是指人们将引起事情或行为的原因归结为人的特征还是环境的因素。内向归因者认为，是人的性格特征引起了行为举动，如因为下属很懒惰、没有能力，所以他没有按时完成任务；外向归因者认为，是环境引起了人的行为举动，如因为下属没有团队支持和需要的资源，所以他没有按时完成任务。

当人们对事情或行为进行归因时会存在偏见，从而导致基本归因失误。人们往往在评价他人时会低估外在因素的影响，高估内部因素的影响。例如，某人被提拔为领导，公司下属、外界人士、媒体等一般会认为是这个人本身的很多优点使他得以升职。实际上，选择这个人可能主要基于很多外界因素，比如在那段特定时期的业务环境下需要一个该方面业务背景扎实的人。

当人们对自己的行为进行归因时，会产生自我服务偏见：成功时会高估内在因素，过高地信任自己的能力；失败时会高估外在因素，过多地抱怨外部环境。比如，一个人得到升职，会相信是自己的才能比别人优秀，所以组织才提拔他，如果没有得到升职，会认为是组织选人不公平或者有其他内幕。

2. 控制

对战略领导者行为有重大影响的另一行为特征是控制核心，它是指一个人把事情发生的主要原因归结为自己本人还是外界力量。相信自己的行为决定未来的人具有高度的内部控制核心；而认为外界力量决定自己未来的人具有高度的外部控制核心。

研究表明，内部控制核心和外部控制核心在行为表现上有很大差异。内部控制核心的人相信事情是自己行动的结果，对自己的生活有一种掌控意识，将成功与失败都归结为自己行为的结果，他们通常更积极地寻求资源、更愿意承担风险、较少服从权威、主动性较强。有证据显示，内部控制核心的人比外部控制核心的人更能影响他人，所以更有可能去寻求或者得到成为领导者的机会。此外，具有高度内部控制核心的人会对后果负责任，这是战略领导力的本质要求。具有高度外部控制核心的人将事情发生的原因归结为外部作用的结果，如运气、机会、他人的掌控等。在处理工作时，他们倾向于顺从他人，对事情敏感，在要求主动性、创造性、独立性的工作环境中，他们就无法保持高效的工作。外部控制核心的人作为领导者，更倾向于服从权威、使用强权，不太可能在战略领导者的职位上获得成功。

3.5 思维模式

思维模式是人们对不同事物的理解与反应方式，它是影响领导者思想、行动、人际关系的内在因素。时代在快速变化，对于战略领导者和组织来说，依旧坚持固有的思维模式会使组织很危险。因此，决定成功最重要的因素就是改变、拓宽思维模式的能力。高效的战略领导者需要具备的思维模式有独立思考、开放式思维和自我约束。

（1）**独立思考**。独立思考是指运用批判性思考，通过自己的想法、思维、价值观来理解事物，避免直接接受既定规则和他人定义的类别。独立思考的人喜欢独处，有主见，通过自己的思考发表观点和决定行动方案，而不是盲目接受规定和他人赋予的标签。具有独立思考的战略领导者会质疑所有的观点，积极听取多方意见，迅速创造新的思维方式。

（2）**开放式思维**。开放式思维是指摒弃先入为主的观念、固有的看法和过去的经验，时刻关注新信息，保持好奇心和求知欲，对反对意见具有高度的包容性。高效率的战略领导者会保持思维开放，能够认识到过去经验的局限性，因此会吸收多种观点，鼓励下属开放地讨论问题、质疑观点、表达感受；同时，他们也会直面反对意见，不会因为别人质疑自己的想法就觉得受到了威胁。

（3）**自我约束**。自我约束是指通过约束自己的方式促进领导力，达到预期的结果。自我约束的三个品质包括思维清晰、目标明确、具备能够实现目标的组织能力。自我约束的战略领导者会保持思路清晰，不断追求真相，找出局限自己的思维模式，勇于挑战假设以及固有的做事方法，更深层次地了解自我，增加实现预期结果的机会。这样的领导者目标也很清晰，他们持续地集中于未来想要的是什么。高效率的战略领导者会根据现实情况不断调整组织的各种活动，从而使现实一步步接近愿景。

3.6　测测你的行为战略领导力

3.6.1　领导倾向评估

指导语：请仔细阅读以下问题，每个问题从非常不符合到非常符合有五种选择（表3-1）。如果该描述明显不符合您或者您十分不赞同，请选择"1"；如果该描述多数情况下不符合您或者您不太赞同，请选择"2"；如果该描述半正确半错误，您无法确定或介于中间，请选择"3"；如果该描述多半符合您或者您比较赞同，请选择"4"；如果该描述明显符合您或者您十分赞同，请选择"5"。

注意：请根据您的实际行为打分，而不是根据您所期望达到的行为打分。

表 3-1 领导倾向评估

问题	非常不符合	不太符合	不确定	比较符合	非常符合
1. 我尊重团队提出的建议并执行	1	2	3	4	5
2. 分配任务时,我会规定每个成员需要完成的工作量	1	2	3	4	5
3. 我尊重并且平等地对待组织里的所有成员	1	2	3	4	5
4. 我会告诉组织每个成员应该做的具体工作	1	2	3	4	5
5. 我支持组织其他成员的工作	1	2	3	4	5
6. 我会安排工作进度并且强调截止日期	1	2	3	4	5
7. 我关心组织每个成员的个人感情和福利	1	2	3	4	5
8. 工作中的问题都由我来做决定,下属只负责执行	1	2	3	4	5
9. 在做重要决定时,我会认真参考下属的意见	1	2	3	4	5
10. 我会根据下属对任务的完成程度进行奖励和惩罚	1	2	3	4	5
11. 我会让下属用他们认为最好的方式来完成工作	1	2	3	4	5
12. 我会对下属的行为表现承担责任	1	2	3	4	5
13. 我会更注重在团队中维持一种舒服的氛围	1	2	3	4	5
14. 我会要求下属工作再努力一点	1	2	3	4	5
15. 我会放下架子去帮助他人	1	2	3	4	5
16. 我更在意任务执行情况而不是与同事的友好相处	1	2	3	4	5

得分与解释:

本测试共有 16 题,最高分为 80 分,包括两个分量表,每个分量表有八个题目,主要内容如下:

(1) 以人为导向:1、3、5、7、9、11、13、15。以人为导向主要评估被试者在实际领导中是否更关心人的因素,以下属为核心,尊重下属的想法和感受,建立相互信任的关系。

(2) 以任务为导向:2、4、6、8、10、12、14、16。以任务为导向主要评估被试者在实际领导中是否更关心任务的完成,并引导下属为完成任务而付出努力。

以上评估能在一定程度上反映被试者的领导倾向,有效的领导者应是以人为导向和以任务为导向"双高"水平。得分在 72~80 分,表明被试者处于高水平,能够兼顾下属和任务的因素;得分在 64~71 分,表明被试者能够较好地处理下属和任务,或在一方面表现优异,另一方面较弱;得分在 35~63 分,表明被试者处于中等水平；得分低于35分，表明被试者在两方面都处于低水平。分别比较两个分量表的得分，可得出领导者更偏向于哪一种风格。但是，这两种倾向不是对立的，一个人可能同时在两方面获得高分，也可能都获得低分。

3.6.2 领导行为方式评估

指导语：请仔细阅读以下问题，每个问题从非常不符合到非常符合有五种选择（表3-2）。如果该描述明显不符合您或者您十分不赞同，请选择"1"；如果该描述多数情况下不符合您或者您不太赞同，请选择"2"；如果该描述半正确半错误，您无法确定或介于中间，请选择"3"；如果该描述多半符合您或者您比较赞同，请选择"4"；如果该描述明显符合您或者您十分赞同，请选择"5"。

注意：请根据您的实际行为打分，而不是根据您所期望达到的行为打分。

表3-2 领导行为方式评估

问题	非常不符合	不太符合	不确定	比较符合	非常符合
1. 一般人都不喜欢工作，会尽可能逃避工作	1	2	3	4	5
2. 出勤率高的人往往比较有责任心、更勤奋、更高产	1	2	3	4	5
3. 当我表现优秀时，我会首先相信是自己的能力较强	1	2	3	4	5
4. 当我做计划时，我差不多能够确定会去实现计划	1	2	3	4	5
5. 我经常对事情或数据做出有见地的评价	1	2	3	4	5
6. 只要创造适宜的条件，人们就会充满想象力、创造力地为组织寻找解决问题的办法	1	2	3	4	5
7. 在工作中，年轻人上进心强、敢说敢干，年龄大的人墨守成规、缺乏进取心	1	2	3	4	5
8. 如果失败了，我首先会审视外部因素	1	2	3	4	5
9. 我一般不设定目标，因为对于我来说遵守起来很困难	1	2	3	4	5
10. 我喜欢听到新想法，并且鼓励别人表达不同的想法和观点	1	2	3	4	5

(续)

问题	非常不符合	不太符合	不确定	比较符合	非常符合
11. 因为人们天生不喜欢工作，所以大部分人必须被强制、控制、指挥才会尽全力实现组织目标	1	2	3	4	5
12. 人们都有追逐金钱、权力、成就的需求和欲望	1	2	3	4	5
13. 如果下属没有按时完成任务，肯定是因为他本人懒惰或者能力差	1	2	3	4	5
14. 我得到自己想要的东西，通常是因为我经过努力争取而得到的	1	2	3	4	5
15. 我经常鼓励下属用新方式思考旧问题	1	2	3	4	5
16. 在工作中，惩罚通常比奖赏和激励更有效	1	2	3	4	5
17. 我会刻意避免接触令人不安、不愉快的事情和人	1	2	3	4	5
18. 一般情况下，只要有了足够的资源和支持，团队成员都能按时完成任务	1	2	3	4	5
19. 比起完全靠技能的游戏，我更喜欢带有运气成分的	1	2	3	4	5
20. 我能确立清晰的目标，并且能够努力实现目标	1	2	3	4	5
21. 人们努力实现目标时会自我引导、自我控制、自我负责	1	2	3	4	5
22. 我会尽量避免接触现实中难处理的矛盾和问题	1	2	3	4	5
23. 组织的成功或者失败主要取决于最高领导者	1	2	3	4	5
24. 我的重大成就全部归功于自己的努力和能力，而不是运气	1	2	3	4	5
25. 我经常鼓励下属表达不同的想法和观点	1	2	3	4	5

得分与解释：

本测试共有25题，最高分为125分，包括五个分量表，每个分量表有五个题目，主要内容如下：

（1）**态度**：1、6、11、16、21。态度主要评估被试者对人和事物的评价是积极的还是消极的。领导者是认为下属天生就厌恶工作，还是认为人在自己喜欢的领域就会高效、积极地工作？领导者对下属的态度在很大程度上影响其领导方式。

(2) **感知力**：2、7、12、17、22。感知力主要评估被试者是否存在刻板效应、晕轮效应、投射效应、知觉防御，从而形成感知失误以及行为盲点。

(3) **归因**：3、8、13、18、23。归因主要评估被试者是属于内向归因还是外向归因，是否存在基本归因失误以及自我服务偏见。

(4) **控制**：4、9、14、19、24。控制主要评估被试者属于内部控制型还是外部控制型，即认为事情发生的原因是自己行动的结果还是外部作用的结果。

(5) **思维**：5、10、15、20、25。思维主要评估被试者的独立思考能力、开放式思维、自我约束能力的高低。

以上评估从五个维度评估了领导者的行为方式。其中，问题1、2、3、7、8、9、11、12、13、16、17、19、22、23 为反向计分（即 1＝5 分，2＝4 分，3＝3 分，4＝2 分，5＝1 分）。例如，如果被试者认为问题1中的描述与自己十分不符，会选择1，那么计算得分按照5分计算。得分在 110～125 分，表明被试者处于高水平；得分在 95～109 分，表明被试者处于较高水平；得分在 80～94 分，表明被试者处于中等水平；得分低于 80 分，表明被试者处于低水平。

第 4 章 战略领导者的权变

战略领导者如何通过领导风格影响他们的公司？全方位领导理论（Full-range Theory of Leadership）(Avolio & Bass，1991）强调了战略领导者及其下属之间的相互作用，说明其行为如何影响其他公司成员，以及这些成员随后在决定公司结果方面如何发挥关键作用（Elenkov, et al., 2005; Jansen, et al., 2009）。

权变理论关注有效领导同其所处环境之间的关系，即特定环境下领导风格同其有效性之间的关系。领导情景理论是重视下属的权变理论，认为下属的成熟水平是选择领导风格的依赖条件，而下属的成熟度包括以下两方面：工作成熟度（被领导者的知识和技能）和心理成熟度（工作的意愿和动机）。根据权变理论，战略领导者行为的有效性取决于组织环境的变化，战略领导者应该对他们所处的环境进行分析，并根据情境改变他们的行为来提高领导效力。主要的情境变量有下属的性格、工作环境的特征、下属所从事的工作以及外在环境。

4.1 下属成熟度权变

根据下属对工作的自信程度、相关工作经验、处理工作的能力以及能否对工作负责，下属成熟度可划分为低成熟度、中等成熟度、高成熟度和超高成熟度。

低成熟度下属没有工作经验，对所做工作不了解，对工作没有自信，缺乏基本技能，无法独立完成工作任务，不能对工作负责。中等成熟度下属基本熟悉工作流程，但是仍然缺乏技能或经验，不能对工作负责，但是显示出一定的自信和学习能力。高成熟度下属有足够的教育水平，对工作比较有自信，具备规定的工作技能，积累了几年的工作经验，基本能够独立完成工作，但是不能完全为自己的工作负责。超高成熟度下属的能力、经验、自信心充足，完全能够独立完成工作，并对自己的工作行为负责。

下属的成熟度不同，领导者与下属的工作关系和任务导向程度就不同。因此，要取得高效的领导效率，就需要采取不同领导方式。这四种领导方式分别为命令式、指导式、参与式、放权式。

（1）命令式。当一个或多个下属表现出很低的成熟度时，领导者必须告诉下属具体要做的事，指导他们如何做，明确完成任务的时间。在工作任务上，下属只能承担常规性的、定义明确的工作。此时，领导者对任务的完成情况关注度最高，与下属之间仅为命令与执行模式，双方工作关系处于低水平。

（2）指导式。当下属处于中等成熟度时，领导者会下命令，但也会对下属解释决策、明确任务要点和宗旨，而不仅仅说明任务该如何完成。领导者除提供任务指令外，也会注重对下属的成长进行投入和回馈，双方工作关系处于中等水平。

（3）参与式。当下属为高成熟度时，领导者鼓励下属参与制定创造性的、定义不明确的任务目标、措施、决策，并共同完成任务。对于交给下属的任务，领导者比较放心，侧重于提供意见和方向，而不在具体方法上进行指导。领导者与下属之间更倾向于合作者，工作责任也由双方共同承担，双方工作关系处于高水平。

（4）放权式。当下属处于超高成熟度时，出于绝对的信赖，领导者完全把一部分工作分给下属独立完成，任务目标、决策以及责任完全由下属自行承担。领导者仅提供一个概括的工作范围以及完成任务所需的足够权力，双方工作关系处于超高水平。

图4-1为下属成熟度权变模型。当下属成熟度很低时，不能为自己的工作行为负责任，领导者应选择命令式的领导方式，让下属学习最基本的工作流程；当下属处于中等成熟度时，适用于指导式，领导者不仅告诉他们工作是什么，还要告诉他们为什么，让他们了解工作的原理；当下属成熟度处于高水平时，领导者要信任下属，除基本的工作任务外，应鼓励下属共同参与决策制定，提高他们工作的挑战性和参与度；当下属有着超高成熟度时，领导者应充分信赖下属，适合采取放权式，让下属单独负责一部分工作内容，给他们一部分权力，让他们发挥自己的才能。每个组织几乎都包含不同年龄层的员工，其教育背景、工作年限参差不齐，成熟度不一。领导者要认真判断下属类型，采取合适的领导风格。

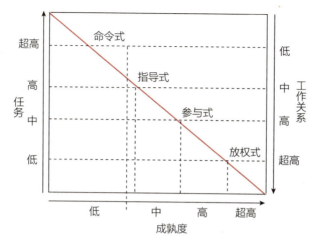

图 4-1 下属成熟度权变模型

4.2 关系-任务-权力权变

关系-任务-权力权变主要依据费德勒权变理论。费德勒（F. E. Fiedler）在 20 世纪 50 年代第一个提出综合的权变模型：任何一种领导行为可能是有效的也可能是无效的，关键看它是否适合特定的领导环境。对领导行为有效性的考察或预测要从三方面进行：确定领导者的行为风格，确定领导的具体情境，以及确定领导风格与具体情境是否匹配。基本观点为将领导风格与情境联系起来，使之最有利于领导者的成功。费德勒权变理论的基础是探讨领导者应在多大程度上采取关系导向型或任务导向型的领导风格。关系导向型领导者关心员工，倾听员工的需要，与员工建立相互信任和尊敬的关系；任务导向型领导者主要关注任务完成情况，会提供明确指令，设定行为标准。

决定领导行为有效性的三个关键情境因素为领导者与被领导者的上下级关系、任务结构和职位权力。这三个因素决定了领导行为有利或者不利的情境。

（1）**上下级关系**。上下级关系是指团队气氛和下属对领导者的信任和忠诚程度。当下属和领导者相互信任、尊重，并且下属对领导者有信心时，上下级关系良好；当下属和领导者相互不信任、不尊重，并且下属对领导者没有信心时，上下级关系则不好。

（2）**任务结构**。任务结构是指团队任务完成的程度，是否包括特定程序，以及是否有清晰、明确的目标，所承担任务的明确化和常规化的程度。常规性的、定义明确的任务就是高结构水平的工作；创造性的、定义不明确的任务就是低结构水平的工作。

（3）**职位权力**。职位权力是指领导者对下属是否有权力，对下属能否直接控制，以及上级的支持程度。如果领导者能对下属的工作进行指导、评估、奖惩，那么职位权力就高；反之，职位权力就低。当上下级关系良好、任务结构水平高、领导者职位权力高时，情境对领导者有利；反之则不利。当三个因素均高时，情境对领导者有利；均低时，情境对领导者不利。当三个因素有高有低时，情境一般有利。图 4-2 为领导风格与情境匹配模型。

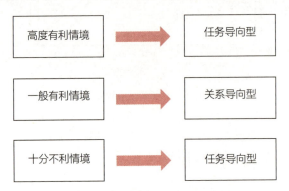

图 4-2　领导风格与情境匹配模型

在高度有利的情境中应以任务为导向，因为上下级关系融洽，互相之间较为信任，任务结构也很明确，每个人很清楚做什么以及如何做，领导职位权力很高。在此情境下，领导不需要以关系为导向把关系放在第一位，而是以任务为导向统揽全局，为整个团队提供方向。如果情境对领导很不利，上下级关系不好，下级对领导不信任，任务结构不明确，每个人不清楚自己的工作，领导职位权力较低，则领导者需要首先以任务为导向，确定任务安排，在下属面前建立威信。在这种情境下，领导者专注任务、注重分析、追求效率，设立高标准比人际关系能力更能解决组织发展中的问题。在一般有利情境中，关系导向型表现更好，因为人际关系技巧，如良好的沟通能力、倾听能力、团队协作能力在实现团队高成就时十分重要。在这些情境中，领导者可能会比较和善。有良好人际交往能力的领导者能在团队中创造可以提升人际关系、明确任务、建立威信的积极氛围。

领导者的风格应该随着情境的变化而变化（表 4-1）。在不利情境中，如果一个领导者以任务为导向，将不利情境转化为一般有利情境后，需要适时改变以任务为导向的风格而转向建立积极的关系导向型。最新的权变理论表明，情境变量的作用至关重要，甚至可以替代或抵消对领导的需求。该理论大致列出了一些设定的组织环境，在这些环境中，无论是任务导向型还是人际导向型领导均变得不那么重要或没有必要了。

表 4-1 特定情境变量与领导类型的替代

特定情境变量		任务导向型	人际导向型
组织变量	组织凝聚力	替代	替代
	正式化	替代	无影响
	缺乏灵活性	抵消	无影响
	职位权力低	抵消	抵消
任务特征	任务高度结构化	替代	无影响
	自动反馈	替代	无影响
	自我满足感	无影响	替代
下属特质	专业程度	替代	替代
	培训经验	替代	无影响
	低奖励价值	抵消	抵消

4.3 路径-目标权变

路径-目标理论是由罗伯特·豪斯（Robert House）提出的。根据路径-目标理论，领导者的职责就是为下属设置目标，并提供必要的指导和支持，以提高下属的动力来达成个人和组织的目标。领导者通过使下属了解获得奖励的途径或加大下属所喜欢奖励的力度以提高下属的动力、满足感和表现。这个理论由三个权变因素组成：领导行为、下属特质和环境因素。

领导者可以采取的行为类型有四类：支持型、指导型、参与型和成就导向型。支持型领导十分友善，关心下属幸福和个人需求，领导行为开放、友好、平易近人，并且会营造良好的团队氛围，平等地对待下属。指导型领导让下属知道对他的期望是什么，明确告诉下属应该做什么，会制订任务计划和进度，设定业绩目标和行为标准，强调规章制度，并对下属如何完成任务给出具体指示。参与型领导会与下属共同磋商决策，通常会询问下属的意见和建议，鼓励下属参与决策，鼓励团队讨论提出意见。成就导向型领导会为下属设定明确的、具有挑战性的任务目标，并期望下属发挥自己的最高水平，同时他们也会对下属展现出自信，并帮助他们学习如何达到高目标。

下属特质包括能力、技能、需求、动机等。例如，如果下属在工作技能或能力方面比较差，那么领导者需要提供附加的训练；如果下属需要明确的方向指引，那么领导者就要采取指导型方法，明确告诉他应该做什么。

环境因素包括任务结构、正式权威系统、团队特征。任务结构是指任务的定义、明确的工作描述、工作步骤；正式权威系统是指领导者所使用的合法权力，以及公司政策和制度约束员工的程度；团队特征取决于下属的受教育水平以及成员之间关系的好坏。

领导者通过以下两种途径来激发下属的动力：①明确奖励并指明如何才能得到奖励；②明确下属看重和期望得到的奖励。路径明确意味着领导者与下属一起工作，帮助他们了解、学习能够使任务成功完成和对组织有利的行为。提高奖励意味着领导者通过与下属沟通，了解什么奖励对他们来说比较重要，也就是他们喜欢工作本身的内在奖励，还是如加薪、升迁等外在奖励。领导者的工作就是给下属增加完成任务后的个人奖励，并让他们了解如何才能得到这些奖励，以及这些奖励并非遥不可及。

领导者应通过调整自己的行为来适应环境，并激励员工付出更多努力。图4-3描述了四种情境所对应的领导行为。在第一个情境中，当下属缺乏自信时，支持型领导提供支持，鼓励下属完成任务并获得奖励；在第二个情境中，任务结构不明确，下属不能有效工作，指导型领导通过下达指令、明确任务，让下属明白如何完成工作、获得奖励；在第三个情境中，任务对下属来说缺乏挑战，成就导向型领导通过设定更高的目标，为下属指明获得奖励的路径；在第四个情境中，当下属获得的奖励不符合其期望时，参与型领导要矫正这一偏差，与下属沟通明确的需求，并在其完成任务后给予奖励。此模型为领导者激励下属提供了明确的方法，领导者要通过指明下属如何获得奖励或者改变奖励方法来实现高绩效。

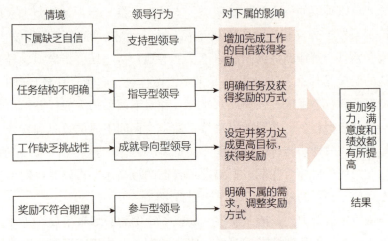

图4-3　路径-目标权变及领导行为类型

4.4 领导者标准决策模型

领导者标准决策模型又称为弗洛姆-加哥决策模型（Vroom-Jago Contingency Model），它关注的是不同程度的参与型领导以及不同级别的参与度如何影响决策的质量和可靠性。它能让领导者准确了解在制定某个决策时应该让下属有多大程度的参与。如图4-4所示，该模型将下属的参与程度分为五级，即五种决策方式。

（1）独裁。领导者独自做决定，然后向团队成员宣布或说服团队成员认同。

（2）分别磋商。领导者单独征求几个下属的意见，然后进行决策。

（3）群体磋商。领导者将团队成员召集起来，向团队陈述问题，适当采取他们的意见，然后制定决策。

（4）促进。领导者将团队成员召集起来，领导者与工作团队一起面对问题，作为问题推动者帮助团队确定要解决的问题和制定决策的边界，最终获得一致决策。

（5）授权。领导者将问题委托给团队，允许团队在指定范围内制定决策。团队对问题进行辨析和判断，研究出解决问题的多个解决方案，并最终确定一个或几个解决方案。领导者在团队决策过程中没有直接作用，而是在幕后为团队提供所需资源和鼓励。

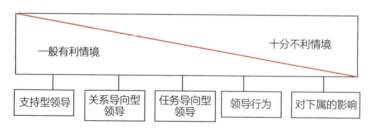

图4-4 参与度与领导决策模型

领导者根据情境来选择上述五种决策方式中的一种，领导者的决策度越高，下属的参与度就越低。领导者如何确定使用哪一种方式，由多个情境因素决定。领导者可以通过以下七个因素来分析出合适的参与度（表4-2）。

表4-2 参与度权变与决策方式

权变因素	决策方式
决策的重要性	如果决策非常重要，则领导者要高度参与

（续）

权变因素	决策方式
下属参与的重要性	如果决策执行需要下属高质量的付出，则应让下属参与决策过程
领导者的专业知识	如果领导者的信息、知识或专业水平欠缺，则应让下属多参与
下属对决策的认同度	如果下属只是听从领导的决策，则是否参与不重要
下属对目标的支持度	如果下属对组织目标的支持度低，则不应让团队来独自制定决策
下属的专业知识	如果下属专业知识丰富，则应承担更多决策责任
团队合作能力	如果下属能力强且合作意愿强，则应承担更多决策责任

领导在选择决策模式时，要考虑时间条件和下属发展的相对重要性，由此形成了两个决策矩阵：当时间是决定性因素时，如组织面对危机必须立即决策，则选择基于时间的模型（图4-5）；当培养下属的决策技能显得很重要且时间和效率不那么重要时，则选择基于下属发展的模型（图4-6）。

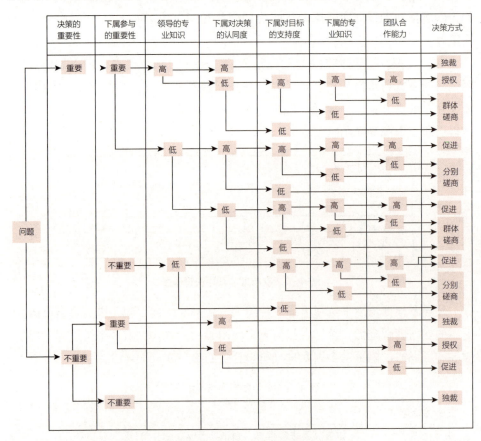

图4-5 基于时间的模型：确定合适的决策方式

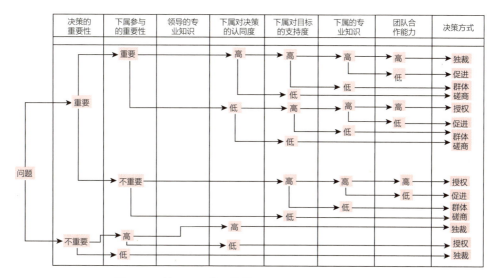

图 4-6 基于下属发展的模型：选择合适的决策方式

4.5 测测你的权变战略领导力

4.5.1 下属成熟度评估

指导语：以下评估对象为领导者的下属，由下属打分。请仔细阅读以下问题，每个问题从非常不符合到非常符合有五种选择（表 4-3）。如果该描述明显不符合您或者您十分不赞同，请选择"1"；如果该描述多数情况下不符合您或者您不太赞同，请选择"2"；如果该描述半正确半错误，您无法确定或介于中间，请选择"3"；如果该描述多半符合您或者您比较赞同，请选择"4"；如果该描述明显符合您或者您十分赞同，请选择"5"。

注意：请根据您的实际行为打分，而不是根据您所期望达到的行为打分。

表 4-3 下属成熟度评估

问题	非常不符合	不太符合	不确定	比较符合	非常符合
1. 我通常只完成规定的工作，一点也不多做或少做	1	2	3	4	5
2. 我经常会对我不得不做的工作感到厌烦或无趣	1	2	3	4	5
3. 只要有机会，我会多休息一会儿	1	2	3	4	5
4. 我对我的工作抱有极大的兴趣和热情	1	2	3	4	5
5. 我被同事当作专家	1	2	3	4	5

(续)

问题	非常不符合	不太符合	不确定	比较符合	非常符合
6. 我想要展现出我最好的能力	1	2	3	4	5
7. 对于我领导的工作，我有专业教育的背景和丰富的经验	1	2	3	4	5
8. 我承担了除本职工作以外的其他有益的工作	1	2	3	4	5
9. 我区分工作的优先次序，并能很好地安排时间	1	2	3	4	5

📝 **得分与解释：**

本测试共有九题，最高分为45分。其中，1、2、3为反向计分（即1=5分，2=4分，3=3分，4=2分，5=1分）。例如，如果被试者认为问题1中的描述与自己十分不符，会选择1，那么计算得分按照5分计算。

以上评估测试了下属的成熟度水平。得分在40~45分，表明下属处于超高成熟度；得分在30~39分，表明下属处于高成熟度；得分在20~29分，表明下属处于中等成熟度；得分低于20分，表明下属处于低成熟度。

4.5.2 领导方式评估

指导语： 根据您对下属成熟度评估中下属所采取的领导方式打分。请仔细阅读以下问题，每个问题从非常不符合到非常符合有五种选择（表4-4）。如果该描述明显不符合您或者您十分不赞同，请选择"1"；如果该描述多数情况下不符合您或者您不太赞同，请选择"2"；如果该描述半正确半错误，您无法确定或介于中间，请选择"3"；如果该描述多半符合您或者您比较赞同，请选择"4"；如果该描述明显符合您或者您十分赞同，请选择"5"。

注意： 请根据您的实际行为打分，而不是根据您所期望达到的行为打分。

表4-4 领导方式评估

问题	非常不符合	不太符合	不确定	比较符合	非常符合
1. 我会详细告诉下属明确要做的事情，并指导他们具体如何做	1	2	3	4	5
2. 我会告诉下属完成任务的确切时间节点	1	2	3	4	5
3. 我会密切监督下属的工作流程是否规范	1	2	3	4	5

(续)

问题	非常不符合	不太符合	不确定	比较符合	非常符合
4. 比起下属的感受，我更关注他是否能够正确完成任务	1	2	3	4	5
5. 在布置任务时，我会明确告诉下属要完成的任务，并向他解释原因	1	2	3	4	5
6. 在对下属发布命令时，我会解释我的决定	1	2	3	4	5
7. 我很注重为下属创造成长的机会	1	2	3	4	5
8. 我很注重提升下属工作的满意度	1	2	3	4	5
9. 我很注重培养下属独立解决问题的能力	1	2	3	4	5
10. 我鼓励下属参与决策，并愿意让他们与我一起共同决策	1	2	3	4	5
11. 我赋予下属很大的自由让其自行完成任务	1	2	3	4	5
12. 在布置任务时，我只告诉下属任务范围，而不进行具体指导	1	2	3	4	5
13. 我只告诉下属一个概括的目标，而不规定明确的任务	1	2	3	4	5
14. 我会赋予下属充足的权力，让他们实现目标	1	2	3	4	5
15. 我让下属独立承担某些业务和责任	1	2	3	4	5
16. 我一点也不干涉下属的工作	1	2	3	4	5

得分与解释：

以上评估从四方面测试了被试者的领导方式。测试共有16题，其中1~4为命令式，5~8为指导式，9~12为参与式，13~16为放权式。分别计算这四项的得分并进行比较，得分最高的一项就是被试者的领导方式。

对比下属成熟度评估与领导方式评估的结果与以下是否对应：

低成熟度-命令式；中等成熟度-指导式；高成熟度-参与式；超高成熟度-放权式。

4.5.3 最难共事者（LPC）问卷

指导语： 设想一个您很难与其相处的人，或许他现在与您一起工作，或许您过去认识他，这个人不一定是您最不喜欢的，但应该是与您最难相处的。根据您对他/她的感受，从 1~8 分中打分（表 4-5）。例如，您认为此人极其友好，选择 8 分；认为此人极不友好，选择 1 分。

表 4-5　最难共事者（LPC）问卷

感受	分值								感受
愉快	8	7	6	5	4	3	2	1	讨厌
友好	8	7	6	5	4	3	2	1	不友好
拒绝	1	2	3	4	5	6	7	8	接受
紧张	1	2	3	4	5	6	7	8	放松
疏远	1	2	3	4	5	6	7	8	亲近
冷淡	1	2	3	4	5	6	7	8	热情
支持	8	7	6	5	4	3	2	1	敌意
厌烦	1	2	3	4	5	6	7	8	有兴趣
争吵	1	2	3	4	5	6	7	8	和睦
抑郁	1	2	3	4	5	6	7	8	高兴
开放	8	7	6	5	4	3	2	1	保守
背后诽谤	1	2	3	4	5	6	7	8	忠诚
不可靠	1	2	3	4	5	6	7	8	可靠
体谅	8	7	6	5	4	3	2	1	不体谅
令人讨厌	1	2	3	4	5	6	7	8	友善
易于相处	8	7	6	5	4	3	2	1	不易相处
虚伪	1	2	3	4	5	6	7	8	诚挚
和蔼	8	7	6	5	4	3	2	1	不和蔼

得分与解释：

本测试主要评估被试者的领导风格属于关系型还是任务型。如果用积极的词汇描述最难共事者，那么他被认为是关系型领导者，该领导者会关心他人，对他人的情绪较为敏感；如果用消极的词汇来描述最难共事者，那么他就是任务型领导者，该领导者总是看到他人的缺点，对任务的重视超过对人的关心。

该问卷共有 18 题，最高分为 144 分。得分在 73~144 分，表明被试者的 LPC 处于高水平，属于关系型领导者；得分在 65~72 分，表明被试者的 LPC 处于中等水平，同时具有关系型以及任务型风格或者高关系、低任务或者低关系、高任务；得分在 65 分以下，表明被试者的 LPC 水平较低，属于任务型领导者。

4.5.4 领导情境评估

指导语：请仔细阅读以下问题，每个问题从非常不符合到非常符合有五种选择（表4-6）。如果该描述明显不符合您或者您十分不赞同，请选择"1"；如果该描述多数情况下不符合您或者您不太赞同，请选择"2"；如果该描述半正确半错误，您无法确定或介于中间，请选择"3"；如果该描述多半符合您或者您比较赞同，请选择"4"；如果该描述明显符合您或者您十分赞同，请选择"5"。

注意：请根据您的实际行为打分，而不是根据您所期望达到的行为打分。

表4-6 领导情境评估

问题	非常不符合	不太符合	不确定	比较符合	非常符合
1. 我和下属之间几乎没有什么矛盾	1	2	3	4	5
2. 团队所执行的任务都有明确的目标	1	2	3	4	5
3. 作为领导，我能直接对下属进行奖励或惩罚	1	2	3	4	5
4. 我的下属都忠诚可靠	1	2	3	4	5
5. 执行任务的团队成员都非常清楚任务目标	1	2	3	4	5
6. 作为领导，我能直接决定下属的晋升、降职、解雇与聘任	1	2	3	4	5
7. 下属支持我的工作，并给我很大帮助	1	2	3	4	5
8. 下属掌握完成每个任务的具体操作方法	1	2	3	4	5
9. 作为领导，我具备给下属安排任务并指导他们如何完成的技能	1	2	3	4	5
10. 我所领导的组织，工作氛围十分友好	1	2	3	4	5
11. 公司有描述任务最佳解决方案或最佳结果的手册或工作细则	1	2	3	4	5
12. 作为领导，对下属的工作进行考评是我的职责	1	2	3	4	5
13. 我的下属总是很配合我的工作	1	2	3	4	5
14. 我布置的任务都能够进行量化评估	1	2	3	4	5
15. 作为领导，我有组织授予的行政权力头衔	1	2	3	4	5
16. 我的下属在工作中具有合作精神	1	2	3	4	5

(续)

问题	非常不符合	不太符合	不确定	比较符合	非常符合
17. 团队会定期对任务进行监控，并随时改进	1	2	3	4	5
18. 作为领导，我能对下属的工作进行规划	1	2	3	4	5

得分与解释：

本测试共有18题，最高分为90分，包括三个分量表，每个分量表有六个题目，主要内容如下：

(1) **上下级关系**：1、4、7、10、13、16。上下级关系主要评估被试者的下属对领导者的态度、接受程度以及团队气氛。

(2) **任务结构**：2、5、8、11、14、17。任务结构主要评估被试者所带领团队的任务完成程度，是否包括特定的程序，是否有清晰、明确的目标。

(3) **职位权力**：3、6、9、12、15、18。职位权力主要评估被试者对下属拥有的正式权力，是否能够对下属的工作进行计划、指导、评估或处罚。

以上评估从三方面测试了被试者面临的领导情境是否有利。得分在70~90分，表明领导者处于高度有利的领导情境；得分在50~69分，表明领导者处于一般有利的情境；得分低于50分，表明领导者处于十分不利的情境。

将上述4.5.3最难共事者（LPC）问卷与4.5.4领导情境评估结合起来看领导者情境评估的结果：如果领导者处于十分有利或者十分不利的情境，被试者是否采用了任务型领导风格？如果领导者处于一般有利情境，被试者是否采用了关系型领导风格？

第 5 章 战略领导者的影响力

很多领导力的定义都将领导力的本质视为一种影响力，即通过自己的各种特质和能力去影响别人以实现组织的共同目标。影响力理论主要关注领导者与下属之间是如何相互影响的。明茨伯格（Mintzberg）（1983）、菲佛（Pfeffer）（1981，1992）等人认为权力的概念对理解领导者如何在组织中施加影响非常重要。巴斯（1960）和艾齐厄尼（Etzioni）（1961）将权力分为职位权力和个人权力两种类型，认为领导者的权力一部分源于个人在组织中的地位，另一部分源于领导的个人特质。1978 年，伯恩斯在对政治型领导人进行定性分类研究的基础上提出领导应包含交易型和变革型两种类型。1985 年，巴斯正式提出了交易型领导行为理论和变革型领导行为理论，从交易和变革两个方面论述这两种领导方式对下属施加的不同影响。近年来，团队的建设与管理日益受到领导力研究的关注，领导者如何使团队发挥最大效能、更好地完成组织绩效，是领导者影响力的一个重要因素。塔克曼（Tuckman）（1965，1977）提出了团队发展的五个阶段，并阐明了团队在每个阶段的特点。伊登（Eden）（1990）通过一个领导者对群体绩效影响的现场实验研究，得出具有很高期望的领导者更有利于群体实现高绩效的结论。

5.1 权力影响力

影响是指一个人的行动在别人的态度、价值观、信仰以及行为上所产生的效果，领导者通常通过权力来影响下属。权力即在组织内部一个人通过影响他人从而达到预期目标的潜能。权力可分为硬权力（包括合法权力、奖赏权力、强制权力）和软权力（包括专家权力和参照权力），见表 5-1。

表 5-1 领导者权力的五种类型

领导者权力	权力分类	具体体现
硬权力	合法权力	组织中领导者有正式职位授予的权威 领导者有权力决定解决问题的方法或行动
	奖赏权力	领导者有授予他人奖励的权力 领导者控制着资源和它们的分配方法 下属遵守领导者的命令来获得奖励
	强制权力	领导者对他人进行惩罚或申请惩罚他人的权力
软权力	专家权力	领导者在下属执行的任务中表现出的专业知识和技能
	参照权力	领导者的个人品格使下属认可、尊重和羡慕,视领导者为榜样

有影响力的领导者不仅仅依赖正式职位带来的硬权力影响别人,当今世界,软权力越发成为领导者的重要工具。权力的使用会带来三种不同的结果:遵从、抵抗和认可。当领导者成功使用了硬权力,下属的反应是遵从。虽然他们不管是否认同,都会听从领导者的决定,但是通常不会全身心地参与到工作中。对硬权力的过度使用,尤其是当对强制权力的使用超过了合法范围时,人们会进行抵抗。下属对软权力的反应通常是认可的,这就意味着下属认可领导者的观点并积极地遵循指导,认可是比遵从和抵抗更好的反应。

根据对权力的运用方式,领导者可以分为个人型领导者和社会型领导者。个人型领导者以自己为基础,他们往往表现得较为自私、冲动,行使权力时只考虑自身利益而不考虑组织利益。此类型的领导者以自我扩张、不平等、剥削为特点。当领导者陷入利用权力为自己谋利的诱惑,而不是考虑整体利益时,员工和组织都会受到伤害。社会型领导者以造福他人为基础,为造福他人的更高目标而服务,并且把组织当成一个整体。他们放权、平等、有支持力,在行使权力、做决策时遵循道德要求,通过长期、高效的关系来达到重要目标,使整个组织受益。

5.2 政治影响力

权力的获取和利用在很大程度上是一项政治活动。政治是指人们通过获取、发展及运用权力和其他资源达成目标的各项活动。政治行为可以是积极的力量,也可以是消极的力量,适当的政治行为对组织达成目标有益。领导者观察世界的视角影响着其决策和权力的行使，他们看待组织的方式会影响其做决策和行使权力的方式以及与下属之间的关系。领导者对组织的态度可以分为四个层次：

（1）**结构体**。在这一层次中，组织被看作一台机器，领导者的重心是制订计划、设定目标以保证组织的正常秩序、高效率和稳定性。领导者凭借权威和职位权力影响他人，他们强调厘清工作职责、规则和程序，致力于明确方向、控制结果，从而获得高效率。

（2）**政治体**。政治体层次把组织视为不断存在冲突和矛盾的竞技场，认为组织中充满权力和阴谋。领导者利用政治手段获取或巩固、扩大权力，他们行使职位权力和个人权力来实现想要的结果。

（3）**归属体**。在这一层次中，领导者把组织看作家庭、归属、团体，人是组织中最有价值的资源，领导者通常会调整组织去适应人员的需求。领导者的重心在人际关系上，用被授予的权力和承诺来领导和影响他人。

（4）**象征体**。在这一层次中，领导者把组织看作精神追求和价值观的系统，他们分享愿景、文化和价值观去影响他人，致力于满足下属的期望和组织的利益。

这几个层次都有不完整的方面，领导者应学会用多样化的视角看待组织以获得完整的领导力。

在当今这个需要合作的世界，个人竞争力和自我推销不是获得和行使权力的最好方法。成功的领导者一般使用柔性的方法来完成目标。基于领导者影响他人的行为，领导方式可以划分为四种，即变革型、魅力型、联盟型和权谋型。

（1）**变革型领导**。有能力促进产品和技术创新，改变组织。变革型领导以个人价值观、信仰和组织的愿景为基础，影响下属的发展，提高绩效和组织的盈利能力。

（2）**魅力型领导**。对人们有情感影响力，他们会激励人们克服困难，发挥自身潜能，从而创造更大的价值。他们对使命的热情激励人们跟随他们，激发人们超越自己的利益以便实现组织目标。魅力型领导者的影响力来源是个人特征而不是职位权力。

（3）**联盟型领导**。建立一个多人联盟，这些人支持领导者的目标，并且能够带动他人贯彻领导者的决定以达成目标。联盟型领导者善于在广泛的人群中发展联系，并且使他们的行为和方法适应不同的人和情况。

（4）**权谋型领导**。对威胁到自己权力的事情十分警惕，他们认为大多数人都是浮躁贪婪且虚伪的。权谋型领导者要求下属必须忠诚，并且操纵他人或者使下属之间互相对立以维持自身的权力；为了达到目的，他们可能会使用欺骗的手段，以及利用人们的欲望和恐惧使下属遵守规则以维系权力。

维护领导者影响力应遵循六大原则：①强调美好前景或伟大目标，让人们能够看到按照领导者的想法和要求做是值得的、有意义的。②合理说服他人，运用事实、数据和合理的论据说服他人。当领导者具有专业知识或相关的专业意见时，合理说服最有效。③让他人喜欢自己，因为人们更倾向于对喜欢的人说同意。当领导者对他人的渴望和需要给予倾听表示关心，找到共同之处，表示尊敬并且公平待人时，人们会更加支持他；领导者要多赞美他人，大部分人会喜欢让他们感到自我良好的领导。④依赖互惠原则，把权力转换为影响力的主要方法就是分享自己拥有的东西，如时间、资源、情感支持等。大多数人认为，付出行动来回报那些对自己好的人是一种义务。⑤发展联盟，通过非正式见面或聊天了解他人的需要和关心的事，同时向他们解释存在的问题，表达自己的观点，从而影响他人。可以通过雇用、转移、提拔等方式来扩大人脉网。⑥明确目标，领导者对于自己想要什么要有清晰的认识，并且善于运用沟通技巧来说服他人实现目标。

5.3　团队影响力

团队是指由两个或两个以上的人组成，为了实现一个特定目标而进行互动、相互合作的团体。一个组织可以视为一个团队，其内部通常还根据目的不同划分为不同的小团队。因此，领导者的领导过程也是影响团队的过程。要成为优秀的领导者，必须能够管理好团队，并带领团队为组织取得良好的绩效。

在组织中，一般有三种类型的团队，即职能型团队、跨职能型团队和自我指导型团队。职能型团队是由组织中在同一部门的团队成员组成的，又称垂直团队或命令团队。它是由管理者或下属组成的正式团队，按照活动的不同来组织，团队由领导者，指挥如财务部门、人力资源部门和销售部门。跨职能型团队是由组织中不同部门的成员组成，团队成员跨越组织界限进行合作，领导者会放弃一些权力。它通常是因特殊目的，需要完成重要项目而组成的。自我指导型团队是由拥有最小管理权与流水作业员工组成的，生产整个产品或服务。自我指导型团队可以使人们在工作中获得高度满足感。作为领导者，当团队成员不需要实施领导就能够胜任工作时，可以采用自我指导型团队，给予团队资金、设备、供给、信息去完成项目或任务，同时提高团队决定权的权威性。

如图5-1所示，团队形成过程分为形成期、震荡期、规范期、执行期和终止期。形成期是团队开始制定方向、成员相互熟悉的阶段。在这个过程中，领导者面临的挑战是促进交流和融合成员，帮助他们相互熟悉，以及建立团队共同工作的原则。在震荡期，个人特点和冲突开始出现，这时团队普遍缺乏团结和凝聚力。领导者在震荡期需要鼓励每个团队参与者并帮助他们找出各自的观点、价值观以及争议的原因，最后克服各种不确定性。在规范期，冲突已经解决，形成统一的团队。在这一阶段，领导者应着重于整个团队的开放性并促进沟通，明确团队角色、价值观和期待。在执行期，团队成员们互动顺畅，协调行动，以成熟、有效率的方式解决争端。在这一阶段，领导者应重点促进高效完成任务，从而帮助团队成员自主实现目标。终止期的主要问题是跨职能型团队在任务完成后面临解散。这一阶段主要是做好收尾工作，执行任务不再是最重要的，领导者应重点关注团队成员的社会及情感需求。

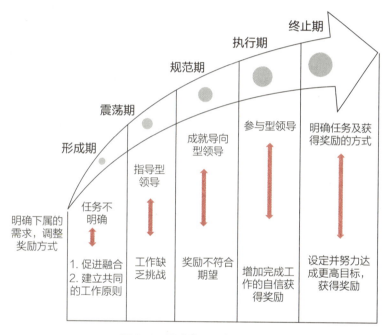

图 5-1　团队发展及领导方式

要想带领团队获得高绩效，领导者需要采取以下方式：①有明确清晰的目标、清楚的度量。高绩效团队有一个特定清晰的目的和一套合理明确的目标，使得人们在一个共享的事业下团结起来。②要有多样性的技巧和明确的角色。高效率团队拥有多种多样的技术、知识以及经验，团队中多元化的文化也有利于创新。③使队伍规模合理化。调查显示，小规模团队有更强的生产力，六人以下团队表现最好。④授予团队充分的决策权。领导者应下放权力，分享信息，共同承担责任，寻求一致意见而不是问题指导。⑤对团队给予足够的支持和指导。如果团队领导者能给团队成员提供帮助，积极维系成员之间的信任关系和团队凝聚力，那么团队效能、生产能力和学习能力都可以增强。

随着团队的发展，团队成员之间会产生冲突，采取正确的方式解决冲突对于团队的成功有着重要意义。如图 5-2 所示，领导者处理冲突的方式可以通过两个维度来衡量：满足自己的需求（独裁）与满足他人的需求（合作）。根据这两个维度，产生了五种方式：当领导者需要迅速采取决定性行动时，采用竞争方式，即领导者用自己的方式来解决问题；当事情需要延迟时间来收集更多信息或改变现有局面，需要付出很大代价时，采用回避的方式比较合适；当双方目标同样重要或双方力量均衡且想抛开分歧时，可以采用折中方式；当人们意识到自己错了，或当一个行动对别人比对自己重要时，采用包容的方式可以建立互信和保持凝聚力；当双方的考虑都很重要且不能妥协，或者需要将不同人的观点合并成一个总的解决方案时，合作是最佳解决方式。

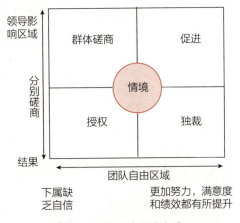

图 5-2　解决冲突的方式

5.4　测测你的战略影响力

5.4.1　权力观评估

指导语：请仔细阅读以下问题，每个问题从非常不符合到非常符合有五种选择（表 5-2）。如果该描述明显不符合您或者您十分不赞同，请选择"1"；如果该描述多数情况下不符合您或者您不太赞同，请选择"2"；如果该描述半正确半错误，您无法确定或介于中间，请选择"3"；如果该描述多半符合您或者您比较赞同，请选择"4"；如果该描述明显符合您或者您十分赞同，请选择"5"。

注意：请根据您的实际行为打分，而不是根据您所期望达到的行为打分。

表5-2 权力观评估

问题	非常不符合	不太符合	不确定	比较符合	非常符合
1. 作为领导，我比较看重组织为我提供的权力和身份符号	1	2	3	4	5
2. 对很多员工来说，只有威胁和惩罚才真正起作用	1	2	3	4	5
3. 我需要掌握奖励下属的大量资源，以便在他们工作取得成绩时进行奖励	1	2	3	4	5
4. 我和下属有良好的人际关系，这是我实现有效领导所必需的	1	2	3	4	5
5. 我十分注重获取各方面的信息，以便实现更好的领导	1	2	3	4	5
6. 如果组织不给我头衔和职位，那么我很难实现有效领导	1	2	3	4	5
7. 不愿意惩罚下属的领导通常会失去威信	1	2	3	4	5
8. 为了使下属保持合作，我经常给予下属晋升、奖金以及其他奖励	1	2	3	4	5
9. 我的下属都十分喜欢和尊敬我	1	2	3	4	5
10. 我在我所擅长的专业领域做领导	1	2	3	4	5
11. 如果没有正式职务，那么我就失去了对下属的影响力	1	2	3	4	5
12. 我认为不能与下属过于友好地相处，因为这样会降低我作为领导的威严	1	2	3	4	5
13. 我会设计激励机制，引导下属为了组织目标而更好地工作	1	2	3	4	5
14. 对于一个领导而言，使下属忠诚是至关重要的	1	2	3	4	5
15. 我认为，领导者需要特别钻研专业领域并成为该领域的专家	1	2	3	4	5

得分与解释：

本测试共有15题，最高分为75分，包括五个分量表，每个分量表有三个题目，主要内容如下：

(1) **合法权力**：1、6、11。合法权力主要评估被试者将权力看作基于领导者被正式授予职位或头衔的程度。

(2) **强制权力**：2、7、12。强制权力主要评估被试者使用权力对下属进行惩罚或申请惩罚的程度。

(3) **奖赏权力**：3、8、13。奖赏权力主要评估被试者运用权力给予下属奖励的程度。

(4) **参照权力**：4、9、14。参照权力主要评估被试者利用个人品格领导下属的程度。

(5) **专家权力**：5、10、15。专家权力主要评估被试者运用自身专业知识或技能领导下属的程度。

以上评估能在一定程度上反映被试者对权力五方面的观点和实际运用的程度。计算合法权力、奖赏权力、强制权力的总分可看出被试者的硬权力程度，计算参照权力、专家权力的总分可看出被试者的软权力程度。将得分进行比较，可得出领导者更偏向于哪一种权力。一般认为，善于使用软权力的领导者比依赖于硬权力的领导者的领导更为有效。

5.4.2 政治影响力评估

指导语：请仔细阅读以下问题，每个问题从非常不符合到非常符合有五种选择（表5-3）。如果该描述明显不符合您或者您十分不赞同，请选择"1"；如果该描述多数情况下不符合您或者您不太赞同，请选择"2"；如果该描述半正确半错误，您无法确定或介于中间，请选择"3"；如果该描述多半符合您或者您比较赞同，请选择"4"；如果该描述明显符合您或者您十分赞同，请选择"5"。

注意：请根据您的实际行为打分，而不是根据您所期望达到的行为打分。

表5-3 政治影响力评估

问题	非常不符合	不太符合	不确定	比较符合	非常符合
1. 我为组织设立愿景，并激励下属为实现愿景而努力	1	2	3	4	5
2. 我对未来总是很乐观	1	2	3	4	5
3. 我十分了解组织中合作的模式和影响	1	2	3	4	5
4. 完全相信某个人，就是在自找麻烦	1	2	3	4	5

(续)

问题	非常不符合	不太符合	不确定	比较符合	非常符合
5. 我会鼓励下属追求更高的目标，并给他们充分的自由和权力实现目标	1	2	3	4	5
6. 我向下属描绘美好未来的宏伟蓝图	1	2	3	4	5
7. 我在组织内外都建立了积极的合作关系	1	2	3	4	5
8. 我认为奉承重要人士是必要的	1	2	3	4	5
9. 我很注重每个下属的成长和发展，并帮助他们发挥自己的潜能	1	2	3	4	5
10. 我会激励下属不顾障碍和个人牺牲去做常规工作以外的更多事情	1	2	3	4	5
11. 我经常拜访客户和其他利益相关者，了解他们的想法	1	2	3	4	5
12. 为了让别人按照我的意愿行动，我会说一些他们喜欢听的话	1	2	3	4	5
13. 我会在组织内营造变革的氛围	1	2	3	4	5
14. 我的下属都以我为榜样，希望能够像我一样	1	2	3	4	5
15. 即使有重重阻碍，我也会克服困难，促进不同部门之间的合作	1	2	3	4	5
16. 作为领导者，我会运用各种办法让下属对我保持忠诚，以维护我的权力	1	2	3	4	5

得分与解释：

本测试共有16题，最高分为80分，包括四个分量表，每个分量表有四个题目，主要内容如下：

(1) **变革型领导**：1、5、9、13。变革型领导主要评估被试者是否有能力从眼光、策略和人员培养方面改变组织，促进产品和技术创新。

(2) **魅力型领导**：2、6、10、14。魅力型领导主要评估被试者是否具有感情影响力，能够激励下属实现更大的目标。

(3) **联盟型领导**：3、7、11、15。联盟型领导主要评估被试者是否善于建立联盟并维护联盟的关系。

(4) **权谋型领导**：4、8、12、16。权谋型领导主要评估被试者是否善于运用权谋来保持自身的影响力。

以上评估从四个维度反映了被试者的领导影响力。其中，问题4、8、12、16为反向计分（即1=5分，2=4分，3=3分，4=2分，5=1分）。例如，如果被试者认为问题1中的描述与自己十分不符，会选择1，那么计算得分按照5分计算。得分在65~80分，表明被试者影响力处于高水平；得分在50~64分，表明被试者影响力处于较高水平；得分在35~49分，表明被试者影响力处于中等水平；得分低于35分，表明被试者影响力处于低水平。

5.4.3 团队影响力评估

指导语：请仔细阅读以下问题，每个问题从非常不符合到非常符合有五种选择（表5-4）。如果该描述明显不符合您或者您十分不赞同，请选择"1"；如果该描述多数情况下不符合您或者您不太赞同，请选择"2"；如果该描述半正确半错误，您无法确定或介于中间，请选择"3"；如果该描述多半符合您或者您比较赞同，请选择"4"；如果该描述明显符合您或者您十分赞同，请选择"5"。

注意：请根据您的实际行为打分，而不是根据您所期望达到的行为打分。

表5-4 团队影响力评估

问题	非常不符合	不太符合	不确定	比较符合	非常符合
1. 我喜欢团队合作，而不是自己完成任务	1	2	3	4	5
2. 相比个人胜利，我从集体胜利中得到更多的满足	1	2	3	4	5
3. 即使我与他人有不同意见，在合作时我也感觉很好	1	2	3	4	5
4. 在团队中工作，我能够发挥更好的能力	1	2	3	4	5
5. 我会采取各种方式提高团队表现	1	2	3	4	5
6. 我会与团队成员一起讨论制定团队目标	1	2	3	4	5
7. 我很善于协调团队成员以实现组织目标	1	2	3	4	5
8. 我积极引导团队成员参与到解决问题的过程中	1	2	3	4	5
9. 我支持并欣赏每一位团队成员	1	2	3	4	5
10. 我会因为团队成员出色地完成任务而赞扬他	1	2	3	4	5
11. 如果团队成员提出了更好的方案，那么我会很快表示赞同并采纳	1	2	3	4	5

(续)

问题	非常不符合	不太符合	不确定	比较符合	非常符合
12. 当团队成员与我有分歧时，我能调和观点达成共识	1	2	3	4	5
13. 我会公平地考虑自己和他人的观点	1	2	3	4	5
14. 我很尊重每一位团队成员的感受	1	2	3	4	5
15. 遇到问题时，通常我能想出让大部分人满意的方案	1	2	3	4	5

得分与解释：

本测试共有15题，最高分为75分。得分在65~75分，表明被试者的团队影响力处于高水平，能够在团队中胜任领导者角色，高效地领导团队，恰当地处理冲突；得分在55~64分，表明被试者的团队影响力处于较高水平，能够较好地管理好团队；得分在45~54分，表明被试者的团队影响力处于中等水平；得分低于45分，表明被试者的团队影响力处于低水平。

第 6 章 战略领导者的关系领导力

战略领导者的关系（Strategic Leaders' Relationships）研究主要关注公司内部和公司之间战略领导者之间的关系，以及这些关系如何影响公司行为。基于团队合作、委托代理关系和社会比较过程等理论研究表明，战略领导者可以通过与其他领导者的关系影响公司的结果。这类理论侧重于高管的社会方面，并强调他们之间的关系。例如，社会比较理论（Festinger，1954）和股权理论（Adams，1965）强调，感知到不公平薪酬的高管可能会采取导致更公平的情况或恢复公平的行动。从经济学的角度来看，薪酬差异也促使高管增加投入，以达到更高的战略领导力地位。从网络视角和社会嵌入的概念研究发现，CEO 与其他公司成员的联系影响了他们对关键资源的访问（Chung & Luo，2013）。社会网络的视角超越了公司边界内的网络，提出了互兼董事如何通过联盟作为连接公司的桥梁（Beckman, et al.，2014）。关于高管关系的研究通常依赖外在属性来解释这些特质如何通过高管发展的关系来影响公司。例如，自恋型 CEO 喜欢与他们有相同自恋程度的新董事共事，或者与以前有过自恋经历的董事共事，因为这样的董事会更支持 CEO 的风险决策（Zhu & Chen，2015）。

战略领导者的关系分为组织内部关系和组织外部关系。组织内部关系主要是上下级关系和部门之间的关系，组织外部关系主要是竞合关系和产业链关系，如图 6-1 所示。

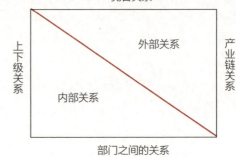

图 6-1　战略领导者关系构成

6.1 组织内部关系

委托-代理理论研究董事会如何协调 CEO 与股东利益的机制。团队合作研究认为，高层管理团队（TMT）是影响公司行为的主要因素。其关注的焦点是团队成员的交互和冲突以及团队内部的信息流。团队成员之间的差异是有益的，因为它们提供了更广阔的视角、不同的观点，以及高层更好的决策制定，但它们也可能导致冲突和沟通障碍（Ndofor，Sirmon & He，2015）。战略领导者关系的研究还包括共享领导视角。该视角认为，领导力通常以一种公开的和非公开的方式分布在群体当中（Ensley，Hmieleski & Pearce，2006）。联合 CEO 的存在是正式实践共享领导的一种方式。研究表明，只要命令统一得到保证或不被破坏，它就可以使公司受益（Krause，et al.，2015）。共享领导力依赖于这样一种假设，即单个人往往缺乏履行领导职能所需的全部能力，因此，在那些具有互补能力的人之间分担这一责任可能会提高领导效率。为了支持这个观点，汉布瑞克和卡内拉（2004）发现，缺乏运营管理经验和管理焦点公司经验的 CEO 更有可能拥有首席运营官（Chief Operating Officer，COO）。因为履行战略领导的职能需要大量的能力，我们认为共享领导视角非常适合研究战略领导跨职能的有效性。

组织内部关系在纵向上体现为上下级关系，即领导者与下属之间的关系。对领导者而言，上下级关系中最基本的是领导者如何建立与下属的关系，它是领导者积极建立和管理有益关系的途径。根据领导者对下属的控制程度，领导者与下属的关系可以分为以下四种类型：

（1）**控制关系**。这种关系强调严格的下行控制、员工标准化、规格化。领导者自己制定策略和目标，以及达到目标的方法和奖励措施，最高追求是公司的稳定和效率。下属在工作意义和目标上没有发言权，在如何工作上没有裁量权。这种领导者称为"权威式领导者"。

（2）**参与关系**。领导者通过各种方式让下属积极参与管理，领导者确定目的与目标，做最后的决策，并决定奖励。下属为团队工作可以提出改进质量的建议，对自己的工作承担更大的责任。在这一阶段，下属还不是真正的事业伙伴。这种领导者称为"参与式领导者"。

（3）**赋权关系**。领导者把下属看作真正的伙伴，通过把决策权和行动权授予下属来让他们参与公司的核心工作，并对目标共同负责、共同受益并承担后果。下属的工作奖励与个人贡献挂钩，而不是与职位挂钩。这种领导者称为

"管家式领导者"

（4）**服务关系**。处于这一关系的领导者超越自我利益，服务于他人需要，通过运用个人才干帮助他人成长发展，提供机会让他人名利双收。他们的目标是把下属也培养成领导者，发掘他们的潜力，而不是利用领导职位限制他们的发展。这种领导者称为"服务式领导者"。

领导者与下属的关系与对应角色如图6-2所示。控制关系导致下属在工作中被动地做事；参与关系让下属在工作中更加积极；赋权关系则是理念上的一个飞跃，它将领导者的责任和权威转移到下属身上；服务关系超越了赋权关系，领导者的首要任务是服务员工、客户、股东和大众，有了这种服务，领导力会水到渠成，因为它能最大限度地发挥他人的潜能。

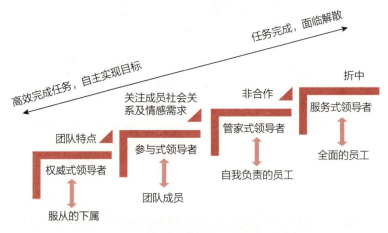

图6-2 领导者与下属的关系与对应角色

在组织的职能部门和团队之间，不同层级的领导之间存在着各自的边界，这些边界可能是纵向的，也可能是横向的。在不同的部门、团队之间，因为级别或权力因素、职能或专业因素、组织归属或承诺因素、人或地域因素，都存在着边界冲突。领导者要帮助组织中的其他人跨越边界，了解他们共同面对的挑战，以及如何一起面对挑战，以便统一方向、统一行动和勇于承诺，服务于战略变革。领导者应统筹协调，帮助员工在以下方面达成共识：①对未来愿景的理解；②对组织所面临挑战的理解；③高层领导的指示；④本部门如何与其他部门和个人进行合作；⑤部门取得成功的障碍有哪些，以及如何克服这些障碍。

如何依据不同的环境实现战略引领、战略协同、战略承诺，是战略领导力面临的挑战。为了确保正确地分析、制定、实施战略，领导者应关注整个系统中的各种关系，能够在面对公司政治和冲突时做出正确的选择，帮助组织找到新方向，为战略变革服务，帮助组织达成高绩效。领导者在处理各类影响战略的关系时需要具备平衡矛盾的能力、统筹协调的能力。

在组织的实际运行中，组织内部总是存在着对立的两方面，如果只偏重一方，则会损失另一方，使整体失衡。例如，短期目标与长期目标这两个对立面很难达到平衡，当两者无法平衡时，通常领导者会更倾向于短期目标，而牺牲长期目标。虽然短期目标也很重要，但是当一个组织持续关注短期成功超过关注长期成功时，比如忽视技术更新，则会最终影响组织的长期绩效。另一个突出的对立现象是单个组织的成功与整个生态系统的成功，这与组织是一个生态系统的理念密切相关。缺乏对生态系统的重视是一种短视行为，如果能够把生态系统的健康放在优先重要的位置上，而不是将其边缘化，它们就能够为整个系统创造价值，服务于共同的目标，将对立的两方都发扬光大。

6.2 组织外部关系

组织外部关系是指一个组织与其环境中的多个组织之间建立的相对长久的交易、交流和联系。在横向上主要是竞合关系，即组织与外部竞争对手、合作方的关系；在纵向上主要是与产业链上下游各环节组织间的关系。

随着市场的发展，组织开始跨越实体边界进行能力与资源整合，组织的运行从有边界越来越趋于无边界，组织之间基于信任与承诺的依赖关系成为组织价值的重要源泉。跨组织的知识、信息、物质双向流动构成了组织之间的紧密关系，催生了组织之间深度协作的需求。作为领导者，要带领组织打破边界，发展合作伙伴和联盟关系，使组织的知识、信息、物质不断更新，降低生产成本，进而提高自身竞争力。

产业链将组织的能力重心从内部生产转移到与产业链上下游组织的链条整合上来。例如，丰田、沃尔玛等大型组织纷纷发展与供应商的长期合作伙伴关系，以赢得低成本与差异化优势。与产业链上下游各环节组织之间的关系表现为以某个组织为中心，与整条产业链上的各个环节，如供应商、客户建立协作关系，开展物质与知识的交换。领导者应关注并加强与产业链各个环节的关系，如收集客户的意见和数据信息，发现其他潜在的有影响力的利益相关者并建立关系。

当组织间关系管理跨越独立组织边界后，合同契约与关系契约成为组织外部关系领导的主要方式。合同契约以手续、证明、协议、条款等为表现形式，双方能合法达成一致意见并记录下来形成合约条款，借助法律赋予的强制力对合作过程中的各种关系进行规制与协调。关系契约涉及组织间的目标、声誉、信任、结构、文化等要素；关系契约对合同契约具有补充协调的作用，并有助于合同条款的履行。

组织之间关系管理的手段包括四个环节，即关系识别、关系构建、关系维护和关系优化。在组织之间关系发展的不同阶段，领导者应采取不同的关系管理方式。首先，领导者应识别出潜在的对组织发展有影响的外部组织或个人，然后通过适当的方法与其构建关系，并进行长期关系维护与巩固，不断寻找双方相同的利益点进行合作，实现双赢，优化关系。

6.3 领导者关系管理能力

要想管理好组织内部横向和纵向两个维度的关系，领导者需要通过授权、激励、沟通等方式来构建良好的关系。

1. 授权

授权是指领导者将权力或权威授予组织成员，通过授权给下属，使其参与到组织的管理当中，以使他们理解自己的工作对实现组织使命和目标的重要性。同时，通过授权，组织成员的能力得到提高，领导者也会从中受益。

授权模型可按照两个维度来衡量授权等级：①在决定如何实现结果时下属的参与度；②在定义结果时下属的参与度。图6-3展示了授权等级从无授权到下属实现自我管理的完全授权。当下属既不能参与定义结果，也不能参与决定如何实现结果时，完全没有被授权；当下属同时参与定义结果与决定如何实现结果时，就是得到了完全授权，他们既参与使命与目标的制定过程，又决定如何实现它们。

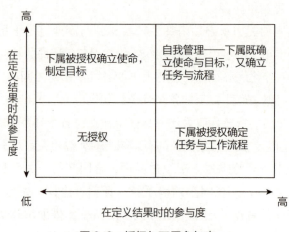

图6-3 授权与下属参与度

2. 激励

激励是指引发人们采取某些行动的内部或外部力量。领导者通过激励可以创造一种能让下属感到自己受重视、受尊重的关系，使下属展现出最佳水平，最终给组织带来更高绩效。

(1) **激励的分类。** 按照激励的方式，激励可以分为正激励与负激励。正激励包含外部积极措施与内部积极措施。外部积极措施是指为使下属满足自身低层次的外在物质需求而由他人给予的奖励，如升职、加薪、奖金等。内部积极措施是指为使下属满足自身高层次的内在需求而帮助他们在完成工作的过程中得到满足与享受，如成就感、能力、自我实现和自我肯定等。

好的领导者不应依赖外部积极措施、把它作为主要的激励手段，现代领导方式更倾向于通过给下属提供机会以满足其高层次需求并获得内部奖励的方式来达到激励的目的。如果下属被赋予社会使命感，意识到自己的行为能够改变他人的生活，那么通常能够受到很大的激励，因为他们从帮助他人的行为中得到了内部奖励。另外，如果领导者给予下属更大的自由来决定自己的行动，让他们对自己的工作有更多掌控，下属往往会更具有创新性，并且为自己的目标付出更多，充分发挥自己的能力，达到最好的表现效果。最理想的领导方式是让下属的低层次需求和高层次需求都得到满足，使他们能够高效地完成组织任务，实现组织目标。

负激励包含内部消极措施与外部消极措施。外部消极措施是指将不好的结果施加在下属身上，如恐吓和惩罚，以强迫他们今后按照领导者期望的行为去表现。内部消极措施是指领导者通过一定的方式使下属产生消极的情绪情感，如使人感到自我怀疑、焦虑等，以此来阻止并减少行为被重复的可能性。

消极措施也有一定的价值。研究表明，人们通常对可能造成损失的反应比期望增益的反应强烈得多，即损失规避。在实际工作中，几乎每位领导者都会不得不采取一些消极措施来获得其想要的结果。内部消极措施比外部消极措施对人产生的伤害要大得多，且副作用更为深远，对下属的身心健康和他们对工作的积极性造成很大影响，极容易适得其反。因此，如必须使用负激励，领导者应先考虑外部消极措施，而慎重使用内部消极措施。虽然负激励是一项有力的激励，但是它通常会对下属的成长与长期表现产生消极影响。高效的领导者应尽可能多地依赖正激励而避免负激励。

(2) **马斯洛的需求层次理论。** 基于需求的激励重点强调那些能够满足人们需求的激励。著名的基于需求的理论之一是马斯洛的需求层次理论。如图6-4所示，马斯洛（A. H. Maslow）将人的需求分为五个层次，只有当低层次的需求被满足后，才能产生高层次需求并寻求满足。因此，领导者应先保证下属的基本需求得到满足，然后激发他们的高层次需求，最终创造高绩效。

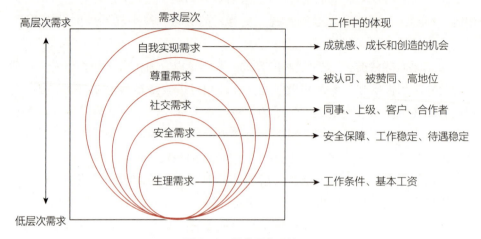

图 6-4　需求层次理论

（3）**强化的方法。** 强化是指领导者通过使用直接激励或者惩罚措施来改变或修正下属工作行为的方法。如图 6-5 所示，领导者可以通过四种方法来塑造或者修正下属的行为：正向强化、反向强化、惩罚和消除。正向强化是指下属做出期望的行为后，给予奖励；反向强化是指下属的行为引起了不期望的结果，其行为一旦改进，就停止对其施加的强制性措施；惩罚是指将不好的结果施加在员工身上，以此来阻止并减少不被期望的行为；消除是指停止使用积极奖励，即行为不被强化，从而未来不会再出现。

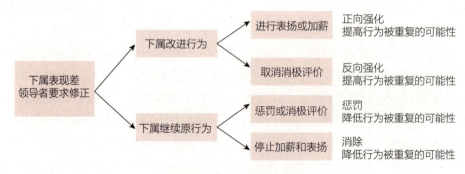

图 6-5　强化对行为的效果

（4）**期望理论。** 期望理论认为，激励依赖于下属对自己能完成任务和得到期望奖励的心理预期。期望理论基于个人努力、高水平绩效和理想结果三要素及其之间的关系。如图 6-6 所示，"努力-绩效期望（E>P 期望）"是指下属付出努力就能得到良好绩效的可能性；"绩效-结果期望（P>O 期望）"是指高绩效带来期望结果的可能性，如果这个期望值较高，个人就会得到较高的激励；"结果的价值"是指如果通过很大努力带来的结果很有价值，激励就会提高，如果结果与高绩效不被下属看重，激励便会降低。要使一个员工被高度激励，期望模型中三个要素的值都必须高。

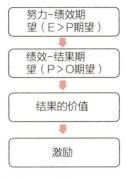

图6-6　期望理论模型

期望理论是将下属的需求和目标进行个人化，每个人都有其特殊性，要想增强激励，领导者需要弄清员工需求，提供期望的结果，确保员工有能力来表现良好并且达到期望的结果，并为其提供支持，从而提高员工的期望值。

3. 沟通

沟通能力是领导者建立人际关系的基石。领导者通过沟通与下属分享愿景，建立起价值观和相互间的信任，影响他们的行为，从而促进形成高效的工作关系，促成组织目标的实现。战略领导者通常与下属沟通愿景、使命、价值观等宏观蓝图，而不是具体事实和片面的信息。沟通在建立上下级信任、使下属为实现愿景付出努力方面发挥着重要作用。在当今的组织中，命令-控制式的管理往往是适得其反的，领导不能单纯地命令下属去做什么，而要让下属理解并接受愿景和战略，从而让他们的行为配合组织的战略意向。

领导者可以通过引导战略性对话、创造开放性环境、提出问题、倾听、坦诚对话、讲故事、肯定式探询七种方式进行沟通。战略性对话是目的指向的，它直接影响每个人对愿景、价值和对组织或团队愿望的态度，它说服人们用有助于实现愿景的方式行动。领导者需要打破传统的层级和部门界限，在整个组织的各部门和各层级之间共享各方面信息，以促进整个团队、部门、级别间的联系与信任。通过恰当的提问，领导者能够激发批判性思考并引导更深入持久的学习，同时还显示了领导者在乎他人、乐于接受新思想，有助于建立互相信任、互相尊重的关系。倾听是指领会和解释信息真正内涵的技巧。领导者应在日常工作中积极主动倾听下属的想法，保持开放的心态，使下属愿意分享自己的意见和问题。领导者坦诚对话意味着直接、诚实地与下属沟通，让下属清楚地知道自己的立场以及希望他们做什么，同时还意味着对下属的尊重。结合想象和故事元素的领导者在日常表达中比只用事实和图表表达的领导者要有更大、更持久的影响力。肯定式探询是指面对问题时，强调的不是什么地方出错了，责任该归咎于谁，而是以一种积极肯定的方式研究"什么是可能的？我们想实现什么？"它用积极的方法界定问题，促使人们关注如何实现成功而不是看哪里出错，避免人们互相指责，防卫他人或忙于否认，从而建立一个积极的框架。对真理和美好事物及人类系统中的可能性关注得越多，人们做出积极行为的能力也就越强。

6.4 测测你的战略关系领导力

6.4.1 内部关系评估

指导语：请仔细阅读以下问题，每个问题从非常不符合到非常符合有五种选择（表6-1）。如果该描述明显不符合您或者您十分不赞同，请选择"1"；如果该描述多数情况下不符合您或者您不太赞同，请选择"2"；如果该描述半正确半错误，您无法确定或介于中间，请选择"3"；如果该描述多半符合您或者您比较赞同，请选择"4"；如果该描述明显符合您或者您十分赞同，请选择"5"。

注意：请根据您的实际行为打分，而不是根据您所期望达到的行为打分。

表6-1 内部关系评估

问题	非常不符合	不太符合	不确定	比较符合	非常符合
1. 我的行为优先满足下属的需要和利益	1	2	3	4	5
2. 我会鼓励下属参与日常管理工作	1	2	3	4	5
3. 决策时，我通常喜欢与下属协商	1	2	3	4	5
4. 工作中，我更强调严格的标准化和绝对的服从	1	2	3	4	5
5. 我认为自己的首要任务就是服务下属、客户、股东和大众	1	2	3	4	5
6. 我尽力了解下属对工作的想法和需求	1	2	3	4	5
7. 我会根据下属的贡献进行奖励，而不是依据职位或职称的高低	1	2	3	4	5

(续)

问题	非常不符合	不太符合	不确定	比较符合	非常符合
8. 我会直接告诉下属正确的做法，让他们去执行	1	2	3	4	5
9. 我经常赞扬下属，并且认可他们的工作	1	2	3	4	5
10. 我尊重员工，并常为他们提供获得成就感的机会	1	2	3	4	5
11. 我会营造良好的氛围让下属自由地发挥自身潜力	1	2	3	4	5
12. 我会制定统一的工作规范和流程让下属按标准执行	1	2	3	4	5
13. 我无私地为下属的成长发展提供机会，不期望获得回报	1	2	3	4	5
14. 我更注重鼓励下属之间进行合作胜于竞争	1	2	3	4	5
15. 我让下属参与核心工作的安排以及设定组织目标	1	2	3	4	5
16. 必要时，我会让下属顶着压力工作	1	2	3	4	5

得分与解释：

本测试共有16题，最高分为80分，包括四个分量表，每个分量表有四个题目，主要内容如下：

(1) **服务式领导者**：1、5、9、13。领导者超越个人利益，服务于他人的需要，帮助下属成长发展，提供机会让他人名利双收。

(2) **参与式领导者**：2、6、10、14。领导者鼓励下属参与管理，但是没有把权力分配给下属，由领导者做最后决定，下属只提出建议和责任，领导者没有把下属看作真正的合作伙伴。

(3) **管家式领导者**：3、7、11、15。领导者更倾向于把自己看作是公司的保护者和监管者，赋予下属决策权和对自己工作的控制权。

(4) **权威式领导者**：4、8、12、16。领导者的最高追求是公司的稳定和效率，与下属之间是控制关系，强调严格的标准化和绝对的服从。

以上评估从四个维度反映领导者与下属的关系。每个维度得分在15~20分，属于偏上水平；4分为最低水平。分别计算四个维度的得分并进行对比，看哪一项是最高的，可得出领导者更偏向于哪一种关系。通常情况下，服务式领导关系是最成功的。

6.4.2 领导关系能力评估

指导语：请仔细阅读以下问题，每个问题从非常不符合到非常符合有五种选择（表6-2）。如果该描述明显不符合您或者您十分不赞同，请选择"1"；如果该描述多数情况下不符合您或者您不太赞同，请选择"2"；如果该描述半正确半错误，您无法确定或介于中间，请选择"3"；如果该描述多半符合您或者您比较赞同，请选择"4"；如果该描述明显符合您或者您十分赞同，请选择"5"。

注意：请根据您的实际行为进行打分，而不是根据您所期望达到的行为打分。

表6-2 领导关系能力评估

问题	非常不符合	不太符合	不确定	比较符合	非常符合
1. 我会询问下属如果实现高绩效，他希望得到的奖励	1	2	3	4	5
2. 我所在的组织等级森严、官僚习气严重	1	2	3	4	5
3. 我所在的组织各部门和各层级之间共享各类信息	1	2	3	4	5
4. 我会从下属实际的需求出发给予奖励	1	2	3	4	5
5. 我不愿意将大部分工作授权给下属	1	2	3	4	5
6. 我在对话中会真诚地对他人的想法提出疑问	1	2	3	4	5
7. 我会与下属商议，他完成任务后所获得的奖励	1	2	3	4	5
8. 因为我要对下属的失误负责，所以我尽量自己完成工作	1	2	3	4	5
9. 我会认真倾听他人	1	2	3	4	5
10. 我会为下属的出色表现给予特别肯定	1	2	3	4	5
11. 对于大多数工作，我比下属完成得更快更好	1	2	3	4	5
12. 在组织中，下属可以自由地表达他们的期望和担心，表达他们的信念，进行探讨和设想	1	2	3	4	5
13. 我采用各种奖励方式去强化下属的杰出表现	1	2	3	4	5
14. 在组织中，下属有权力做出实质性的决定	1	2	3	4	5
15. 我通常都会坦率地告诉下属我的真实想法	1	2	3	4	5
16. 我会公开表扬那些工作尤为突出的下属	1	2	3	4	5
17. 因为我要对下属的失误负责，所以我尽量自己完成工作	1	2	3	4	5
18. 与人沟通时，我通常都是在共同背景的基础上确立目标	1	2	3	4	5

得分与解释：

本测试共有18题，最高分为90分，包括三个分量表，每个分量表有六个题目。其中，问题2、5、8、11、17为反向计分（即1=5分，2=4分，3=3分，4=2分，5=1分）。例如，如果被试者认为问题1中的描述与自己十分不符，会选择1，那么得分按照5分计算。主要内容如下：

(1) **激励**：1、4、7、10、13、16。激励主要评估被试者是否运用期望理论通过管理来激励下属，以及运用正面强化方式来修正下属的行为。

(2) **授权**：2、5、8、11、14、17。授权主要评估被试者是否真正授权给下属。

(3) **沟通**：3、6、9、12、15、18。沟通主要评估被试者是否能创造开放的沟通环境，以及有效地与下属进行沟通。

以上评估从三方面测试了领导者建立关系的方式。得分在80~90分，表明被试者有很强的能力构建良好的关系；得分在70~79分，表明被试者有较强的能力构建关系；得分在60~69分，表明被试者的构建关系能力一般；得分低于60分，表明被试者不能建立正常的关系。

第三篇
战略领导力的有效性评估

第 7 章 外部环境分析

波特（Porter）和麦克劳林（McLaughlin）（2006）指出，组织中的领导力并不是在真空中运作的。环境（Context）是影响领导力行为和结果的主要因素，学者们已经论述了环境在战略领导力研究中的重要性（Boal & Hooijberg, 2001; Osborn, Hunt & Jauch, 2002; Porter & McLaughlin, 2006）。本书遵循约翰斯（Johns）（2006）的环境定义，即"影响组织行为的发生意义以及变量之间功能关系的环境机会和约束"。因此，将那些调节战略领导属性和公司结果之间关系的环境变量视为环境因素。环境可分为外部环境和内部环境。

外部环境是指组织边界之外构成环境条件的所有调节变量（因素）。这些外部因素包括政治或宏观经济条件、工业和竞争变量以及社会或文化特征。研究外部环境的一个突出方法是探索公司运行条件的不可预测性或不稳定性。一种常见的观点是，行业的不确定性或动态性，以及国家制度的脆弱性，通过增加信息处理需求和定期更新战略的需要，战略领导更具挑战性（Qian, et al., 2013; Tang, Li & Yang, 2015）。相反，这些条件可以赋予战略领导者象征意义，并为他们提供更多机会来召集下属（Agle, et al., 2006）。外部环境可以在战略领导者的属性如何塑造公司的结果方面发挥决定性作用。例如，在动态产业中，战略领导者的未来时间导向会使新产品的引进率更高，因为这些领导者更善于发现未来的市场和技术趋势（Nadkarni & Chen, 2014）。在动荡的环境中，由所有者领导的公司（而不是由代理 CEO 领导的公司）更倾向于退出业务（Souder, et al., 2012）。此外，市场的复杂性对创始人 CEO 的市场扩张努力的限制要大于代理 CEO（Souder, et al., 2012）。某些社会文化增加了战略领导者变革行为对公司创新的影响（Elenkov, et al., 2005）。在一定的外部条件下，一些战略领导者具有更好的领导能力，对其公司有更强的影响力。类似地，外部环境会削弱战略领导者的相关性，缩小战略领导者的行动范围。未来需要研究组织外部环境这些维度的相对重要性以及它们对战略领导力的影响机制和影响程度。此外，这些不同的外部环境维度可能对不同的战略领导者有不同的影响。战略领导力的外部视角关注研究公司的外部环境如何影响战略领导者，或可能受到战略领导者的影响。这一领域的学者依靠信号和制度理论，提出了市场或利益相关者如何对战略领导者的行动和特征做出反应，并经常援引公司合法性的概念。一些研究在假设战略领导者寻求公司合法性的前提下，探索制度压力如何促使公司披露环境信息，发现这取决于 CEO 的教育和任期（Lewis, et al., 2014）。

一般来说，外部环境（External Environment）包括三个层次：总体环境（General Environment，也称宏观环境）、行业环境（Industry Environment）和竞争环境（Competitive Environment）。总体环境包含社会环境中影响组织的各种因素的总和，包括人口、经济、政治、法律、社会文化、技术变革和全球化。在总体环境下，又形成行业环境和竞争环境。通常情况下，组织没有能力直接控制和影响总体环境因素，只能够通过行业环境和竞争环境分析，间接性调节与总体环境之间的关系，通过行业环境分析找到新进入者的威胁、分析卖方市场和买方市场、分析替代品，进而判断整体行业竞争的激烈程度，实现对总体外部环境的适应甚至引领。从外部环境分析角度来看，组织对总体环境的分析着眼于未来，对行业环境的分析重点在于了解影响组织经营和盈利能力的条件和因素，而对竞争对手的分析则可以预测竞争对手的行动、反应和对未来发展的意图。总之，分析组织外部环境，并理解外部环境如何影响组织的愿景、使命和战略行动。基于竞争优势的外部环境视角认为，公司的绩效与竞争优势的变化是产业吸引力的函数。公司的竞争优势由公司在竞争性经营环境中的定位所决定。公司应该做两件事情：在有吸引力的产业中进行竞争定位，或采用能够足够促使现有产业变得更有吸引力的战略。

本章首先对外部环境关键因素进行识别；接着对战略领导经常使用的外部环境分析工具，如 PESTEL 分析模型、产业生命周期模型、产业结构六力模型、利益相关者模型、竞争者分析模型进行介绍；最后设计量表分别对领导者的任务活动进行测评，对领导者在外部环境分析层面的领导力进行评估，从而帮助领导者更好地使用外部环境分析工具。

7.1 外部环境关键因素识别

（1）**竞争不确定性**。在技术、需求和/或资源供应方面的预测变化是认知的需求；会抑制领导者控制结果的能力；增加管理工作压力（Qian, et al., 2013；Westphal, et al., 2006）。

（2）**经济发展**。新兴市场面临着迅速而大规模的变化，市场基础设施薄弱，导致高交易成本，而且面临着放松监管和激烈竞争的环境（Chung & Luo, 2013）。发达市场相对较为成熟，需求饱和，呈现缓慢衰退趋势。

（3）**经济复杂性**。它反映了公司运营环境中的竞争程度和异质性程度。行业集中度越低，竞争对手数量越多；加强与竞争对手之间的相互联系；需要领导的关注（Tang, Li & Yang, 2015）。

（4）**环境动态性**。环境是不可预测和不稳定的；能力必须不断更新；是否存在相当多的模棱两可（Nadkarni & Chen, 2014；Tang, Li & Yang, 2015）。

（5）**环境丰富性**。有增长的机会和资源；为领导者提供多种战略方向的选择（Tang, Li & Yang, 2015）。

（6）**环境不确定性**。增加组织失败的感知风险；赋予领导者象征性的重要性；强化跨界合作单位的主导地位，而不是公司的主要技术核心（Agle, et al., 2006；Waldman, Ramirez, House & Puranam, 2001）。

（7）**环境动荡性**。影响公司长期绩效的因素（如技术、法规、客户需求）快速、不连续和不可预测的变化（Eisenmann, 2002）。

（8）**产业动态性**。以不断增长的需求、不确定性和技术强度为特征；通过外部警戒和频繁的策略重塑来增加信息处理需求（Hambrick & Cannella, 2004）。

（9）**产业不确定性**。产业具有不稳定性、不可预测性、产品周期短（Short Product Cycles）、竞争激烈和不稳定的销售反应等特点；CEO 制定有吸引力的愿景，并更有效地召集下属（Luo, et al., 2014）。

（10）**制度支持**。行政事业机构向公司提供支持，以减少体制基础设施不足的不利影响；减少领导者在应对制度方面的工作需求（Qian, et al., 2013）。

（11）**市场复杂性**。市场要素之间存在着差异性和互联性；提出信息处理需求；增加评估战略态势的难度；要求更多的行政基础设施；为领导者提供更多的信息和变量，超出他们所能关注的范围（Souder，Simsek & Johnson，2012）。

（12）**社会文化**。社会文化是社会群体中普遍存在的价值观、规范、态度和心理规划要素体系，它可以塑造组织的互动和战略过程（Elenkov，et al.，2005）。

7.2 PESTEL 分析模型

PESTEL 分析模型是对组织所处的政治（Political）、经济（Economic）、社会文化（Social and Culture）、技术（Technological）、环境（Environmental）和法律（Legal）这些宏观环境因素进行分析（表 7-1）。它提供了一份对组织有潜在影响的概括性的宏观环境因素清单，是用来理解市场增长或衰退的良好工具。

表 7-1 PESTEL 分析模型

因素	解释	典型例子
政治因素 （Political）	对组织经营活动具有实际与潜在影响的政治力量和有关的政策、法律及法规等因素。试图理解政府对竞争行动和反应的影响（当前的和预期的）	1）国际关系 2）产业政策 3）国家财政和货币政策的变化 4）政府政策 5）企业和政府之间的关系
经济因素 （Economic）	组织外部的经济结构、产业布局、资源状况、经济发展水平以及未来的经济走势等	1）人均可支配收入水平 2）国家 GDP 增长趋势 3）通货膨胀率 4）银行利率水平 5）汇率
社会文化因素 （Social Culture）	组织所在社会中成员的历史发展、文化传统、价值观念、教育水平以及风俗习惯等因素	1）地区性偏好 2）人口的年龄结构 3）消费者的价值观 4）不同地区人们的收入分布 5）组织的社会责任感

(续)

因素	解释	典型例子
技术因素 （Technological）	不仅包括那些引起革命性变化的发明，还包括与组织生产有关的新技术、新工艺、新材料的出现和发展趋势以及应用前景	1）与竞争对手的技术水平差距 2）涉及公司产品的技术 3）生产经营中技术的成熟度 4）组织对关键技术的投资 5）最新技术的发展动向
环境因素 （Environmental）	一个组织的活动、产品或服务中能与环境发生相互作用的要素	1）产品生产对自然环境的影响 2）地域环境因素 3）当地的环境问题 4）生产环境友好型产品 5）环保法规的遵守
法律因素 （Legal）	组织外部的法律、法规、司法状况和公民法律意识所组成的综合系统	1）基本法（如《宪法》《民法》） 2）《劳动保护法》 3）《公司法》和《合同法》 4）《消费者权益保护法》 5）世界性公约及条款

7.3 产业生命周期模型

产业生命周期是每个产业都要经历的一个由成长到衰退的演变过程，是指从产业出现到完全退出社会经济活动所经历的时间。它一般可分为萌芽期、成长期、成熟期和衰退期四个阶段。在萌芽期，初始需求刚刚产生，顾客缺少有关产品相对质量的充足信息，因此，建立一个有利的立足点、培养满足增长型需求的能力比迅速展开产品差异化攻势更为重要；在成长期，利用早期建立的立足点为在位组织获取市场份额，沿着学习曲线逐步下降，并确立成本领先定位的机会；在成熟期，产业的成长放缓，顾客获取产品信息的渠道更为广泛，差异化能够削弱竞争的威胁，并导致较高的价格；在衰退期，价格竞争更为激烈，成本节约变得更为重要（表7-2和图7-1）。

表7-2 产业生命周期阶段

产业生命周期阶段	领域	工具	特色	进程	经济逻辑
萌芽期	留在本地市场	内部发展 建立联盟以确保获得自己缺少的投入要素及分销渠道	定位于基本需求，最低程度的差异化	尽早确定立足的战术	由于成本比较高，产品价格往往高一些 要保证追加的资金能够为成长期提供支持
成长期	向邻近的市场渗透	合作联盟 在目标市场进行收购	增强差异化 出现凭借经验和规模优势的成本领先者	混合定位，首先需要对成本领先还是差异化进行选择	由于经验和规模的原因，收益能够快速提高，成功的差异化会产生溢价
成熟期	全球化 多元化	合并与收购	产业竞争者中更为稳定的定位出现	对走向国际市场还是进入新产业以实现多元化需要确定合理的先后次序	合并导致竞争者减少（有利于高收益的获得），但是成长减慢要求进行成本约束以及合理化运营
衰退期	如果衰退很严重，则放弃一些领域，集中于盈利最高的细分市场	为了实现多元化而进行收购 如果选择放弃，则会使一些竞争者退出，而其他竞争者得以巩固更大的市场份额	竞争者减少导致差异化的压力降低，但是销售衰退导致成本节约压力增大	从选定的细分市场或产业中寻找退出的时机	使成本合理化

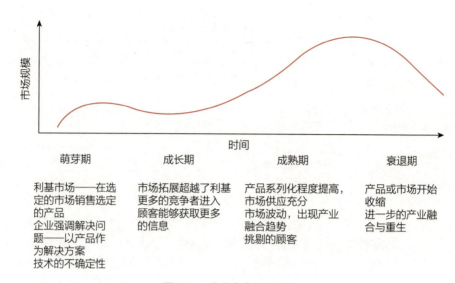

图 7-1 产业生命周期曲线

表7-2中，领域、工具、特色、进程以及经济逻辑是产业生命周期战略的五要素。①领域（Arenas）：我们在哪里开展活动？它包括产品/服务、渠道、细分市场、地理区域、核心技术、价值创造战略等。②工具（Vehicles）：我们如何到达那里？它包括内部发展、合资、许可/特许经营、联盟。③特色（Differentiators）：我们如何在市场中获胜？它是战胜竞争对手的关键竞争因素，包括形象、定制化、价格、风格、产品可靠性、产品上市速度。④进程（Staging）：我们的速度是多少以及行动的顺序如何？它包括战略行动的时机和步骤。⑤经济逻辑（Economic Logic）：我们如何获得回报（利润）？分析公司成本和收入：规模经济获得低成本，范围经济和模仿优势获得低成本；卓越服务获得溢价，专有产品属性获得溢价。

产业生命周期为何如此重要？因为在产业生命周期中，总体战略、竞争战略、职能战略、价值创造活动和总体目标的重点都不相同（表7-3）。

表7-3 产业生命周期阶段的因素特征

因素	阶段			
	萌芽期	成长期	成熟期	衰退期
一般战略	差异化	差异化	差异化 总成本领先	集中化 总成本领先
市场增长率	低	非常高	从低到适中	负
细分市场数量	非常少	一些	很多	很少
竞争强度	低	不断提高	非常激烈	不断变化

（续）

因素	阶段			
	萌芽期	成长期	成熟期	衰退期
产品设计的重要性	低	从低到适中	高	低
关注的主要职能领域	研究与开发（R&D，开发新产品和服务）和市场营销	销售与市场营销（顾客对特定品牌的偏爱）	生产效率和流程设计（降低成本）	一般性管理与财务
总体目标	提高市场认同度	创造顾客需求	保护市场份额，延长产品生命周期	巩固、维持、收缩、退出（努力巩固企业在产业中的地位）
市场和战略特点	低销售额增长，快速技术变迁，现金来源很重要，竞争者很少，竞争非常有限，提高产品知名度很重要	销售额剧增，需要较强的品牌认同、差异化产品、较大的财务资源，以支持不同的价值链活动	总体市场需求开始下降，市场变得饱和，面对面竞争成为主导形式，顾客对价格更加敏感，经常发生激烈的价格战	总体市场销售额和利润开始下降，消费者偏好或技术创新变化将产品推向衰退。该阶段的战略选择取决于竞争对手的行为

注：由于产品和服务会经历很多创新和更新的周期，因此，产业生命周期不是单一的生命周期，会有不同的进化曲线类型。

7.4 产业结构六力模型

产业结构六力模型是由波特五力模型+互补品的作用组成的。波特五力模型是迈克尔·波特（Michael Porter）于20世纪80年代初提出的对产业及行业环境的分析方法。他认为行业中存在着决定竞争规模和程度的五种力量，综合起来影响着产业的吸引力以及现有企业的竞争战略决策。这五种力量分别为行业内现有企业间的竞争、潜在进入者的威胁、替代品的威胁、供应商的议价能力和购买者的议价能力（图7-2和表7-4）。

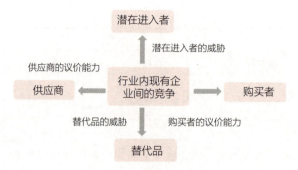

图 7-2　波特五力模型

表 7-4　波特五力模型的解释

五种力量	解释
潜在进入者的威胁	潜在进入者在给行业带来新生产能力、新资源的同时，希望在已被现有组织瓜分完毕的市场中赢得一席之地。这就有可能会与现有企业产生原材料与市场份额的竞争，最终导致行业中现有企业盈利水平降低，甚至有可能危及这些企业的生存。竞争者进入威胁的严重程度取决于两方面因素：进入新领域的障碍大小以及预期现有企业对进入者的反应
行业内现有企业之间的竞争	大部分行业中的企业相互之间的利益都是紧密联系在一起的，作为企业整体战略一部分的各企业竞争战略，其目标都在于使自己获得相对于竞争对手的优势。所以，在实施中就必然会产生冲突与对抗现象，这些冲突与对抗就构成了现有企业之间的竞争。现有企业之间的竞争常常表现在价格、广告、产品介绍、售后服务等方面，其竞争强度与许多因素有关
购买者的议价能力	购买者主要通过其压价与要求提供较高质量产品或服务的能力，来影响行业中现有企业的盈利能力
供应商的议价能力	供应商主要通过其提高投入要素价格与降低单位价值质量的能力，来影响行业中现有企业的盈利能力与产品竞争力
替代品的威胁	两个处于不同行业中的企业，可能会由于所生产的产品是互为替代品，而在它们之间产生相互竞争的行为，这种源自替代品的竞争会以各种形式影响行业中现有企业的竞争战略

根据上述关于五种竞争力量的讨论，企业可以采取尽可能地将自身的经营与竞争力量隔绝开来、努力从自身利益需要出发影响行业竞争规则、先占领有利的市场地位再发起进攻性竞争行动等手段来对付这五种竞争力量，以增强自己的市场地位与竞争实力（表7-5）。

表 7-5 五种力量与一般战略

行业内的五种力量	一般战略		
	成本领先战略	产品差异化战略	集中战略
潜在进入者的威胁	具备较强的成本优势，以防止潜在进入者的进入	培育顾客忠诚度以打击潜在进入者的信心	建立核心能力以阻止潜在进入者的进入
购买者的议价能力	具备向大买家提出更低价格的能力	因为选择范围小而削弱了购买者的议价能力	因为没有选择使购买者丧失议价能力
供应商的议价能力	更好地抑制大的供应商卖家的议价能力	更好地将供应商的涨价部分转移到购买者身上	进货量小，供应商的议价能力就强
替代品的威胁	能够利用低价抵御替代品	如果顾客习惯了一种产品或服务，那么替代品的威胁就减小了	特殊的产品和核心能力能够减小替代品的威胁
行业内企业之间的竞争	在价格竞争方面具备优势	品牌忠诚度能使顾客不理睬竞争对手	竞争对手无法满足集中差异化的顾客

波特五力模型基于竞争前提假设提出，而在产业中发展越来越呈现竞争与合作行为，目前的趋势由合作向竞争转变，最终走向共享经济。互补品厂商力量的加入，使波特五力模型成为产业结构六力模型。该模型六种力量的互动强调了市场力量的相互作用与相互依赖关系，而不事先做竞争或合作的断言。表7-6是产业结构六力模型及包含因素的情况。

表 7-6 产业结构六力模型

六种力量	详细因素
行业内企业之间的竞争	• 退出障碍　• 产业集中度　• 固定成本/附加价值 • 产业增长率　• 间断的产能过剩　• 产品差异化 • 转换成本　• 品牌认知　• 竞争对手的多元化　• 企业的关注
潜在进入者的威胁	• 绝对的成本优势　• 专有的学习曲线　• 获取资源的途径 • 政府政策　• 规模经济　• 资金需求　• 品牌认知 • 转换成本　• 分销渠道　• 可预期的报复行动　• 专利产品
供应商的议价能力	• 供应商集中度　• 供应数量对供应商的重要性 • 原料投入的差异化　• 原料投入对成本和差异化的影响 • 在位企业的转换成本　• 原料替代品的出现 • 向前一体化威胁　• 占产业中所有采购成本的比重

(续)

六种力量	详细因素
购买者的议价能力	• 议价力　• 购买者数量　• 购买者信息 • 品牌认知　• 价格敏感性　• 后向一体化威胁 • 产品差异化　• 相对于产业的购买者集中度 • 替代品的可得性　• 购买者动机
替代品的威胁	• 转换成本　• 购买者的替代倾向　• 替代品的性价比权衡 • 替代品的多样性　• 产品或服务的必要性
互补品的作用	• 互补品数量　• 相对附加价值　• 互补品进入障碍 • 从事互补品生产的难度　• 买方对互补品的认知 • 互补品的排他性

产业结构中的六种力量（包含的因素）变动和趋势发展情况见表7-7。

表7-7　产业结构的动态性

六种力量	变动和趋势发展
行业内企业之间的竞争	• 产业成长增强→对抗强度减小，价格压力降低 • 产业全球化→随着国外新企业进入市场，规模经济压力促使企业走向合并以及市场逐渐由少数大企业所控制，从而导致对抗强度增加 • 固定成本与可变成本之间的混合变化→向高固定成本的转化导致保持销售水平的压力增大，并且导致价格竞争的可能性变大
潜在进入者的威胁	• 为了有效竞争而减小必需的规模→潜在进入者的进入难度较低，有效的竞争导致对抗强度增加 • 顾客的异质性增强→一些细分市场的顾客需求难以被很好地满足而使进入障碍降低，企业对于其主要市场的保护力度却会增强 • 顾客集中度增加→新进入者威胁降低，导致价格竞争的压力变小
供应商的议价能力	• 供应商产业集中度提高→供应商力量增强，原来产业收益水平下降的可能性增加 • 一些关键供应商的前向一体化→可选择的供应商数量减少，导致原来产业的力量降低 • 能够满足基本需求的投入资源替代品出现→供应商力量被削弱，原来产业的收益水平增强

(续)

六种力量	变动和趋势发展
购买者的议价能力	• 购买者所在产业的分散程度加大→随着潜在买家的增多，购买者力量被削弱，而相对于原来产业的企业规模来讲，购买者企业规模减小 • 购买者的信息处理能力提高→比较能力的提高使得购买者力量增强 • 新分销渠道出现→在位企业有了更多的选择，导致购买者力量被削弱
替代品的威胁	• 新的替代品出现→购买者的选择增加，导致保持产品高价的能力被削弱 • 替代品的相对性价比降低→替代品威胁减弱，维持低价水平的压力减小
互补品的作用	• 新的互补品出现→原来产业的需求增加，而价格压力减小 • 互补品产业的进入障碍提高→互补品制造商优势增大，从互补关系中获取收益的能力增强 • 互补品产业的进入障碍降低→互补品制造商优势减小，导致能够提供互补品的可能企业数量增加以及对原来产业的需求增加

7.5 利益相关者模型

利益相关者是指能够影响组织的愿景和使命，同时又被战略产出影响的、对公司业绩拥有可实施的主张权的个人、群体和组织（表7-8）。利益相关者分析作为一种强有力的技术，能帮助组织确定哪些利益相关者对于公司和竞争对手的行为和经营十分重要，他们的利益是什么，何时及如何针对他们采取行动，以及如何在关键利益相关者之间分配组织资源，从而使竞争成功的可能性最大化。

表7-8 参与公司运营的利益相关者

类型	利益相关者	所提供的价值	权力 高低	权力 具体表现	利益 高低
资本市场利益相关者	股东	股价升值及分红	很高	技术创新战略制定与决策 创新资金投入 参与创新过程的管理	很高

（续）

类型	利益相关者	所提供的价值	权力 高低	权力 具体表现	利益 高低
产品市场利益相关者	供应商	销售收入、成长机会	较高	掌握技术平台 决定技术标准 提供重要的人力、技术资源	较高
	客户	产品和服务	很高	直接参与实施过程 不断提出意见与建议	很高
	社会大众	经济安全保障、环境保护	较高	支持公司项目 参与公司项目的宣传	较高
	所在社区、工会	政治力量、活动经费、就业、经济发展、市政建设	较高	立项、评奖政策、资金支持	较高
组织利益相关者	高管人员	设定正确方向，做出合理决策，并创造出能将你的高效分享给你的目标的环境	很高	创新项目论证与决策 技术创新战略 制定技术创新管理制度	较高
	雇员	雇用、工资以及个人的成长机会	很高	技术创新的主体 人力资本作用的发挥	较高

识别利益相关者的步骤：

步骤1：判断谁是组织的利益相关者。

步骤2：确定利益相关者的利益关系是什么。

步骤3：确定利益相关者对组织战略决策的影响程度。

依据利益相关者对战略决策的影响及其在战略实施中的重要性，填写表7-9。

表7-9　利益相关者的影响与重要性

		利益相关者对战略决策的影响			
		不知道	很小或没有影响	中等程度的影响	显著的影响
战略对利益相关者的影响	不知道				
	很小或没有影响				
	中等程度的影响				
	显著的影响				

7.6 竞争者分析模型

竞争者分析的目的是准确判断竞争对手的战略定位和发展方向，并在此基础上预测竞争对手未来的战略，准确评价竞争对手对本组织的战略行为的反应，估计竞争对手在实现可持续竞争优势方面的能力。在竞争者分析中，需要了解的内容如下：

1) 通过竞争者的目标，了解竞争者的动因。
2) 通过竞争者当前的战略和资源，了解竞争者正在做什么以及能做什么。
3) 通过竞争者假定，了解竞争者如何看待产业。
4) 通过竞争者能力，了解竞争者的优劣势。

有效的竞争者分析有助于组织了解、解释和预测竞争者的行动和反应。

通过竞争者分析，组织可以做到知己知彼，通过确认机会和威胁，来帮助组织规划出一个既可攻又可守的战略。请依据表7-10下面标注的名词概念，填写组织目前面临的竞争者分类，且判断其为直接竞争者还是潜在竞争者，同时判断出与每个竞争者具体在哪些方面存在优势或劣势。

表7-10 组织对竞争者的了解调查

	愿望竞争者	普通竞争者	产品形式竞争者	品牌竞争者
直接竞争者				
潜在竞争者				

注：愿望竞争者是指提供相同层次但不同产品以满足不同需求的竞争者；普通竞争者是指提供不同的产品以满足相同需求的竞争者；产品形式竞争者是指生产同类但规格、型号、款式不同产品的竞争者；品牌竞争者是指生产相同规格、型号、款式但品牌不同的产品的竞争者。

7.7 互联网环境关键因素识别

在全球化、数字化、跨界融合的整体环境背景之下，组织需要着重从"变化、跨界、文化、生态、网络"五方面建立有效的战略性思考，以适应当下以及未来组织战略性发展的需求，为组织引领变革带来帮助。因此，组织在进行外部战略环境分析时，需要重点关注以下五个关键因素（表7-11）。

（1）**应变思维**。用于评价组织是否在外部环境分析中充分考虑到外部环境的变化，在应变能力维度上进行有关的评估和建议。

（2）**迭代思维**。用于评价组织是否对技术迭代性对组织的发展影响进行了充分的评估，以调整和优化组织自身产品和服务生命周期。

（3）**跨界思维**。用于评价组织是否将竞争对手分析扩充到本行业之外，并评价组织是否拥有跨行业竞争的能力。

（4）**文化视角**。用于评价组织是否对跨文化经营对组织发展战略的影响有充分的估计和应对能力。

（5）**生态理念**。用于评价组织是否具有面向未来的生态发展观，是否能够适应生态约束所带来的组织经营环境变化的影响。

以上五个关键因素对组织战略性领导力发展带来影响，以评估组织外部环境分析是否能够达成组织战略型领导力的产出，是否能够应对来自外部环境对组织领导力的挑战，以及在推动组织发展自身领导力方面的实际表现。

表7-11 关键因素与战略性领导力发展需求

关键因素	定义	战略性领导力发展需求
应变思维	组织整体对外部环境复杂性、变化性、突发性的判断和适应能力	注重外部环境的复杂性，并建立起复杂环境的评价标准 适应外部环境的变化性，并对变化保持足够的敏感度
迭代思维	对决定组织核心竞争力的要素，如核心技术，使用迭代思维进行研判和规划	拥有对影响组织战略的核心技术迭代性有清晰的规划和前瞻性储备
跨界思维	主动分析来自行业内外的竞争和威胁，借助外部因素发展组织自身的跨界经营机会和能力	拥有对行业内外竞争对手的理解与反应能力 理解最有可能的跨界竞争对手来自的领域以及所具备的优劣势 理解组织自身进行跨界竞争所需要的外部条件和因素
文化视角	从文化差异性视角管理与发展组织战略	基于跨文化的视角分析组织经营的发展战略以及未来威胁
生态理念	树立绿色、节能、可持续环境生态理念	以生态理念对组织发展战略进行充分的思考，发展生态友好型领域的业务能力

7.8 测测你的外部环境分析领导力

7.8.1 外部环境关键因素识别领导力评估

指导语：请仔细阅读以下问题，每个问题从非常不符合到非常符合有五种选择（表7-12）。如果该描述明显不符合您或者您十分不赞同，请选择"1"；如果该描述多数情况下不符合您或者您不太赞同，请选择"2"；如果该描述半正确半错误，您无法确定或介于中间，请选择"3"；如果该描述多半符合您或者您比较赞同，请选择"4"；如果该描述明显符合您或者您十分赞同，请选择"5"。

注意：请根据公司的具体情况及尽可能多的事实信息客观、公正地打分，而不是根据您所期望达到的目标打分。

表7-12 外部环境关键因素识别领导力评估

问题	非常不符合	不太符合	不确定	比较符合	非常符合
1. 我认为公司需要时刻关注竞争对手在产品方面的各类动向	1	2	3	4	5
2. 我认为国家GDP的增长趋势能够影响公司发展	1	2	3	4	5
3. 我认为公司需要注重运营过程中与对手的差异	1	2	3	4	5
4. 公司需要对外部市场环境进行定期分析	1	2	3	4	5
5. 我认为公司需要关注市场上出现的新机遇	1	2	3	4	5
6. 我认为公司在产品推广时会考虑地域环境因素	1	2	3	4	5
7. 我认为需要关注国家的法律法规及最新动向	1	2	3	4	5
8. 我会经常关注公司与竞争对手之间的技术水平差距	1	2	3	4	5
9. 我认为分析产业生命周期对公司发展很重要	1	2	3	4	5
10. 我认为需要维系好公司和政府之间的关系	1	2	3	4	5
11. 我认为公司运营部门能够进行信息处理很重要	1	2	3	4	5
12. 我认为公司需要关注社会的普遍性规范与态度	1	2	3	4	5
13. 公司需要十分关注重要的资源供给	1	2	3	4	5
14. 我认为人均可支配收入水平会影响公司发展	1	2	3	4	5

（续）

问题	非常不符合	不太符合	不确定	比较符合	非常符合
15. 我十分关注行业内现有公司在市场份额上的排名	1	2	3	4	5
16. 公司需要根据变化的外部市场提升自身能力	1	2	3	4	5
17. 我认为公司需要关注市场上出现的新资源	1	2	3	4	5
18. 我认为公司拥有风险管理机制十分重要	1	2	3	4	5
19. 公司需要与客户（尤其是主要客户）保持良好的关系	1	2	3	4	5
20. 我认为不断关注顾客需求并提升产品技术十分重要	1	2	3	4	5
21. 我认为根据产业发展阶段匹配发展策略对公司很重要	1	2	3	4	5
22. 我认为分析国家财政和货币政策对公司发展有帮助	1	2	3	4	5
23. 我认为公司有完备的行政基础设施十分重要	1	2	3	4	5
24. 我认为分析不同消费者的价值观十分重要	1	2	3	4	5

得分与解释：

本测试共有24题，最高分为120分，主要评估被试者是否了解公司所处的外部环境因素。可以从量表的得分高低看出被试者对外部环境因素的重视和执行程度。将各量表分数加总，得分在96~120分，表明被试者对外部环境因素十分重视，能在公司实际发展中得到较为充分的运用；得分在72~95分，表明被试者对外部环境因素比较重视，能在公司实际发展中得到大部分运用；得分在48~71分，表明被试者对于外部环境因素不太重视，在公司实际发展中仅有小部分运用；得分低于48分，表明被试者完全不重视、运用外部环境因素对公司进行战略层面的分析。

7.8.2 PESTEL 领导力评估

指导语： 请仔细阅读以下问题，每个问题从非常不符合到非常符合有五种选择（表7-13）。如果该描述明显不符合您或者您十分不赞同，请选择"1"；如果该描述多数情况下不符合您或者您不太赞同，请选择"2"；如果该描述半正确半错误，您无法确定或介于中间，请选择"3"；如果该描述多半符合您或者您比较赞同，请选择"4"；如果该描述明显符合您或者您十分赞同，请选择"5"。

注意：请根据您的实际行为打分，而不是根据您所期望达到的行为打分。

表7-13 PESTEL领导力评估

问题	非常不符合	不太符合	不确定	比较符合	非常符合
1. 我觉得分析国际关系对公司发展很重要	1	2	3	4	5
2. 我认为人均可支配收入水平会影响公司发展	1	2	3	4	5
3. 我认为地区性偏好会影响公司发展	1	2	3	4	5
4. 我会经常关注自己组织与竞争对手之间的技术水平差距	1	2	3	4	5
5. 我认为公司产品生产对自然环境有影响	1	2	3	4	5
6. 我认为需要关注国家的基本法（如《宪法》《民法》等）	1	2	3	4	5
7. 我会经常关注涉及公司定位的产业政策	1	2	3	4	5
8. 我认为国家GDP的增长趋势能够影响公司发展	1	2	3	4	5
9. 我会关注并分析公司产品受众的年龄结构	1	2	3	4	5
10. 我会经常关注涉及公司产品的技术	1	2	3	4	5
11. 我认为公司在产品推广时会考虑地域环境因素	1	2	3	4	5
12. 我十分重视研究《劳动保护法》等有关员工的法律条文	1	2	3	4	5
13. 我认为分析国家财政和货币政策的变化对公司发展有帮助	1	2	3	4	5
14. 通货膨胀率会在很大程度上影响公司发展	1	2	3	4	5
15. 我认为分析不同消费者的价值观很重要	1	2	3	4	5
16. 在生产经营中技术的成熟度影响公司的运营	1	2	3	4	5
17. 我认为公司非常注重分析当地的环境问题	1	2	3	4	5
18. 我会经常关注并研究《公司法》《合同法》等相关法律条文	1	2	3	4	5
19. 政府政策能够影响公司发展	1	2	3	4	5
20. 银行的利率水平会影响公司发展	1	2	3	4	5
21. 不同地区人们的收入分布对公司产品的推广很重要	1	2	3	4	5
22. 公司会重视对关键技术的投资	1	2	3	4	5

(续)

问题	非常不符合	不太符合	不确定	比较符合	非常符合
23. 公司会注重生产环境友好型产品	1	2	3	4	5
24. 我认为《消费者权益保护法》对公司发展有很大影响	1	2	3	4	5
25. 我认为需要维系好组织和政府之间的关系	1	2	3	4	5
26. 我认为汇率的波动对公司发展有很大影响	1	2	3	4	5
27. 我认为组织的社会责任感十分重要	1	2	3	4	5
28. 我会经常关注最新技术的发展动向	1	2	3	4	5
29. 我认为公司很注重遵守相关的环保法规	1	2	3	4	5
30. 我认为世界性公约及条款对公司开展业务很重要	1	2	3	4	5

得分与解释：

本测试共有30题，最高分为150分，包括六个分量表，每个分量表有五个题目，各分量表最高分为25分，主要内容如下：

(1) **政治因素**：1、7、13、19、25。政治因素主要评估被试者是否能够认识到对组织经营活动具有实际与潜在影响的政治力量和有关政策等因素。

(2) **经济因素**：2、8、14、20、26。经济因素主要评估被试者是否能够认识到组织外部的经济结构、产业布局、资源状况、经济发展水平以及未来经济走势的重要性。

(3) **社会文化因素**：3、9、15、21、27。社会文化因素主要评估被试者对组织所在社会环境中成员的历史发展、文化传统、价值观念、受教育水平以及风俗习惯等因素是否重视。

(4) **技术因素**：4、10、16、22、28。技术因素主要评估被试者能否发现引起革命性变化的发明，与组织生产有关的新技术、新工艺、新材料及其发展趋势及应用前景。

(5) **环境因素**：5、11、17、23、29。环境因素主要评估被试者是否重视组织的活动、产品或服务中能与环境发生相互作用的要素。

(6) **法律因素**：6、12、18、24、30。法律因素主要评估被试者对组织外部的法律、法规、司法状况和公民法律意识的敏感程度。

以上评估能在一定程度上反映被试者对影响组织外部关键因素的重视程度，

以及掌控其发展趋势的能力。每个分量表得分在 20~25 分，表明被试者十分重视这一因素，并实时监控该因素的发展，能对该因素的发展趋势有一定预判；得分在 15~19 分，表明被试者比较重视这一因素，能监控关键因素的发展态势；得分在 10~14 分，表明被试者不太重视这一因素；得分低于 10 分，表明被试者完全不重视这一因素。

将六个分量表分数加总，得分在 120~150 分，表明被试者十分重视并实时监控外部关键宏观因素的发展，能对关键因素的发展趋势有一定预判；得分在 90~119 分，表明被试比较重视外部关键宏观因素的发展，能监控关键因素的发展态势；得分在 60~89 分，表明被试者不太重视外部关键宏观因素的发展；得分低于 60 分，表明被试者忽视影响组织的关键外部宏观环境的变化。

7.8.3 产业生命周期领导力评估

指导语：请仔细阅读以下问题，每个问题从非常不符合到非常符合有五种选择（表 7-14）。如果该描述明显不符合您或者您十分不赞同，请选择"1"；如果该描述多数情况下不符合您或者您不太赞同，请选择"2"；如果该描述半正确半错误，您无法确定或介于中间，请选择"3"；如果该描述多半符合您或者您比较赞同，请选择"4"；如果该描述明显符合您或者您十分赞同，请选择"5"。

注意：请根据您的实际行为打分，而不是根据您所期望达到的行为打分。

表 7-14　产业生命周期领导力评估

问题	非常不符合	不太符合	不确定	比较符合	非常符合
1. 我认为分析产业生命周期对公司发展很重要	1	2	3	4	5
2. 我了解过产业生命周期的相关知识	1	2	3	4	5
3. 我能够有效识别公司业务所处的产业类型	1	2	3	4	5
4. 我认为根据产业发展阶段匹配发展策略对公司很重要	1	2	3	4	5
5. 我十分关注对所处产业市场增长率的分析	1	2	3	4	5
6. 我十分关注对产业内客户潜在需求的分析	1	2	3	4	5
7. 我能够有效判断所处产业的技术更新状况	1	2	3	4	5
8. 我能够有效判断产业内组织进出市场壁垒	1	2	3	4	5
9. 我会经常收集并分析产业市场竞争状况相关信息	1	2	3	4	5

(续)

问题	非常不符合	不太符合	不确定	比较符合	非常符合
10. 我会经常收集并分析产业价格竞争状况相关信息	1	2	3	4	5
11. 我能够衡量公司业务所处产业的发展阶段	1	2	3	4	5
12. 我能够有效开拓产品的销售市场	1	2	3	4	5
13. 我能够有效控制产品的生产成本	1	2	3	4	5
14. 我认为有效选择内部发展、合作联盟、合并收购不同业务增长策略对公司各阶段的发展十分重要	1	2	3	4	5
15. 我会经常关注公司产品定价原则	1	2	3	4	5
16. 我认为关注并适时采取差异化战略对公司发展很重要	1	2	3	4	5
17. 我认为关注并适时采取成本领先战略对公司发展很重要	1	2	3	4	5
18. 我认为关注并适时采取集中化战略对公司发展很重要	1	2	3	4	5
19. 我会经常关注组织技术研发投入和产品更新换代情况	1	2	3	4	5
20. 我会经常关注客户获取产品信息的渠道	1	2	3	4	5

得分与解释：

本测试共有20题，最高分为100分，主要评估被试者是否了解并确定组织所处的产业生命周期阶段，并根据不同产业特征确定组织发展策略，可以从得分高低看出被试者对产业生命周期的重视和运用程度。将量表分数加总，得分在80～100分，表明被试者对产业生命周期十分重视，在组织实际发展中能够很好地指导组织战略决策和生产运作；得分在60～79分，表明被试者对产业生命周期评估比较重视，在组织实际发展中能够一定程度上指导组织战略决策和生产运作；得分在40～59分，表明被试者对产业生命周期评估不太重视，在组织实际发展中不太能指导组织战略决策和生产运作；得分低于40分，表明被试者完全不重视和运用产业生命周期评估对组织所处产业和战略决策进行分析。

7.8.4　波特五力领导力评估

指导语：请仔细阅读以下问题，每个问题从非常不符合到非常符合有五种选择（表7-15）。如果该描述明显不符合您或者您十分不赞同，请选择"1"；如果该描述多数情况下不符合您或者您不太赞同,请选择"2";如果该描述半正确半错误,您无法确定或介于中间,请选择"3";如果该描述多半符合您或者您比较赞同,请选择"4";如果该描述明显符合您或者您十分赞同,请选择"5"。

注意:请根据您的实际行为打分,而不是根据您所期望达到的行为打分。

表7-15 波特五力领导力评估

问题	非常不符合	不太符合	不确定	比较符合	非常符合
1. 我十分关注政府政策、法规和法令对潜在进入者的影响	1	2	3	4	5
2. 我十分关注公司产品替代品的种类	1	2	3	4	5
3. 我十分关注与供应商交易的业务量大小	1	2	3	4	5
4. 我十分关注与购买者交易的业务量大小	1	2	3	4	5
5. 我十分关注行业内现有组织在市场份额方面的排名	1	2	3	4	5
6. 我能够有效分析规模经济①对潜在进入者的影响	1	2	3	4	5
7. 我十分关注公司产品替代品的定价策略	1	2	3	4	5
8. 我会经常对比各个供应商提供的产品	1	2	3	4	5
9. 我会经常对比公司产品与市场上的其他同类产品	1	2	3	4	5
10. 我会经常收集并分析产业发展规模和发展速度方面的信息	1	2	3	4	5
11. 我十分了解现有组织对关键资源的控制给潜在进入者带来的影响	1	2	3	4	5
12. 我十分关注公司产品替代品的性价比	1	2	3	4	5
13. 我会经常分析供应商提供的设备的专用性程度	1	2	3	4	5
14. 我会经常分析购买者专用性程度对公司产品定价的影响	1	2	3	4	5
15. 我十分关注现有组织产品的差异化程度	1	2	3	4	5
16. 我认为分析现有组织的市场优势对潜在进入者非常重要	1	2	3	4	5
17. 我会经常分析公司产品所处的生命周期阶段	1	2	3	4	5
18. 我会经常收集并分析供应商产品生产成本方面的相关信息	1	2	3	4	5
19. 我会经常收集并分析购买者购买力方面的信息	1	2	3	4	5

(续)

问题	非常不符合	不太符合	不确定	比较符合	非常符合
20. 我认为产品成本对市场竞争的激烈程度有重要影响	1	2	3	4	5
21. 我能够有效判断潜在进入者对现有业务市场份额产生的影响	1	2	3	4	5
22. 我十分清楚产品设计、技术进步对产品更新换代的影响	1	2	3	4	5
23. 我十分关注供应商产品的市场价格变化情况	1	2	3	4	5
24. 我十分关注销售商品的市场价格变化情况	1	2	3	4	5
25. 我认为组织品牌效应对公司发展有重要影响	1	2	3	4	5
26. 我经常分析潜在进入者对现有业务市场竞争产生的影响	1	2	3	4	5
27. 我认为降低成本对提升公司产品的竞争优势有帮助	1	2	3	4	5
28. 我认为公司业务向上游产业链延伸程度对议价能力有重要影响	1	2	3	4	5
29. 我认为公司业务向下游产业链延伸程度对议价能力有重要影响	1	2	3	4	5
30. 我认为产业进出口壁垒高低对现有组织竞争程度有重要影响	1	2	3	4	5

①规模经济是指在一定时期内，企业所生产的产品或劳务量的绝对量增加时，其单位成本趋于下降。

得分与解释：

本测试共有30题，最高分为150分，包括五个分量表，每个分量表有六个题目，各分量表最高分为30分，主要内容如下：

(1) 潜在进入者的威胁：1、6、11、16、21、26。潜在进入者的威胁主要评估被试者是否能够认识到产业结构分析中潜在进入者进入市场的影响因素和对现有行业产生的影响。

(2) 替代品的威胁：2、7、12、17、22、27。替代品的威胁主要评估被试者是否能够认识到产业结构分析中替代品的市场状况和提升本企业产品相对替代品竞争优势的方法。

(3) 供应商的议价能力：3、8、13、18、23、28。供应商的议价能力主要评估被试者是否能够认识到产业结构分析中与供应商议价能力的影响因素。

(4) **购买者的议价能力**：4、9、14、19、24、29。购买者的议价能力主要评估被试者是否能够认识到产业结构分析中与购买者议价能力的影响因素。

(5) **行业内企业之间的竞争**：5、10、15、20、25、30。行业内企业之间的竞争主要评估被试者是否能够认识到产业结构分析中行业内企业之间竞争的影响因素。

以上评估能在一定程度上反映被试者是否了解波特五力分析模型，并能运用波特五力分析模型明确组织所处产业的五种基本竞争力量，可以从分量表的得分高低看出被试者对波特五力分析模型各分析因素的关注程度。每个分量表得分在24~30分，表明被试者十分了解或重视这一因素；得分在18~23分，表明被试者比较了解或重视这一因素；得分在12~17分，表明被试者不太了解或重视这一因素；得分低于12分，表明被试者完全不重视这一因素。

将分量表分数加总，得分在120~150分，表明被试者对五种竞争力量十分了解和重视；得分在90~119分，表明被试者对五种竞争力量比较了解和重视；得分在60~89分，表明被试者对五种竞争力量不太了解和重视；得分低于60分，表明被试者对五种竞争力量完全不清楚和重视。

7.8.5 利益相关者领导力评估

指导语：请仔细阅读以下问题，每个问题从非常不符合到非常符合有五种选择（表7-16）。如果该描述明显不符合您或者您十分不赞同，请选择"1"；如果该描述多数情况下不符合您或者您不太赞同，请选择"2"；如果该描述半正确半错误，您无法确定或介于中间，请选择"3"；如果该描述多半符合您或者您比较赞同，请选择"4"；如果该描述明显符合您或者您十分赞同，请选择"5"。

注意：请根据您的实际行为打分，而不是根据您所期望达到的行为打分。

表7-16 利益相关者领导力评估

问题	非常不符合	不太符合	不确定	比较符合	非常符合
1. 我能够有效识别公司的所有利益相关者	1	2	3	4	5
2. 我能够明确了解各利益相关者的重要程度及为我提供的价值	1	2	3	4	5

(续)

问题	非常不符合	不太符合	不确定	比较符合	非常符合
3. 利益相关者通常会对公司的战略决策产生重大影响	1	2	3	4	5
4. 在做决策时，我会考虑到所有利益相关者的利益	1	2	3	4	5
5. 我能够处理好与资本市场利益相关者之间的关系	1	2	3	4	5
6. 我认为利益相关者对公司的业绩具有主动影响权	1	2	3	4	5
7. 我认为所得利润需最低限度地满足所有利益相关者，而不仅是实现股东利益最大化	1	2	3	4	5
8. 我能够处理好与产品市场利益相关者之间的关系	1	2	3	4	5
9. 我在制定某项决策时，会把利益相关者列出并对其重要性进行排序	1	2	3	4	5
10. 我认为顾客是最重要的利益相关者	1	2	3	4	5
11. 我能够处理好与组织利益相关者之间的关系	1	2	3	4	5
12. 解决矛盾时，该利益相关者与公司的依存关系越紧密，我会越重视，因为效率更高	1	2	3	4	5
13. 我十分注重对员工的职业规划的设计与培养及薪酬激励	1	2	3	4	5
14. 我十分关注利益相关者的动态，并定期调查	1	2	3	4	5
15. 我认为利益相关者与公司是命运共同体的关系	1	2	3	4	5
16. 我认为供应商与公司是长期战略伙伴关系	1	2	3	4	5
17. 我会定期对利益相关者的满意度进行测评，并根据结果有所改进	1	2	3	4	5
18. 我会评估公司在各个利益相关者心目中的地位	1	2	3	4	5

得分与解释：

本测试共有18题，采取五级评分，总分为90分，包括三个分量表，每个分量表有六个题目，主要内容如下：

(1) **组织利益相关者判断**：1、4、7、10、13、16。组织利益相关者判断评估公司领导者对利益相关者的有效了解程度。该量表分数越高，说明领导者对利益相关者的了解程度越深，说明其对利益相关者分析这项外部环境分析方法越重视。

(2) **利益相关者利益关系的确定**：2、5、8、11、14、17。利益相关者利益关系的确定评估领导者是否了解利益相关者为公司提供的价值及他们的利益是什么、何时及如何针对他们采取行动，以及如何对待关键利益相关者，从而使竞争成功的可能性最大化。

(3) **利益相关者对组织战略决策的影响程度**：3、6、9、12、15、18。利益相关者对组织战略决策的影响程度评估领导者有效了解各利益相关者重要性的程度，以及各利益相关者对自己的影响程度。

以上评估基于识别利益相关者的分析步骤设计，在一定程度上反映被试者能否正确理解利益相关者分析工具、对该工具的重视程度及利用程度，根据在每个分量表的分数高低，可以判断被试者在具体步骤的利用程度。每个分量表得分在25~30分，表明被试者对于此步骤利用程度极好；得分在20~24分，表明被试者对此步骤较为重视；得分在15~19分，表明被试者对此步骤不太重视；得分在10~14分，表明被试者对此步骤非常不重视；得分在10分以下，表明被试者对此步骤完全不重视。

三个分量表分数加总，得分在72~90分，表明被试者对利益相关者分析十分重视且运用得很好，能够对影响组织外部环境的因素进行分析；得分在54~71分，表明被试者对利益相关者分析较为重视且运用得较好，能在一定程度上对影响组织外部环境的利益相关者因素进行分析；得分在36~53分，表明被测试者对利益相关者分析不太重视，基本不能对影响组织外部环境的利益相关者因素进行分析；得分低于36分，表明被试者对利益相关者分析的了解十分匮乏，完全不能分析组织外部环境的利益相关者因素。

7.8.6 竞争者分析领导力评估

指导语：请仔细阅读以下问题，每个问题从非常不符合到非常符合有五种选择（表7-17）。如果该描述明显不符合您或者您十分不赞同，请选择"1"；如果该描述多数情况下不符合您或者您不太赞同，请选择"2"；如果该描述半正确半错误，您无法确定或介于中间，请选择"3"；如果该描述多半符合您或者您比较赞同，请选择"4"；如果该描述明显符合您或者您十分赞同，请选择"5"。

注意：请根据您的实际行为打分，而不是根据您所期望达到的行为打分。

表7-17 竞争者分析领导力评估

问题	非常不符合	不太符合	不确定	比较符合	非常符合
1. 我能够有效识别公司面对的所有竞争者	1	2	3	4	5
2. 我能够有效识别竞争对手的核心潜力	1	2	3	4	5

(续)

问题	非常不符合	不太符合	不确定	比较符合	非常符合
3. 我十分关注竞争对手的理想和目标	1	2	3	4	5
4. 我能够有效识别竞争对手的优势和劣势	1	2	3	4	5
5. 我认为正确的战略是决定公司未来发展的关键因素	1	2	3	4	5
6. 在行业环境有所变化时,我会对竞争对手可能做出的反应进行分析	1	2	3	4	5
7. 我会定期搜集与竞争者有关的情报并建立数据库	1	2	3	4	5
8. 我能够有效识别竞争对手的成长能力	1	2	3	4	5
9. 我十分关注竞争对手的财务目标及其权衡的标准	1	2	3	4	5
10. 竞争对手的优势不会让我嫉妒从而沮丧,反而充满斗志向其学习	1	2	3	4	5
11. 我十分关注竞争对手的战略态势	1	2	3	4	5
12. 在公司的重大战略发生变化时,我会分析竞争对手可能据此做出的反应	1	2	3	4	5
13. 我能够有效区分公司面对的直接竞争者和潜在竞争者	1	2	3	4	5
14. 我能够有效识别竞争对手快速反应的能力	1	2	3	4	5
15. 我能够有效识别竞争对手的组织结构和关键决策结构	1	2	3	4	5
16. 我能发现竞争对手的劣势,并调整公司的竞争战略	1	2	3	4	5
17. 我会定期对竞争者组织不同层级的战略进行分析	1	2	3	4	5
18. 我善于利用竞争对手过去及目前的信息,去推测竞争对手的未来反应	1	2	3	4	5
19. 我有可靠的渠道了解竞争对手的情报	1	2	3	4	5
20. 我能够有效识别竞争对手适应变化的能力	1	2	3	4	5
21. 我能够有效识别竞争对手的企业文化及其影响	1	2	3	4	5
22. 我会与关键竞争对手进行优劣势比较	1	2	3	4	5
23. 依据竞争对手的策略及优势和劣势分析,我可以推测出其战略目标	1	2	3	4	5

(续)

问题	非常不符合	不太符合	不确定	比较符合	非常符合
24. 我足够了解竞争对手对行业环境发生风险时采取的态度以及对风险与发展的权衡标准	1	2	3	4	5
25. 在明确竞争对手的同时，我能够预测可能发生的兼并或收购事件	1	2	3	4	5
26. 我能够有效识别竞争对手的持久耐力	1	2	3	4	5
27. 我能够有效识别竞争对手组织的高层领导对组织未来发展方向的一致性的程度	1	2	3	4	5
28. 通过分析竞争对手的优势与劣势使公司更加有的放矢	1	2	3	4	5
29. 我了解竞争对手组织的领导者在战略制定方面的态度（如进攻性或保守性）	1	2	3	4	5
30. 了解竞争对手的反应模式，使我在面临行业环境变化时更加有的放矢。	1	2	3	4	5

得分与解释：

本测试共有30题，采取五级评分，总分为150分，包括六个分量表，每个分量表有五个题目，主要内容如下：

(1) **识别竞争者**：1、7、13、19、25。识别竞争者评估被试者对公司竞争对手的有效了解程度。该量表分数越高，说明被试者对竞争对手的了解程度越深。

(2) **识别竞争者的策略**：2、8、14、20、26。识别竞争者的策略评估被试者对竞争对手策略的识别和掌控，从产品的销售渠道、市场营销手段与生产和经营，以及竞争对手的研发能力、资金实力和组织管理能力几个角度进行测评。该量表得分越高，说明被试者对其竞争对手的策略掌握程度越深。

(3) **判断竞争者的目标**：3、9、15、21、27。判断竞争者的目标评估被试者对竞争对手的目标的了解程度，以及能否准确判断竞争对手的目标。

(4) **评估竞争者的优势和劣势**：4、10、16、22、28。评估竞争者的优势和劣势评估被试者对竞争对手优势和劣势的了解程度，以及被试者在面对这些优势和劣势时的态度。该量表得分越高，说明被试者对竞争对手优势与劣势的了解程度越深,并有助于公司借鉴竞争对手的优势,改善自己的劣势。

(5) **确定竞争者的战略**:5、11、17、23、29。确定竞争者的战略评估被试者对竞争对手的战略的重视程度。

(6) **判断竞争者的反应模式**:6、12、18、24、30。判断竞争者的反应模式评估当外界环境或者自身战略变化时,被试者对竞争对手反应模式的重视程度,对领导者的预测能力进行测评。

每个分量表得分在 25~30 分,表明被试者对识别竞争者、识别竞争者的策略、判断竞争者的目标、评估竞争者的优势和劣势、确定竞争者的战略和判断竞争者的反应模式六方面都十分重视,并能做出正确的判断;得分在 20~24 分,表明被试者对上述六方面较为重视,并做出比较正确的判断;得分在 15~19 分,表明被测试者对上述六方面不太重视,不能做出比较正确的判断;得分在 10~14 分,表明被试者对上述六方面非常不重视,几乎不能做出判断;得分在 10 分以下,表明被试者对上述六方面完全不重视。

将六个分量表分数加总,得分在 120~150 分,表明被试者能完全理解、解释和预测竞争者的行动和反应;得分在 90~119 分,表明被试者能较好地理解、解释和预测竞争者的行动和反应;得分在 60~89 分,表明被试者不能很好地理解、解释和预测竞争者的行动和反应;得分低于 60 分,表明被试者对竞争者分析的了解十分匮乏,几乎不能理解、解释和预测竞争者的行动和反应。

7.8.7 互联网环境关键因素识别领导力评估

指导语:请仔细阅读以下问题,每个问题从非常不符合到非常符合有五种选择(表 7-18)。如果该描述明显不符合您或者您十分不赞同,请选择"1";如果该描述多数情况下不符合您或者您不太赞同,请选择"2";如果该描述半正确半错误,您无法确定或介于中间,请选择"3";如果该描述多半符合您或者您比较赞同,请选择"4";如果该描述明显符合您或者您十分赞同,请选择"5"。

注意:请根据公司的具体情况及尽可能多的事实信息客观、公正地打分,而不是根据您所期望达到的目标打分。

表 7-18 互联网环境关键因素识别领导力评估

问题	非常不符合	不太符合	不确定	比较符合	非常符合
1. 您认为自己所在的组织在进行外部环境分析时充分考虑到了环境的复杂性与变化性	1	2	3	4	5

（续）

问题	非常不符合	不太符合	不确定	比较符合	非常符合
2. 您认为自己所在的组织对影响组织核心竞争力的技术拥有较强的迭代能力	1	2	3	4	5
3. 您认为自己所在的组织已经具备了快速适应行业内外竞争变化的能力	1	2	3	4	5
4. 您认为自己所在的组织已经具备了成熟的跨文化经营能力，并具有可持续性	1	2	3	4	5
5. 您认为自己所在的组织拥有对生态影响程度降到最低的能力是组织经营发展的思维底线	1	2	3	4	5
6. 您认为自己所在的组织已经具备了快速应对行业竞争变化的能力	1	2	3	4	5
7. 您认为自己所在的组织能够对影响组织产品、服务生命周期的核心技术迭代进行充分的研究与预判	1	2	3	4	5
8. 您认为自己所在的组织对跨界竞争威胁有充分的认识	1	2	3	4	5
9. 您认为自己所在的组织能够及时应对由于文化差异性对业务发展所带来的消极影响	1	2	3	4	5
10. 您认为自己所在的组织未来的业务发展受生态约束不强	1	2	3	4	5
11. 您认为自己所在的组织能够及时应对和适应突如其来的外部环境挑战，并拥有快速恢复或者调整组织经营的能力	1	2	3	4	5
12. 您认为自己所在的组织所在行业的技术迭代性不强，短期内不会因为技术迭代影响组织的未来发展	1	2	3	4	5
13. 您认为自己所在的组织拥有跨界竞争能力，能够快速发展自身所需要的跨界竞争产品和服务	1	2	3	4	5
14. 您认为自己所在的组织在多元文化背景的市场经营活动中，能够保持自身强有力的组织文化塑造与输出能力	1	2	3	4	5
15. 您认为自己所在的组织正在或者未来计划发展生态友好或是对生态复原有帮助的产品和服务	1	2	3	4	5

📝 得分与解释：

本测试共有 15 题，最高分为 75 分，包括五个分量表，每个分量表有三个题目，主要内容如下：

(1) **应变能力**：1、6、11。应变能力用于评估组织是否通过检测外部环境的变化，采取应对措施，抓住机遇、迎接挑战的能力。

(2) **迭代思维**：2、7、12。迭代思维用于评估组织是否对技术迭代性对组织发展战略的影响进行了充分的评估，以调整和优化组织自身产品和服务生命周期。

(3) **跨界思维**：3、8、13。跨界思维用于评估组织是否将竞争对手分析扩充到本行业之外，并评估组织是否拥有跨行业竞争的能力。

(4) **文化视角**：4、9、14。文化视角用于评估组织是否对跨文化经营对组织发展战略的影响有充分的估计和应对能力。

(5) **生态理念**：5、10、15。生态理念用于评估组织是否具有面向未来的生态发展观，是否能够适应生态约束所带来的组织经营环境的变化的影响。

以上评估能在一定程度上反映被试者对组织进阶过程的外部环境分析中战略领导力作用的效果。得分在 65~75 分，表明被试者的战略领导力发挥了较大的推进作用；得分在 50~64 分，表明被试者的战略领导力发挥了一定的推进作用，战略领导力的作用还可以加强；得分在 50 分以下，表明被试者的战略领导力基本没有发挥推进作用，在组织进阶过程的外部环境分析中战略领导力有阻碍，需要优化和改进。

第8章 内部环境分析

学者们在研究内部环境的作用时，主要从三个角度进行研究。首先，内部环境使得战略领导者很难影响他们的公司，从而降低了领导者的判断力。因此，通常研究的变量包括公司的年龄和公司规模。随着公司年龄的增长，结构和流程变得不那么灵活，从而削弱了战略领导者做出改变的能力。值得注意的是，对财务管理生命周期的研究表明，在年轻和小型财务管理公司中，战略领导者的影响力得到了放大（Ling, et al., 2007; Peterson, et al., 2009; Tzabbar & Margolis, 2017）。其次，内部环境可以替代或突出特定领导属性和行为的需要。例如，霍尔库姆（Holcomb）等人（2009）发现，当资源质量较低时，管理者的能力对组织绩效的重要性较低。哈特内尔（Hartnell）等人（2016）发现，在缺乏任务和关系文化的情况下，CEO和关系领导对公司绩效的影响更大。一个例子是，家族企业背景增加了战略领导者关注家族长期社会情感财富的需求，而不仅仅是短期利益（Strike, et al., 2015）。最后，内部环境会增加战略领导者工作的复杂性。例如，组织的不稳定性降低了外部CEO实现战略变革的能力（Karaevli & Zajac, 2013）。但当公司拥有外国机构投资者时，外部CEO要关注投资者的合法性，进而通过投资提高绩效（Chung & Luo, 2013）。对领导者来说，所有权集中和投资者类型可能是复杂性的一个来源，因为投资者可能有不同的利益，可以监督高管追求特定的议程（David, et al., 2001）。组织任务的要求也会带来复杂性，尽管CEO可以通过任命COO来缓解这些问题（Hambrick & Cannella, 2004）。

组织内部环境是指组织内部的物质、文化环境的总和，包括组织资源、组织能力、组织文化等因素，也称组织内部条件（Mason A. Carpenter & Wm. Gerard Sander, 2009）。内部战略环境是组织内部与战略有重要关联的因素，是组织经营的基础，是制定战略的出发点、依据和条件，是竞争取胜的根本。因此，组织战略目标的制定及战略选择需要分析组织的内部环境或条件，认清组织内部的优势和劣势。基于竞争优势的内部环境视角认为，公司的独特资源和能力以及潜在资源和能力，使公司能够比竞争对手更容易获得高水平绩效。

本章首先罗列了一些常见的内部环境因素，接着对战略领导经常使用的资源基础理论——VRINE 模型、产品生命周期理论和价值链分析理论设计量表，分别对领导者的任务活动进行测评，对领导者在内部环境分析层面的领导力进行评估，从而帮助领导者更好地使用内部环境分析工具。战略领导者能够进行战略性思考（Ireland & Hitt，1999），掌握组织历史和现在的状况，保持公司的灵活性和集中控制，发现公司核心竞争力，有效地利用现有资源、开发未知资源，把握公司的核心价值观和特性（Mark Kriger & Yuriy Zhovtobryukh，2016）。有效的战略领导力能够产生较高的组织绩效，同时也会受到高组织绩效的正向影响。

8.1 内部环境关键因素识别

（1）**公司年龄**（Firm Age）：规则（Routines）、制度（Systems）和标准运作程序（Standard Operating Procedures）随着公司年龄的增长而出现；一个开放的组织架构降低了领导者参与运营活动的需求（Jayaraman, Khorana, Nelling & Covin, 2000; Ling, Zhao & Baron, 2007）。

（2）**公司生命周期阶段**（Firm Life Stage）：与已建立的公司（Established Firm）相比，初创公司（Startups Firm）的成功具有更多不确定性和挑战性；处于成长期的公司（Firm in the Growth Stage）有多种扩展机会和灵活性，可以试验新的想法；在创业型组织中，领导者可能会因为乐于接受变化和承担风险的倾向而被更多地接受；而在传统规则约束下，质疑现状的领导者可能会被视为令人不安的人（Peterson, Walumbwa, Byron & Myrowitz, 2009; Tzabbar & Margolis, 2017）。

（3）**公司之前的绩效**（Firm Prior Performance）：糟糕的业绩（Poor Prior Performance）会导致领导者对其战略信念（Strategic Beliefs）的主观不确定性（Leaders' Subjective Uncertainty）；糟糕的业绩还会促使领导者寻求并依赖其他高管的建议（McDonald & Westphal, 2003）。

（4）**公司规模**（Firm Size）：大型公司面临与管理复杂组织系统相关的管理挑战；小型公司面临着建立公司生存能力的创业挑战；领导者可能不具备管理

不同公司规模所需的各种技能（Jayaraman, et al., 2000; Ling, et al., 2007）。

（5）**组织文化**（Organizational Culture）：组成共同的价值观和规范，并告知员工如何感知、思考和行动与组织相关的问题。创始人 CEO 可以将自己的价值观和信念铭刻在组织文化中；但对于非创始人 CEO 来说，领导力和组织文化之间可能存在差异（Hartnell, Kinicki, Schurer Lambert, Fugate & Doyle Corner, 2016）。

（6）**所有权类型和集中度**（Ownership Type and Concentration）：所有权（Ownership）和薪酬（Compensation）形成战略决策过程；机构股东积极参与影响战略决策；CEO 股票期权的授予影响高管承担战略风险的意愿；董事股票期权授予影响监测和管理评价（Monitoring and Managerial Evaluation）；即将退休的 CEO 在家族公司和非家族公司中的表现不同（Chung & Luo, 2013; David, Hitt & Gimeno, 2001; Lim & McCann, 2014; Strike, Berrone, Sapp & Congiu, 2015）。

（7）**资源质量**（Resource Quality）：公司拥有的某些资源可能比其他资源具有更大的内在价值创造潜力；领导者可以利用自己的能力来提高资源的生产率（Productivity of Resources）（Holcomb, Holmes & Connelly, 2009）。

（8）**继承权特征**（Succession Characteristics）：组织的稳定性决定了新 CEO 如何做出战略变革（Karaevli & Zajac, 2013）。

8.2 资源基础理论

资源基础理论的假设是组织具有不同的有形和无形的资源，这些资源可转变成独特的能力，资源在组织间是不可流动且难以复制的。这些独特的资源与能力是组织持久竞争优势的源泉。基本思想是把组织看成是资源的集合体，将目标集中在资源特性和战略要素市场上，并以此来解释组织的可持续优势和相互之间的差异。

资源是指组织生产过程的投入部分，如资本设备、员工技能、专利技术、融资以及有才干的管理人员等。能力是"组织开发其资源的才能"，是"利用组织资源来完成某项生产任务或经营过程的才能"。它们构成了一系列管理组织资源的相互作用的经营过程和程序，集成在活动中。简单地说，能力是将众多的资源综合运用以完成一项任务或活动的才能。这些活动包括选择合适的人力资源、销售产品以及研发产品等。核心能力是指组织希望拥有的开发整合资源、完成任务或活动的能力。

在一个给定的产业中，不同组织的资源和能力并不相同，这一事实对于组织制定战略有着重要的意义。由此提出组织竞争并赢得超额收益的五个基本特征：价值性（Valueable）、稀缺性（Rare）、不可模仿性（Inimitability）、不可替代性（Non-substitutable）和可利用性（Exploitable），简称 VRINE 模型。根据此模型，资源和能力对竞争优势的贡献与它们满足模型中五个特征的程度相符。VRINE 模型能帮助管理者系统地检验特定资源和能力的重要性以及获取新资源和能力的需求。表 8-1 和表 8-2 对 VRINE 模型进行了具体解释以及介绍了如何应用。

表 8-1　VRINE 模型的具体解释

特征	定义	可持续性竞争优势的标准
价值性	一项资源或者能力的价值在于它能否使组织充分利用机会或者避开环境中的威胁	帮助组织抵御威胁或者充分利用机会
稀缺性	相对于需求的不足	不被他人拥有
不可模仿性	竞争对手无法迅速获取某项有价值的稀缺资源，或者为此付出的成本会使其处于劣势	历史性：具有其独特性，是有价值的组织文化 模糊性：竞争力的起因和应用是模糊的 社会复杂性：管理者、供应商以及顾客之间的人际关系、信任和友谊是不可模仿的
不可替代性	竞争对手用其他资源或能力的组合无法得到同样的收益	不具有战略对等性
可利用性	仅仅拥有和控制一项资源或能力对获取竞争优势是必要而非充分条件，组织必须能培养并且具有组织能力去开发、利用拥有的资源和能力	资源和能力能够被培养、开发和利用

表 8-2　VRINE 模型的应用

特征	测试	竞争含义	绩效含义
是否有价值	资源或能力能满足市场需求或使组织免受市场不确定性的影响吗	如果是，那就满足了价值性这个特征。在产业中进行竞争需要能创造价值的资源，但资源的价值并不能产生竞争优势	有价值的资源和能力能产生平均利润（利润与所有投入的成本相等，包括资本投入）

(续)

特征	测试	竞争含义	绩效含义
是否稀缺	假设某种资源或能力具有价值性，那么它相对于需求是稀缺的吗？或者竞争者是否普遍拥有这种资源	有价值并且稀缺的资源能够创造竞争优势，但这种竞争优势可能只是暂时的	暂时的竞争优势能够产生高于平均利润的回报，直到竞争对手的活动使这种优势失去效用
是否能模仿或不可替代	假设这种资源既有价值又稀缺，那么竞争者模仿这种资源是否存在困难？或者是否拥有代之以能够产生相同收益的其他资源或能力	有价值且稀缺的资源和能力如果难以模仿或者不可替代，就能带来持续的竞争优势	某种持续的竞争优势能够在相当长的时期内给组织带来超额收益（直到竞争对手能够模仿这种优势，或者找到这种资源的替代品，或者由于环境变化使这种优势失去效用）
是否可利用	如果某种资源或者能力具有满足一个或者数个VRINE模型的特征，那么组织是否能够对此加以利用	某种符合VRINE模型特征的资源如果暂时不能被利用，也会成为竞争对手的机会成本。竞争对手如果需要这种资源，就要进行大量投入。一旦这种资源得到利用，组织就可以获得竞争优势或绩效	组织拥有满足VRINE模型特征的资源和能力又难以利用，与能够利用它们的组织相比，只能获得低水平的绩效和市场价值（但还是要比没有这种资源和能力的竞争对手幸运）

8.3 产品生命周期模型

产品生命周期是指产品从投入市场到更新换代和退出市场所经历的全过程。它是产品或商品在市场运动中的经济寿命，即在市场流通过程中，由于消费者的需求变化以及影响市场的其他因素所造成的商品由盛转衰的周期。它主要是由消费者的消费方式、消费水平、消费结构和消费心理的变化所决定的，一般分为导入期、成长期、成熟期和衰退期四个阶段。表8-3展示了标准产品生命周期各阶段在不同方面的特点或战略。

表 8-3　标准产品生命周期各阶段在不同方面的特点或战略

方面	导入期	成长期	成熟期	衰退期
定价	两种选择： 高价冲销导入成本 低价诱导消费者	两种选择： 高价——撇脂 低价——渗透	市场价格 价格低到足以避免发生价格战，或者说价格低到足以避免品牌竞争	为了降低产品积压的风险，采取低价策略
贸易促销	高强度贸易促销、大幅折扣	低强度贸易促销	为了保护货架空间而进行大力促销	低强度的贸易促销，关闭没有盈利能力的分销渠道
消费者促销	高强度并集中通过样品优惠券等形式向早期使用者促销	因为资源转移到广告方面，消费者促销的强度为中低水平	向消费者进行高强度促销，以诱导消费者使用不同品牌的替代品	不进行消费者促销
广告	广告的内容宣传聚焦于产品特性和早期使用者	中等强度的广告投入，主要集中在大型市场和品牌特性上	为支持产生不同于替代品的品牌差异化，进行中等强度的广告投入	投入最低限度的广告以消化存货
制造	单件生产工序	批量生产工序	装配线生产	连续流生产
集中度	产品的集中度高，先驱组织数目少，垄断	随着竞争对手的不断加入，集中度逐渐降低	出现行业衰退	集中度高，市场参与者少
产品	一种产品	多种产品，品牌建设	出现品牌战	退出
产品差异化	即使存在差异化，也只是较低程度的差异化	差异化程度提高，模仿和变异	产品差异化程度高，不断出现细分市场	随着竞争者的不断退出，产品差异化程度降低
进入壁垒	如果产品能够得到保护，那么进入壁垒就高	进入壁垒降低，成长技术转变	随着资本密度的提高，进入壁垒不断提高	资本高度密集，回报低
退出壁垒	退出壁垒低，投资少	退出壁垒低，但是开始提高	对大型组织来说，退出壁垒高	在最后阶段，退出壁垒不断降低

(续)

方面	导入期	成长期	成熟期	衰退期
需求的价格弹性	缺乏弹性，需求弹性低，顾客少	需求弹性不断提高	仅仅在细分市场中缺乏弹性	需求富有弹性，购买者的议价能力强
固定成本相对于可变成本的比率	一般来说比率较低	不断提高	高	降低
规模经济	规模经济小，不重要	资本密度不断提高	高	高
经验曲线的影响	早期收获大	影响很大，产量很高	大大降低	小
竞争对手的垂直一体化	低	增加	高	高
业务中的风险	小	增加	增加	退出壁垒逐步降低

8.4 公司生命周期模型

8.4.1 公司生命周期阶段划分

生命周期理论由卡曼（A. K. Karman）于1966年首先提出，后来赫塞（Hersey）与布兰查德（Blanchard）于1976年发展了这一理论。公司生命周期（Corporate Life Cycles）概念是由伊查克·爱迪思（Ichak Adizes）提出的。他在1988年出版的《公司生命周期》一书中系统阐述了他从20世纪70年代便开始倡导的公司生命周期模型，拟人化地将公司生命周期划分为孕育期、婴儿期、学步期、青春期、盛年期前期、盛年期后期（稳定期）、贵族期、官僚初期、官僚期与死亡期10个阶段（图8-1）。公司生命周期模型是指公司发展与成长的动态轨迹，包括创业、成长、成熟和衰退四个阶段。万物生长和衰亡是自然规律，但是对一个组织管理者的态度和风格进行持久的管理可能为确保一个组织拥有长久而有效的生命提供一种手段。其研究目的在于试图为公司找到一种能够与其发展特点相适应、相对较优的模式来保持公司的健康发展。

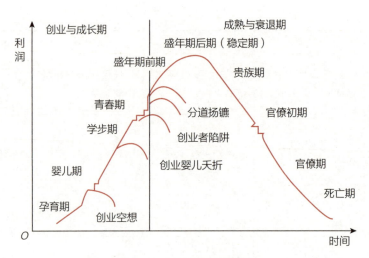

图 8-1 公司生命周期模型

公司生命周期各阶段的基本特征、管理重点概述如下：

（1）**孕育期**。在这一阶段，创始人将注意力放在强调创业构思和未来能否实现的可能性上，制订和谈论雄心勃勃的计划。他们对风险的承担意味着下一阶段的开始。公司基本上是创始人的个人想法，用户基础薄弱，组织简单，需要明确产品和市场。这时更关心市场应该买什么，不是现在正在卖什么。这一阶段应避免不切实际的承诺，避开"产品导向"，而坚持"市场导向"；避免对支持者不切实际的承诺，以及过早失去控制权的风险。

（2）**婴儿期**。在这一阶段，公司拥有了一定的用户基础，组织依然相对简单。创始人的注意力已由构思和可能性转移到成效，一般会表现得非常敬业，甚至经常忘我加班，反复打磨产品，市场决策高度集中，注重"销售为王"。不会花太多的注意力在书面工作、控制、系统、规程上。这一阶段应该避免资金链断裂给企业发展带来的问题，更不能向短视者融资，也要避免过早授权。

（3）**学步期**。这是一个迅速成长的阶段，公司用户基础相对稳定，产品开始成熟，组织也有了一定的发展，可以适度授权；从市场角度明白了什么能做，什么不能做，并能够逐步建立和完善管理的规章制度，因人设事。这时仍然是机会驱动的，"销售为王"。创始人这时相信自己做什么都是对的，因为他们把所有的事情都看作机会，这常常会埋下祸根。他们更愿意按照人而不是职能组织公司。创始人仍然做出所有决策。这个阶段要避免创业者陷阱，以及公司家族化带来的管理陷阱。

(4) **青春期**。在这一阶段，公司采取新格局。创始人聘请 COO，但发现难以移交自己的那份激情。老人和新人的冲突会妨碍公司运作，人们具有太多的冲突，而留给顾客的时间很少。公司愿景受到暂时损害。公司的用户快速增长，产品逐渐成熟稳定，组织管理规范化，可以进行更多的分权与授权，开始尝试职业化管理；公司从市场角度开始追求更好，也追求更多。这个阶段要避免新老冲突、职业经理人与创始人的冲突以及创业者个人与公司的冲突。

(5) **盛年期前期**。在这一阶段，公司按照新的愿景规划在控制和柔性之间建立了平衡，兼有纪律和创新。新的业务在组织中萌生，分别提供开始新生命周期的机会。这也是公司肌体健康与财富积累的巅峰阶段。公司的用户基础逐步扩大，组织结构化、制度化，注重结果以及计划执行力对结果的影响，从市场的角度开始谋划新业务。这个阶段要避免盲目自大倾向，以及避免缺乏足够训练有素的员工。

(6) **盛年期后期（稳定期）**。这是公司生命周期中的第一个衰老阶段。此时公司通常有稳定的市场份额、组织良好，人们趋向于保守，内部关系网日益重要，老好人的数量多了。公司的用户增长进入平台期，但组织管理更加注重结果导向，组织结构高度制度化，内部冲突减少。这一阶段需要注意行政管理部门的权力上升而价值创造部门的地位下降陷阱，防范成功欲望减退和墨守成规，防范公司人际关系陷入板结。

(7) **贵族期**。这一阶段的基本特征如资金常花在控制系统、福利措施和一般设备上；讲究做事的方式；讲究穿着与称谓；拘泥传统、缺乏创新等。在这一阶段，公司不再关注用户，公司组织内部更加关注将资金用于控制、福利，注重做事的方式大于内容；由于资金充裕，开始通过兼并来拓展市场。这个阶段要防范鸵鸟心态，防范形式主义，防范孤芳自赏陷阱，防范人浮于事、闭关自守的状态。

(8) **官僚初期**。在这一阶段，公司忽视用户与市场，也不关心产品与服务质量的改进；公司开始喜欢追究问题责任（"问责制"），不关心采取什么补救措施；公司开始内讧，开始地盘之争，内部冲突不断涌现，争夺斗争激烈。

(9) **官僚期**。在这一阶段，在公司中的成功不再是如何令用户满意，而是看其政治手腕；厚厚的规程手册、大量的文书工作、规则、政策等扼杀了革新和创造力。等到公司病入膏肓，就进入了死亡期。

(10) **死亡期**。爱迪思对公司死亡的定义为"已经没有资源鼓励人们为自己工作"。它可能突然到来，也可能持续数年。公司的制度开始冗繁复杂、行之无效、与市场隔绝，只关心自己；公司无法产生所需的现金流，支出榨干任何收入，最终崩溃；从市场角度已经没有把握变化的意识，公司的关节开始僵硬，并逐渐走向衰亡。

公司生命周期的 10 个阶段可以简化为如下四个发展阶段：①创业期，由孕育期、婴儿期和学步期组成；②成长期，由青春期和盛年期前期组成；③成熟期，由盛年期后期（稳定期）和贵族期组成；④衰退期，由官僚化早期、官僚期和死亡期组成。

公司在不同的发展阶段，有不同的目标追求及发展策略。公司所处的生命周期阶段，不以时间长短来确定，也不以规模大小为前提，而是以灵活性和可控性来决定的。成长期的公司灵活性较强，要注意增强可控性；成熟期到衰退期的公司可控性很强，要提高灵活性，多一点创业精神，多一点新产品。公司可以通过更短的路径到达其成熟期。这个成熟期是公司生命周期中功能与形式、灵活性与自控力都协调一致的状态。随着生命周期的演进，灵活性下降，而公司的可控性一直增高，到官僚期达到顶峰，随后开始下降，则公司进入衰亡期。也有在同一时间，公司的不同部分可能处于不同的生命周期阶段，比如销售部一直处于青春期，而财务部已经是贵族期。

8.4.2 PAEI 模型：公司四要素在生命周期各个阶段的变化

组织的管理功能可分为四个方面：目标管理（Purposeful）、行政管理（Administrative）创业精神（Entrepreneurial）和资源整合（Integrative）。由于这四个管理功能英文单词分别是以 P、A、E、I 开头的，所以称为 PAEI 模型。

（1）P 功能：短期视角下的效益。领导力的第一个作用就是 P 功能，这个功能可以使得公司在短期内获得效益。P 代表公司具有目的性的行为表现。比如，必须实现的目标是什么？利润是什么？公司明确 P 功能，需要先回答几个问题：公司为谁存在？谁是公司的客户？公司的产品或者服务能够满足客户的哪些需求？一旦明确了如上几个问题，公司在明确了自己的细分市场后，接下来就是去实施 P 功能，就演变成为客户提供（Provide）需求、产出（Product）既定结果及按照预期履行（Perform）职能。一旦实现了 P 功能，公司就能产生自己为之而存在的结果。

（2）A 功能：短期视角下的效率。A 功能作为行政管理角色，能够保证公司短期内的效率，管理层必须完成制度化、程序化和组织化工作。A 功能保证正确的事情，在正确的时间，以正确的强度，按照正确的顺序发生。也就是说，

A 功能通过行政管理的手段保证公司按照预定计划实施实现公司目标。

（3）E 功能：长期视角下的效益。正如阿尔伯特·爱因斯坦（Albert Einstein）所言："想象力比知识更重要。"公司经营需要回归到实现长期效益，而非眼前利益。实现长期利益需要具备哪些因素呢？首先要预测未来。我们将这种预见未来需求变化并据此以调整公司定位的功能，称为创业精神。如果能够正确履行这一功能，公司就能实现长期效益。E 功能让公司更加积极主动，进而保证公司的长期效益。如果公司能预测未来，并承担风险、做好准备，就能够如期实现 P 功能所设定的目的。

（4）I 功能：长期视角下的效率。I 功能相对比较抽象，可以理解为 I 功能让一个公司脱离了创始人以及任何一个公司员工，成为单独的存在。公司要想长期生存下去，必须独立于它的任何成员。这就意味着公司要长期生存，公司的价值观和文化就要能以一种超然的方式将其成员团结在一起。这是任何个人的力量都无法企及的，要有愿景（存在目的）、价值观、理念、仪式、行为方式以及信念，才能将公司成员团结在一起，而不是局限于眼前要履行的职能。因此，I 功能可以通过培养一种相互依存和亲近的文化，孕育独特的公司文化，从而实现公司的长期效率。

根据上述四大管理功能理论，结合公司管理的投入和产出，从公司效果（效益和效率）和时间（长期与短期）维度评估，建立起一个关于公司运营的基本评估模型（表 8-4）。

表 8-4　基于四大管理功能的公司运营基本评估模型

投入	产出	
四个管理功能	公司效果	时间范围
目标管理	效益	短期
行政管理	效率	短期
创业精神	效益	长期
资源整合	效率	长期

举例说明。如果一个公司无法迅速对变化做出反应，根据伊查克·爱迪思的基本评估模型，就怀疑它缺少创业精神（E 功能）；而公司如果日常事务处理缓慢，成本控制欠佳，或者没能妥善处理记录工程审批流程，那么就怀疑是不是行政管理（A 功能）存在问题，以此类推。

总而言之，每个公司在不同生命阶段的问题都是由这四个管理功能依次交替、强弱互搏而出现的组合。需要注意的是，PAEI 四个字母出现在企业生命周期的不同阶段时，是区分大小写的，大写的意思是在某个阶段管理功能的重要性高，小写的意思是重要性低。

在不同阶段，四大管理功能的表现强弱各有不同（强则用大写字母来表示，弱则用小写字母来表示），就构成了一个公司在不同发展阶段的企业文化差异，与之匹配的是不同的领导风格，以此来评估公司生命周期不同阶段所遇到的问题与挑战（表8-5）。

表8-5 企业生命周期不同阶段四大管理功能的表现

生命周期阶段	行为	领导风格	挑战	对策
孕育期	paEi	企业家型	创业空想，产品导向，承担义务与风险的意愿不足	实时测试
婴儿期	Paei	企业家型	销售导向，资金枯竭，心理准备不足，创业者"知难而退"	智囊团力所能及的支持
学步期	PaEi	管理顾问型	多元化投资导致资金枯竭，分权制度设计，导致企业失控	董事会强有力的指导
青春期	pAEi	职业经理型	管理失控，创业者（董事会）与职业经理的权力斗争	专业化管理与授权
盛年前期	PAEi	政治领袖型	人员导向，创新动力不足，对组织的发展现状过高估计	重组和分权
盛年后期（稳定期）	PAeI	企业家型	成果导向（财务绩效稳定），企业故步自封，拓展市场动力不足	激发组织转型动力，为了有效的长期组织变革，组织结构和决策过程都必须改变
贵族期	pAeI	绿林豪杰型	深层文化对变革的阻力	需要一个称为治疗的组织干预过程，通过改变组织的愿望来改变组织的意识
官僚早期	-A-i	实干家型	管理层的怀疑和偏执情绪高涨，完全无效的管理者必须被替换	动手术
官僚期	-A--	—	内部管理制度制约灵活性	安乐死
死亡期	----	—	组织停止行动，最终解散	看护人

爱迪思认为，在公司生命周期的不同阶段，每种管理功能的重要性也不同，只有让每种管理功能在公司生命周期的各个阶段发挥它们应有的作用，公司才能够健康发展。

8.4.3 利用公司生命周期理论培育健康的公司

根据公司生命周期理论，一个健康的公司应该在不同的阶段都能够"做正确的事，正确地做事"，并形成自己的个性、行为模式和风格。这样，一旦了解了某个组织，就能够预见其行为。根据公司四大管理功能的不同属性，可以将公司的"意识"分为机械意识和有机意识（图8-2）。

图 8-2　机械意识与有机意识

图 8-2 中，执行就是基于短期导向做正确的事情，通过目标管理实现；创新就是基于长期导向做正确的事情，通过保持创业精神，坚持不断实现创新；行政就是基于短期导向正确地做事，通过行政管理实现；整合就是基于长期导向正确地做事，通过整合资源来实现。

为了让系统整体运行，必须促进公司内部各组织之间的依赖与互动。这时如果公司的各个组成部分能够认识到彼此之间的依赖性以及这种依赖性的目的，就实现了整合功能，意味着组织的意识、行为、文化和信念体系实现了有机化，建立起有机意识，组织就拥有了长期的效率（表8-6）。

表 8-6　机械意识与有机意识

投入	过程	产出
目标管理	功能化	短期效益
行政管理	制度化	短期效率
创业精神	积极化	长期效益
资源整合	有机化	长期效率

做正确的事情，意味着制定正确的公司战略（公司绩效目标和创业目标）；正确地做事，意味着通过行政管理和资源整合正确地实施公司战略（目标）。公司的健康发展需要在其生命周期的不同阶段，制定有效的战略决策和有效地实施战略决策。公司要将机械意识向有机意识（创新意识和整合意识）转型。公司也要立足于长期导向（创业导向和资源整合导向），均衡长期导向和短期导向（目标导向和行政管理导向）的关系。另外，对公司生命周期不同阶段准确诊断，然后对症下药，有利于公司实现健康可持续发展。

8.5 价值链分析模型

价值链分析把组织内外价值增加的活动分为基本活动和支持性活动。基本活动是涉及产品的物质创造及其销售、转移买方和售后服务的各种活动；支持性活动是辅助基本活动，并通过提供采购投入、技术、人力资源以及各种公司范围的职能支持基本活动。不同的组织参与的价值活动中，并不是每个环节都创造价值，实际上，只有某些特定的价值活动才真正创造价值。这些真正创造价值的经营活动，就是价值链上的"战略环节"。组织要保持的竞争优势，实际上就是组织在价值链某些特定的战略环节上的优势。

运用价值链分析方法来确定核心竞争力，就是要求组织密切关注资源状态，要求组织特别关注和培养在价值链的关键环节上获得重要的核心竞争力，以形成和巩固组织在行业内的竞争优势。组织的优势既可以来源于价值活动所涉及市场范围的调整，也可来源于组织间协调或合用价值链所带来的最优化效益。

分析步骤如下：
1）把组织创造经济价值的活动分解为基本活动和支持性活动两大类。
2）将基本活动分为投入性活动、生产运营、产出性活动、市场营销与销售、售后服务五种活动。

①投入性活动：公司为获得原材料并将其转化成最终产品所需的采购、转换和物流管理的活动。

②生产运营：将原材料高效地转变成最终产品的活动，包括安排员工的工作时间表、设计生产流程和运营设备的布局、确定所需的生产能力、选择和维护生产设备。

③产出性活动：使顾客得到最终产品的相关活动，包括高效地处理顾客订

单、选择最佳交付渠道、与财务辅助功能一起安排顾客的支付。

④市场营销与销售：为了以独特的需求为基础来细分目标顾客群、满足顾客需求以及对其他顾客进行定位而开展的活动，包括广告、开发和管理产品品牌、确定适合的价值策略、培养和支持销售人员。

⑤售后服务：为增加顾客价值而采取的活动，包括顾客满意度调查、提供售后的技术支持、严格遵守产品保修期。

3) 将支持性活动分为采购、技术开发、人力资源和组织基础设施四种活动。

①采购：购买用于组织价值链各种投入的活动，既包括组织生产原料的采购，也包括支持性活动相关的购买行为，如研发设备的购买等。

②技术开发：每项价值活动都包含技术成分，无论是技术诀窍、程序，还是在工艺设备中所体现出来的技术。

③人力资源：包括各种类型人员的招聘、雇用、培训、开发和报酬等各种活动。人力资源管理不仅对基本活动和支持性活动起到辅助作用，而且支撑着整个价值链。

④组织基础设施：支撑了组织的整个价值链条，包括总体管理、行政流程、计划、财务、会计、法律、质量管理等。

价值链分析模型如图 8-3 所示。

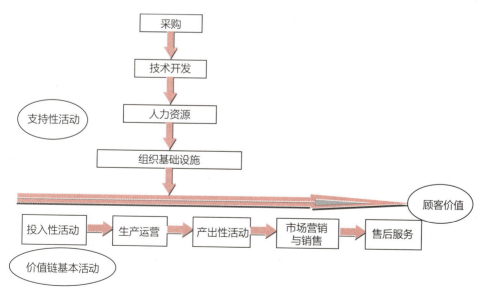

图 8-3 价值链分析模型

8.6 测测你的内部环境分析领导力

8.6.1 内部环境关键因素识别领导力评估

指导语： 请仔细阅读以下问题，每个问题从非常不符合到非常符合有五种选择（表8-7）。如果该描述明显不符合您或者您十分不赞同，请选择"1"；如果该描述多数情况下不符合您或者您不太赞同，请选择"2"；如果该描述半正确半错误，您无法确定或介于中间，请选择"3"；如果该描述多半符合您或者您比较赞同，请选择"4"；如果该描述明显符合您或者您十分赞同，请选择"5"。

注意： 请根据公司的具体情况及尽可能多的事实信息客观、公正地打分，而不是根据您所期望达到的目标打分。

表8-7 内部环境关键因素识别领导力评估

问题	非常不符合	不太符合	不确定	比较符合	非常符合
1. 我认为公司拥有规范完整的运行机制非常重要	1	2	3	4	5
2. 我认为分析产品生命周期对公司发展很重要	1	2	3	4	5
3. 我认为分析公司过去的绩效非常重要	1	2	3	4	5
4. 公司需要对运营成本管控有严格的体系	1	2	3	4	5
5. 我认为营造良好的组织文化十分重要	1	2	3	4	5
6. 公司的股东能够支持高层管理人员做出的战略决策	1	2	3	4	5
7. 我十分注重公司各种资源的合理利用	1	2	3	4	5
8. 我认为公司需要拥有一支综合能力强的管理团队	1	2	3	4	5
9. 公司拥有合理完备的组织架构十分重要	1	2	3	4	5
10. 我认为分析公司的核心资源与能力十分重要	1	2	3	4	5
11. 我认为根据已有绩效对公司生产进行有针对性的提高十分重要	1	2	3	4	5
12. 我认为高层管理者需要根据公司规模进行恰当的管理	1	2	3	4	5
13. 我认为给员工传递公司的价值观和信念很重要	1	2	3	4	5
14. 公司的高层管理人员和大股东之间有很高的信任度	1	2	3	4	5
15. 我认为培养和提升公司独特的资源与能力十分重要	1	2	3	4	5
16. 我认为公司最好不要轻易进行高层管理人员变动	1	2	3	4	5

得分与解释：

本测试共有 16 题，最高分为 80 分，主要评估被试者是否了解并分析组织内部环境因素，能够运用于组织战略决策和生产经营中。可以从量表的得分高低看出被试者对公司组织环境因素的重视和执行程度。将各量表分数加总，得分在 64~80 分，表明被试者对组织内部环境因素十分重视，能在组织实际发展中得到较为充分的运用；得分在 48~63 分，表明被试者对组织内部环境因素比较重视，能在组织实际发展中得到大部分运用；得分在 32~47 分，表明被试者对组织内部环境因素不太重视，在组织实际发展中仅能小部分运用，不太能分析影响组织的内部环境因素；得分低于 32 分，表明被试者完全不重视、不运用组织内部环境因素对组织进行战略层面的分析。

8.6.2 资源基础理论领导力评估

指导语：在表 8-8 给出的词语中分别挑选出五个对你来说符合表 8-9 中描述特征的词语（可重复），分别填写到表 8-9 中，并按照 1~5 分打分，"1"表示在选出来的五个词语中最不重要，"5"表示最重要。

注意：请根据公司的具体情况及尽可能多的事实信息客观、公正地打分，而不是根据您所期望达到的目标打分。

表 8-8 组织的内部资源

资源类型		具体内部资源				
有形资源	物质资源	原材料	运输工具	公司设备	公司房屋	公司地理位置
	财务资源	资金管理体系	财务信息资源	财务管理体制	财务分析决策工具	财务专用性资产
无形资源	管理资源	管理系统	组织经验	品牌	商誉	组织文化
	技术资源	技术	产品工艺	商标	商业秘密	专利
人力资源		员工技能	员工知识	员工年龄结构	员工素质	人岗匹配程度

表 8-9 资源基础理论评估

特征	分数				
价值性					
	1	2	3	4	5

（续）

特征	分数				
	1	2	3	4	5
	1	2	3	4	5
	1	2	3	4	5
	1	2	3	4	5
稀缺性					
	1	2	3	4	5
	1	2	3	4	5
	1	2	3	4	5
	1	2	3	4	5
	1	2	3	4	5
不可模仿性					
	1	2	3	4	5
	1	2	3	4	5
	1	2	3	4	5
	1	2	3	4	5
	1	2	3	4	5
不可替代性					
	1	2	3	4	5
	1	2	3	4	5
	1	2	3	4	5
	1	2	3	4	5
	1	2	3	4	5
可利用性					
	1	2	3	4	5
	1	2	3	4	5
	1	2	3	4	5
	1	2	3	4	5
	1	2	3	4	5

📝 **得分与解释：**

以上评估主要测试资源基础理论的五个基本特征：价值性、稀缺性、不可模仿性、不可替代性和可利用性（VRINE 模型）。

此测评需要公司领导团队多人进行选择排序，每位被试者选择每组五个词语并打分、排序。领导团队经集中分析讨论，确定公司的核心资源及其竞争优势，同时对照最后结果，可看出每位被试者的判断是否准确。

注意：以上所列词语不代表所有公司内部的资源，如果另外罗列出不同的资源，结论可能会不同。如果想要非常精准的评估结果，建议可以根据个人及公司的具体情况增加词语。

8.6.3 产品生命周期领导力评估

指导语：请仔细阅读以下问题，每个问题从非常不符合到非常符合有五种选择（表8-10）。如果该描述明显不符合您或者您十分不赞同，请选择"1"；如果该描述多数情况下不符合您或者您不太赞同，请选择"2"；如果该描述半正确半错误，您无法确定或介于中间，请选择"3"；如果该描述多半符合您或者您比较赞同，请选择"4"；如果该描述明显符合您或者您十分赞同，请选择"5"。

注意：请根据公司的具体情况及尽可能多的事实信息客观、公正地打分，而不是根据您所期望达到的目标打分。

表8-10 产品生命周期领导力评估

问题	非常不符合	不太符合	不确定	比较符合	非常符合
1. 我认为分析产品生命周期对公司发展很重要	1	2	3	4	5
2. 我了解过产品生命周期的相关知识	1	2	3	4	5
3. 我能够有效识别公司生产的各个产品类型	1	2	3	4	5
4. 我认为根据产品发展阶段匹配发展策略对公司很重要	1	2	3	4	5
5. 我会经常对公司产品面对的市场用户进行分析	1	2	3	4	5
6. 我十分关注公司同类产品的竞争对手数量增长情况	1	2	3	4	5
7. 我会经常收集并分析公司不同时期营销费用投入信息	1	2	3	4	5
8. 我十分关注公司产品的市场价格竞争激烈程度	1	2	3	4	5

(续)

问题	非常不符合	不太符合	不确定	比较符合	非常符合
9. 我能够有效识别公司的生产经营风险	1	2	3	4	5
10. 我认为产品生产能力与市场需求相匹配对公司发展十分重要	1	2	3	4	5
11. 我十分关注行业内组织市场份额的排名	1	2	3	4	5
12. 我十分注重对产品品牌的塑造	1	2	3	4	5
13. 我会经常收集并分析产业内组织的进出壁垒高低变化信息	1	2	3	4	5
14. 我十分关注竞争对手的业务在产业链上下游延伸的情况	1	2	3	4	5
15. 我能够有效衡量公司产品所处的发展阶段	1	2	3	4	5
16. 我认为关注并适时采取差异化战略对公司发展很重要	1	2	3	4	5
17. 我能够采取有效的促销方式向消费者销售产品	1	2	3	4	5
18. 我能够有效选择高价—撇脂、低价—渗透的价格策略	1	2	3	4	5
19. 我能够根据市场需求调节公司产品的生产制造方式	1	2	3	4	5
20. 我能够根据不同的战略目标有效制定广告宣传的内容和资金投入	1	2	3	4	5

得分与解释：

本测试共有20题，最高分为100分，主要评估被试者是否了解并对产品生命周期分析运用于组织战略决策和生产经营的重视程度。

以上评估能在一定程度上反映被试者是否了解产品生命周期并能确定组织产品所处的产品生命周期阶段和根据不同阶段特征确定组织发展策略，可以从量表的得分高低看出被试者对产品生命周期的重视和执行程度。将各量表分数加总，得分在80~100分，表明被试者对产品生命周期评估十分重视，在组织实际发展中完全运用，能够使用该工具指导组织战略决策和生产运作；得分在60~79分，表明被试者对产品生命周期评估比较重视，在组织实际发展中大部分运用，能够在一定程度上指导组织战略决策和生产运营；得分在40~59分，表明被试者对产品生命周期评估不太重视，在组织实际发展中小部分运用，不太能指导组织战略决策和生产运作；得分低于40分，表明被试者完全不重视和运用产品生命周期评估对组织所处产业和战略决策进行分析。

8.6.4 公司生命周期领导力评估

指导语：请仔细阅读以下问题，根据实际情况选择公司所处的阶段进行作答（表8-11）。每个问题从非常不符合到非常符合有五种选择。如果该描述明显不符合您或者您十分不赞同，请选择"1"；如果该描述多数情况下不符合您或者您不太赞同，请选择"2"；如果该描述半正确半错误，您无法确定或介于中间，请选择"3"；如果该描述多半符合您或者您比较赞同，请选择"4"；如果该描述明显符合您或者您十分赞同，请选择"5"。

表8-11 公司生命周期领导力评估

问题	非常不符合	不太符合	不确定	比较符合	非常符合
创业期					
1. 我在创业初期建立了明确的市场目标	1	2	3	4	5
2. 我在创业初期面向未来的潜在市场，而不是选择市面上既有的销售良好的产品	1	2	3	4	5
3. 我为创业做好了承担一切风险的准备	1	2	3	4	5
4. 我觉得自己没有知难而退的想法，并且没有随时准备放弃	1	2	3	4	5
5. 在创业初期，公司由我"集中决策"	1	2	3	4	5
6. 我在创业初期有资金保障	1	2	3	4	5
7. 我注重"销售为王"，因人设事	1	2	3	4	5
成长期					
1. 我已经建立公司管理的规章制度，并能够依托这个制度来维持公司运营	1	2	3	4	5
2. 作为创业者，我的发展思路与公司的发展方向一致	1	2	3	4	5
3. 作为创业者，我与职业经理人之间不存在管理意见上的冲突	1	2	3	4	5
4. 我认为公司应该依旧注重用户需求，不断提升产品质量或者用户服务	1	2	3	4	5

(续)

问题	非常不符合	不太符合	不确定	比较符合	非常符合
5. 我认为公司没有出现过分自信、不再追求开拓创新的情况	1	2	3	4	5
6. 我认为公司已经开始建立自己的企业文化与管理风格	1	2	3	4	5
7. 我认为公司在目标、制度、创业精神一致性上依然保持良好状态	1	2	3	4	5
成熟期					
1. 我认为公司保持持续的创新精神，不断开拓新的产品	1	2	3	4	5
2. 我认为公司的管理制度比较完善，公司内部冲突较少	1	2	3	4	5
3. 我认为公司的价值创造部门依旧拥有较高的地位	1	2	3	4	5
4. 我不认为公司开始出现固守成绩、集体性保守的倾向	1	2	3	4	5
5. 我不认为公司成型的企业文化或管理风格已经开始阻滞企业发展	1	2	3	4	5
6. 作为创业者，我依旧有明确的目标并保持创业的热情与精神	1	2	3	4	5
7. 我认为企业文化在公司的经营管理中发挥重要作用	1	2	3	4	5
衰退期					
1. 我认为公司通过过高的福利来激励员工是不对的	1	2	3	4	5
2. 我认为公司不存在形式主义问题，依然注重用户服务与体验	1	2	3	4	5
3. 我不认为公司的管理制度已经成为公司发展的障碍	1	2	3	4	5
4. 我不认为企业已经丧失了创业精神	1	2	3	4	5
5. 我认为企业的领导者依然有明确的目标，是个实干家	1	2	3	4	5
6. 我不认为公司的管理文化对公司深层变革有阻力	1	2	3	4	5
7. 我认为公司依旧关注用户与市场，并积极地寻求创新与突破	1	2	3	4	5

> **得分与解释：**

请根据各自公司所处的阶段作答。

公司的每个发展阶段均有七个题目，最高得分为35分。得分在28~35分，表明公司在该阶段发展状况良好；得分在20~27分，表明公司的发展状况一般，有需要优化的空间；得分在20分以下，说明此阶段公司的发展存在问题。

8.6.5 价值链分析领导力评估

指导语：请仔细阅读以下问题，每个问题从非常不符合到非常符合有五种选择（表8-12）。如果该描述明显不符合您或者您十分不赞同，请选择"1"；如果该描述多数情况下不符合您或者您不太赞同，请选择"2"；如果该描述半正确半错误，您无法确定或介于中间，请选择"3"；如果该描述多半符合您或者您比较赞同，请选择"4"；如果该描述明显符合您或者您十分赞同，请选择"5"。

注意：请根据公司的具体情况及尽可能多的事实信息客观、公正地打分，而不是根据您所期望达到的目标打分。

表8-12 价值链分析领导力评估

问题	非常不符合	不太符合	不确定	比较符合	非常符合
1. 我认为公司十分重视生产过程中各种物料的投入	1	2	3	4	5
2. 公司制定了合理的员工工作时间表	1	2	3	4	5
3. 我认为公司能够高效地处理客户订单	1	2	3	4	5
4. 我认为在销售中确定适合的品牌价值策略很重要	1	2	3	4	5
5. 公司非常重视顾客对使用产品或服务的反馈	1	2	3	4	5
6. 我认为公司的采购流程对公司的发展十分重要	1	2	3	4	5
7. 公司会基于消费者需求进行技术开发	1	2	3	4	5
8. 公司针对员工有一套完整的激励系统	1	2	3	4	5
9. 我认为公司有健全的财务体系	1	2	3	4	5
10. 我认为公司十分重视物流活动的计划、组织、指挥、协调、控制和监督	1	2	3	4	5
11. 公司有非常系统、完备的设计生产流程	1	2	3	4	5

(续)

问题	非常不符合	不太符合	不确定	比较符合	非常符合
12. 公司在日常经营中十分重视选择最佳交付方式	1	2	3	4	5
13. 我认为公司十分重视维护自己的品牌	1	2	3	4	5
14. 公司有非常完整的售后服务流程	1	2	3	4	5
15. 公司很重视采购物资流程的规范化	1	2	3	4	5
16. 我认为公司重视产品创新规划	1	2	3	4	5
17. 公司十分重视培养员工，有完整的培训体系	1	2	3	4	5
18. 公司有专门的法务部门对公司活动进行法律上的支持	1	2	3	4	5
19. 我认为公司十分重视仓储管理	1	2	3	4	5
20. 公司认为生产设备的选择和维护十分重要	1	2	3	4	5
21. 公司很重视产品的质量体系认证	1	2	3	4	5
22. 公司会重视产品细分市场的差异化定位	1	2	3	4	5
23. 公司一直致力于提供令顾客满意的售后服务	1	2	3	4	5
24. 我认为公司重视采购中的成本管理	1	2	3	4	5
25. 我认为公司注重技术开发的模式	1	2	3	4	5
26. 我认为公司的招聘流程十分合理	1	2	3	4	5
27. 公司对运营成本管控有严格的体系	1	2	3	4	5

得分与解释：

本测试共有27道题，最高分为135分，包括价值链的基本活动和支持性活动两大部分，其中基本活动有五个因素，支持性活动有四个因素。每个分量表有三个题目，各分量表最高分为15分。主要内容如下：

（1）**基本活动**

1) 投入性活动：1、10、19。投入性活动是指公司为获得原材料并将其转化成最终产品所需的采购、转换和物流管理的活动。
2) 生产运营：2、11、20。生产运营是指将原材料高效地转变成最终产品的活动。
3) 产出性活动：3、12、21。产出性活动是指使顾客得到最终产品的相关活动。

4) 市场营销与销售：4、13、22。市场营销与销售是指为了以独特的需求为基础来细分目标顾客群、满足顾客需求以及对其他顾客进行定位而开展的活动。
5) 售后服务：5、14、23。售后服务是指为增加顾客价值而采取的活动。

(2) **支持性活动**

1) 采购：6、15、24。采购是指购买用于组织价值链各种投入的活动。采购既包括组织生产原料的采购，也包括支持性活动相关的购买行为，如研发设备的购买等。
2) 技术开发：7、16、25。每项价值活动都包含着技术成分，无论是技术诀窍、程序，还是在工艺设备中所体现出来的技术。
3) 人力资源：8、17、26。人力资源包括涉及所有类型人员的招聘、雇用、培训、开发和报酬等各种活动。人力资源管理不仅对基本和支持性活动起到辅助作用，而且支撑着整个价值链。
4) 组织基础设施：9、18、27。组织基础设施支撑了组织的整个价值链。

根据被试者问题的回答，可以进行如下分析：

① 从各个分量表的得分高低可以看出被试者对各组成因素的重视程度。每个分量表得分在 12~15 分，表明被试者十分重视这个因素；得分在 9~11 分，表明被试者比较重视这个因素；得分在 6~8 分，表明被试者不太重视这个因素；得分低于 6 分，表明被试者完全不重视这个因素。

② 加总价值链基本活动五个分量表的分数。得分在 60~75 分，表明被试者十分重视分析价值链的基本活动；得分在 45~59 分，表明被试者比较重视分析价值链的基本活动；得分在 30~44 分，表明被试者不太重视分析价值链的基本活动；得分低于 30 分，表明被试者完全不重视分析价值链的基本活动。

③ 加总价值链支持性活动四个分量表的分数。得分在 48~60 分，表明被试者十分重视分析价值链的支持性活动；得分在 36~47 分，表明被试者比较重视分析价值链的支持性活动；得分在 24~35 分，表明被试者不太重视分析价值链的支持性活动；得分低于 24 分，表明被试者完全不重视分析价值链的支持性活动。

④ 加总所有九个分量表的分数。得分在 108~135 分，表明被试者十分重视分析价值链上的所有因素，能够使用该工具正确分析影响组织的内部环境；得分在 81~107 分，表明被试者比较重视分析价值链上的因素，能够使用该工具在一定程度上分析影响组织的内部环境；得分在 54~80

分，表明被试者不太重视分析价值链上的因素，不太能使用该工具分析影响组织的内部环境；得分低于54分，表明被试者完全不会使用价值链工具分析影响组织的内部环境。

根据以上四个步骤层层分析，可以在一定程度上评估出被试者是否能够使用价值链对组织的内部环境进行合理分析，并运用价值链找出组织的竞争优势及核心竞争力。

第9章 战略制定

组织竞争优势的一个主要来源是战略的制定和执行（Hoskisson，et al.，2012）。战略领导者通过他们所做的决定来影响组织（Hambrick & Mason，1984）。与低层组织层面的决策不同，高层决策只是对资源承诺进行主要配置，而这对公司具有潜在的影响（Wang，et al.，2016）。基于这一前提，学者们探讨了战略领导者在制定各种战略决策中的作用（如涉及创新、收购、战略变化或多元化）。激励的一个重要视角指导了战略决策过程，这种决策对公司层面的结果具有重要的影响（Wowak，et al.，2017）。莱布林（Leiblein）、罗伊尔（Reuer）和曾格（Zenger）（2018）认为，可用的战略选择可能是先前承诺和决策的结果。

战略领导是一种动态的集体现象，它的影响超出了一个焦点组织的界限。在战略制定层面，战略领导力表现为一种与他人合作推动变革的能力，旨在为组织提供目的、意义和指导。简单地，可以将其定义为形成对未来的愿景、将其传达给下属、激励和激励下属以及与同事和下属进行支持性战略交流的过程（Elenkov，Judge & Wright，2005）。

波尔（Boal）（2004）曾提到，战略领导者负责决定战略方向、制定战略决策，系统地做好战略计划，面向过去、现在、未来进行序列规划一系列的决定和活动（包括过程导向的和实质性的），通过这些决定和活动，随着时间推移，将组织的过去、现在和未来将结合在一起，提供一种远景和路线图，使组织得以发展和创新。展开来说，领导者在战略制定方面有六项首要的任务活动，即在平衡长短期目标的基础上制定战略，在制定战略之前要明确组织的愿景和使命，实现市场机会、领导目标及组织资源的匹配，兼顾外部环境和内部资源，从整个业务系统视角重新审视竞争，从单一产品和细分市场层面制定战略

(Abell, 2006)。

组织最高层领导为组织确立总体目标和方向，负责制定战略决策，指导战略的实施和制定（Hernandez, Eberly, Avolio & Johnson, 2011）。所以，战略领导力的研究应该关注对组织负有全面责任的高管——他们的特点是什么，他们做什么，他们如何做，尤其是他们如何影响组织的结果（Finkelstein, Hambrick & Cannella, 1996）。

在本章中，基于战略制定的愿景、使命和目标，使用战略决策过程、SWOT分析、战略地位与行动评估矩阵（SPACE）、波士顿矩阵（BCG）、通用矩阵（GE）五类模型分别对领导者的任务活动进行测评。通过定量分析，对领导者在战略制定层面的领导力进行评估，从而帮助领导者更好地进行战略制定。

9.1 战略决策过程与战略领导

考虑到管理者在日益复杂、不稳定和不可预测的环境中不断面临做出决策的挑战，如何科学地制定有效的战略决策成为管理者关注的主题。常见的战略决策涉及公司战略、业务战略和职能战略。具体来说，战略决策涉及产品（业务创新）、收购、公司战略变革或多元化等方面的决策。战略领导者在制定各种战略决策的过程中，指导了战略决策过程，这种决策对公司层面的结果具有重要的影响（Wowak et al., 2017）。

9.1.1 战略决策过程模型

战略决策是在较长时间和详细内外部关键因素分析的基础上做出的。管理者可以在活动中使用决策模型来提高决策效率。经理们正在制定由组织的政策和战略决定而产生的有计划性的、独特的、源自与环境因素相关的组织战略的日常决策。大多数管理决策是在外部和内部环境约束的影响下做出的。由于环境是不断变化的，信息并不总是完整和可用的，因此，管理决策可能在某些不确定和有风险的情况下做出。在不确定和有风险的情况下做出的决策的特点是复杂、非结构化和计划性问题，具有战略管理的特点。在任何组织中，管理者都可以以一种有组织的方式进行战略决策。

最常用的决策模型（Models of Decision-Making）有七步决策过程模型、五步决策过程模型、三步决策过程模型，创新决策过程模型以及复杂决策过程模型。

1. 七步决策过程模型（Decision-Making Process in 7 Steps）

利瑟兰（N. Litherland）（2013）认为，决策过程分为定义、识别、发展三个阶段和七个步骤（图9-1）。

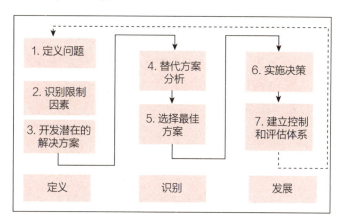

图9-1　七步决策过程模型

本书遵循的七个步骤是定义问题、识别限制因素、开发潜在的解决方案、替代方案分析、选择最佳方案、实施决策及建立控制和评估体系。

2. 五步决策过程模型（Decision-Making Process in 5 Steps）

道尔（J. Doyle）（2012）认为，决策过程分为五个步骤，**即决策识别、选项审查、信息收集、决策制定和决策实施**（图9-2）。

图9-2　五步决策过程模型

（1）**决策识别**。为了确定要做的决策，决策者必须准确地表达出要做决策的想法。识别决策有助于回答以下问题：哪个决策（Which）？什么决策（What）？以及如何决策（How）？或者它可能有一个问题的答案：如果……将会怎样（What if）？

（2）**选项审查**。制定和考虑各种版本和选项，并写下可能的选项、任何假设和遗漏的信息。头脑风暴是一种技术，给团队以暗示，并帮助决策者稳定地做出决定。

（3）**信息收集**。丢失的信息可以通过互联网、图书馆或其他来源收集（如市场成熟度分析、市场研究、竞争研究、增长机会分析、成本分析等）。

（4）**决策制定**。收集到的信息包含在选项检查（第二步）中，决策者在做出决策后应该感到高兴。如果是团队做出的决策，那么决策者应该给予团队支持，使其成功。

（5）**决策实施**。在决策制定过程中收集的信息和其他参数用于创建实施计划，要遵循的步骤、它们的顺序、角色和责任都已确定。

3. 三步决策过程模型（Decision-Making Process in 3 Steps）

切斯特纳特（D. Chestnut）（2013）认为，决策过程包括三个阶段：识别、构建决策组件和实施（图9-3）。

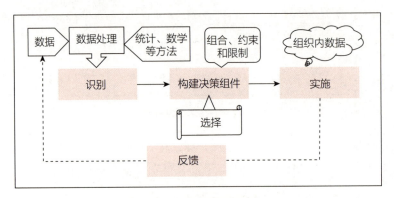

图9-3 三步决策过程模型

（1）**识别**。管理者在组织内收集数据，他们对收集的数据应用数学和统计方法，并使用结果来支持决策选择。

（2）**构建决策组件**。当提出一个可选方案时，决策者会评估每个可能决策的结果，直到考虑到所有可能的组合、约束和限制。然后，将统计方程和数学方程应用于该问题。结果是一个决定选项的列表，其中成功的概率是相关的。

（3）**实施**。为了实施决策，可以使用一个支持系统来收集和分析组织内部的数据，并为管理者提供有用的信息。

4. 基于创新构想的决策过程（Decisional Process Based on Innovation Conceptualization）

不同的决策过程模型分析允许对过程进行概念化，其中创新具有独特的作用（图9-4）。基于决策过程的创新可以激发创造力。

决策过程组件包括情境描述（Context Description）、创新（Innovation）、决策（Decision）和管理（Management）。在这个过程中，采用具体的技术，如头脑风暴、德尔菲法等，以激发创造力。

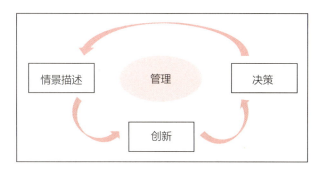

图 9-4　基于创新构想的决策过程模型

（1）**情境描述**。收集信息，确定决策的条件、限制和标准。

（2）**创新**。选择是通过创新过程确定和证实的。

（3）**决策**。选择最符合所确定条件、限制和标准的版本。

（4）**管理**。它包括收集信息和定义决策制定环境的管理、决定决策选择的创新管理、决策管理和决策结果管理。

5. 复杂的决策过程模型（Complex Decision-Making Process Model）

奥莉安娜·内古列斯库（Oriana Helena Negulescu）（2014）扩展了复杂的决策过程模型，如图 9-5 所示。

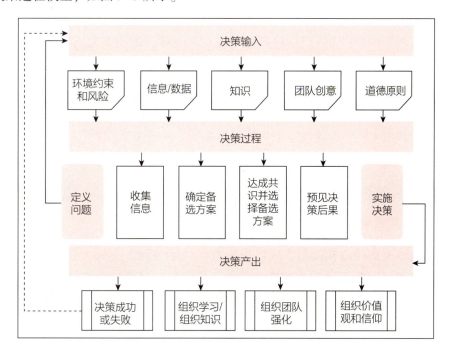

图 9-5　复杂的决策过程模型

该模型考虑了适应决策管理问题的控制系统的三个阶段：决策输入、决策过程和决策产出。

（1）**决策输入**。决策输入包括环境约束和风险、信息/数据、知识、团队创意、道德原则环境因素影响决策。它考虑了外部环境的约束、内部风险和限制，特别是与资源相关的约束。收集或拥有的信息，以及组织和外部环境的历史数据、当前数据或预测数据，是根据组织内部可能性制定决策的起点。组织、团队和管理者积累的知识完善了这一背景，而伦理原则则对其进行了完善。

（2）**决策过程**。决策过程包括定义问题、收集信息、确定备选方案、达成共识并选择备选方案、预见决策的后果并实施决策。定义问题与决策过程在大多数时候是一致的，尽管关于解决问题与决策过程之间的区别存在着一系列的争论。对问题的清晰描述有助于该过程的其他步骤。收集信息假设选择与所描述的问题最匹配的信息和数据，这些信息和数据是从系统输入中获取的。在收集到的数据和信息的基础上进行确定替代方案的工作。通过团队成员的参与，在确定的备选方案中选择分析过的最合适的情况。与团队成员的沟通不仅能达成共识，还能减少压力和决策时间。这里有一个有用的 80/20 规则，它意味着用 20% 的输入获得 80% 的输出。

（3）**决策产出**。决策产出包括决策成功或失败、组织学习/组织知识、组织团队强化、组织价值观和信仰。如果决策失败，通过更改选项，重复这个过程。

上述决策过程模型可通过使其适应当前的战略决策而加以发展。在一个复杂多变的环境中，管理者被迫更快地做出决策，并迅速地改变它们，而决策过程模型是有用的。因此，在决策过程中，管理者可以从多个模型中选择最适合决策问题的模型。

9.1.2　战略领导者与战略决策过程

上述战略决策过程模型将战略决策看作一个过程，实际上，战略决策过程是一个循环过程，通过**战略环境分析**（包括外部环境和内部环境）进行**决策问题识别**，通过**决策环境分析**（战略决策目标选择、战略决策限制因素考虑、战略决策方法和决策标准制定、战略决策团队选择、战略决策过程模型选择）、**决策备选方案制定和评估**，考虑进行**战略决策**（选择最佳备选方案或方案组合），最后是**战略决策实施与评估**。如果未取得满意的战略决策目标，则重新进行**战略环境分析—决策问题识别—决策环境分析—决策备选方案制定和评估—战略决策—战略决策实施与评估**。这样才能保障战略决策实现其决策目标（战略目标）。

战略领导者在战略决策过程中发挥如下作用：

（1）**战略环境分析**。评估公司的地位，需要清楚地了解组织面临的竞争形势，包括收集和解释有关组织外部环境的信息、市场和竞争对手、产业的性质，以及政府、经济和社会的影响；还包括收集和解释有关组织内部环境的信息，如提供有价值的货物或服务的能力，市场地位和客户关系，其制度、程序和结构，以及组织的领导力和企业文化。

（2）**决策问题识别**。了解我们是谁和我们想要去哪里（愿景、使命、价值观、目标）。战略领导者需要了解组织和其领导的口头和非口头文化。战略领导者是组织的身份和抱负的管理者，包括组织的愿景、使命和价值观，以及未来10年或20年的可能性。通过这些因素，不同方面的竞争情况被过滤，并建立关键的组织优先级，从而建立起战略目标。围绕实现战略目标，战略决策问题（公司战略、业务战略、职能战略、领导力战略）需要被确定或界定。

（3）**决策环境分析**。决策环境分析主要是围绕战略决策目标选择和决策标准制定、战略决策限制因素和战略决策方法、战略决策团队选择、战略决策过程模型选择等开展的一系列准备工作。

（4）**决策备选方案的制定和评估**。决策备选方案的制定和评估主要从潜在决策方案信息收集、潜在决策方案开发、确定决策备选方案以及评估决策备选方案四个方面展开。

（5）**战略决策**。利用洞察力、信息和远见来确定优先事项和制定战略决策。这一要素最重要的挑战之一涉及确定我们所说的关键战略驱动因素。战略驱动因素相对较少（3~5个），但却是决定一个特定组织在特定行业取得长期成功的关键因素。公司战略和业务战略的制定应该基于对组织关键战略驱动力的理解。例如，汽车行业的关键驱动因素是安全性、舒适性、性价比、环保性、动力性等。同样重要的是，要制定领导战略，以解决有效实施业务战略所必需的人力和组织能力。

（6）**战略决策的实施与评估**。如何将战略转化为行动？要有效实施既定战略决策。战略决策如何渗透到组织的血液中，使跨部门和部门的战术行动与总体战略决策优先级保持一致？检查战略决策实施进展，战略领导者需要对组织的有效性进行持续评估。这包括查看当前绩效相对于预期绩效的指标，并评估目前是否进行了足够的投资，以确保组织未来的可持续竞争优势。

战略决策包括一个持续的发现过程，包括自上而下和自下而上的元素。换句话说，我们相信，许多人在战略性地领导自己的组织方面发挥了作用。的确，CEO 最终要对公司的发展道路负责。对那些决策和观点的影响力超出自己职能范围的人来说，有很多机会发挥战略领导作用。例如，采购经理可以预测更换供应商对工程和制造的影响。或者，人力资源总监可以开发系统来鼓励业务部门之间的合作。即使是那些站在客户界面第一线的人，也处于独特的位置，能够审视环境、理解信息，从而强化整个组织的战略视角。此外，参与战略领导的不只是个人，通常是一个协作的团队。战略领导者的很多工作都是与所谓的战略领导团队（Strategic Leadership Teams，SLT）一起完成的。SLT 是指任何集体工作对特定的业务单元、产品线、服务区域、职能区域、部门或公司具有战略意义的团队。

战略领导者的个人技能包括战略思考（Strategic Thinking）、战略行动（Strategic Acting）和战略影响（Strategic Influence）三方面。这三方面的技能相互影响、相互依存，也就是说，战略领导者思考的方式影响其行动的方式；战略领导者影响他人的方式会影响他们可能从他人那里获得的信息。这三方面的技能在战略决策过程中共同发挥作用。

（1）**战略思考**。战略思考既是一个认识的过程，也是一个社交的过程。它帮助人们更好地理解组织和组织所处环境之间的复杂关系，利用达成的共识，为组织的未来设定方向，并提供新的方法来理解组织面临的挑战和机会。它涉及对组织内部和外部环境进行扫描，以寻找可能影响当前和未来业务的趋势、模式和因素。对战略领导者来说，一个特别关键的能力是系统思考，这使得他们能够辨别有助于组织成功的变量之间复杂的相互关系。战略思考既需要使用工具，如 PESTEL、SWOT 以及战略决策过程模型等，也是理解并制定愿景、使命、价值观、战略、文化氛围的重要组成部分。战略领导者必须学会运用他们所有的战略思考能力，去迎接组织面临的复杂挑战。战略思考既需要综合能力，也需要分析能力；战略思考既是线性的，也是非线性的；战略思考既是视觉的，也是听觉的；战略思考既是隐性的，也是显性的；战略思考既需要感性，也需要理智。战略思考能力包括环境扫描能力、制定愿景能力、问题重述能力（从不同角度看问题，包括对组织的战略性和基本能力的重新思考）、达成共识能力（针对未来愿景、组织面临的挑战以及组织成功的障碍）以及系统思考能力。

（2）**战略行动**。战略行动是组织采取及时、果断和协调行动的基础。战略行动要求所有重复行动要与战略方向保持一致，规避组织中模糊、混乱和复杂的局面。战略行动的核心是把战略思考转化为集体行动。战略行动的思维模式有如下四个特征：①只有某些行动是战略性的；②战略行动应该长短相济（兼顾长期目标和短期目标）；③战略行动是一个学习的机会（这种思维模式把业务战略当作一种组织理论，随着时间推移，组织不断积累相关数据，验证相关期望和做法是否有效）；④战略决策总是包含不确定性。只有当诸如资金、时间和精力、个人或企业品牌等资源被投入使用时，才称之为战略行动。战略行动能力开发包括三项关键的战略行动能力，与行动思维模式相辅相成。它们包括面对不确定时的果断行动，培养敏捷性（组织感知变化及对动荡的竞争环境做出迅速有效的反应的一种能力），以及通过设定清晰的战略重点建立一致性（战略性地整合资源和能力的前提是围绕经过战略思考确定的组织战略目标以及组织设定的战略重点（优先事项）来展开）。然而，在采取行动之前，通常只有有限的时间进行深入或长期的战略思考，因此，战略思考和战略行动是相辅相成、互相关联的，以改进总体结果。战略行动的另一个重要方面涉及为组织内其他人也采取战略行动创造条件。要做到这一点，最重要的方法之一是设定明确的优先事项，以促进整个组织的协调行动，并为果断行动提供一个基础，同时考虑到短期和长期。

（3）**战略影响**。战略影响就是让人们参与到战略流程中来，通过在组织的内外部建立关系，通过运用组织的文化和影响系统，让人们对组织的战略方向做出承诺。当领导力成为战略制定和执行工作中的一部分、服务于组织长期潜在绩效时，这样的影响就是战略性的，包括影响组织的其他部门，甚至组织之外。例如，战略领导者可能会施加影响，以取得以下类型的成果：让人们对长期的战略方向达成一致认识；让人们愿意接受冒险，从而对其产生真正的承诺，而不仅仅是顺从；为了与战略目标保持一致，大规模改变资源部署或者投资方式；就有关战略的可行性、实施策略以及如何应对竞争对手等相关问题与更高级别的管理者分享。战略影响力必需的技能包括建立信任、管理政治格局、跨界领导与带动其他人、建立情感层面的联系以及造势和维持势头等方面。

在现实中，战略思考、战略决策和战略影响是相互联系在一起的。战略影响的思维模式有以下四个特征：①战略影响需要的不只是说服力，而是建立在关系基础上，需要经过一段时间才能达成。组织的制度、流程和文化也会产生影响力。②战略影响需要广度和深度，战略领导力会在组织结构图的空白区域产生，即在正式结构分组之间以及在组织结构与外部世界之间的区域。战略影响的工作是建立和激活为战略变革服务的新关系。战略领导者要想让新的战略愿景或战略方向变成现实，就必须打破这些组织结构中的分组壁垒，从而形成合力。这些壁垒包括不同层级间的官僚体系、组织不同部门之间的壁垒（不同职能团队和不同地理区域），努力使组织在生态系统中保持可持续发展的战略性领导，不能忽视它对那个生态系统影响的重要性。这包括每个对组织有影响的利益相关方，如客户、供应商、战略伙伴、社区、政府，乃至管理机构、分析师，甚至竞争对手。③对影响保持开放，与影响他人一样重要。战略领导必须营造一种氛围，他们不仅仅依靠自己施加战略领导力，同时也鼓励其他人增进战略领导力。同样，重要的是要注意战略思维、行动和影响相互作用的动态方式。例如，战略领导者经常需要利用一组不同的利益相关者应对复杂的组织挑战。这就涉及要有共同的意义，而不仅仅是在一个领导者的头脑中，它需要同时进行战略思考和战略影响。它涉及以合作的方式在不同角度的利益相关者之间创造一种共同的、共享的理解。

最好的领导者，在进行战略环境分析、决策问题识别、决策环境分析、决策备选方案制定和评估、战略决策以及战略决策实施与评估过程中，能将这三项核心技能整合在一起，让组织中所有人的能量得以发挥，进而达成组织的最佳绩效潜能。当 CEO 和高管们以及重要事业部门的经理理解了战略领导力的内涵、作用和方式，并在其他人身上培养起同样的能力，他们就为组织的持久成功创造了机会。

9.2 SWOT 矩阵

SWOT 矩阵是一种战略分析方法，通过对被分析对象的优势、劣势、机遇和威胁等加以综合评估与分析得出结论，通过内部资源与外部环境有机结合，清晰地确定被分析对象的资源优势和劣势，了解被分析对象所面临的机遇和威胁，从而在战略与战术两个层面对方法和资源加以调整，以保障被分析对象达到所要实现的目标（表9-1）。SWOT 分析法又称为态势分析法，是一种能够较客观而准确地分析和研究一个单位现实情况的方法。SWOT 分别代表：Strengths（优势）、Weaknesses（劣势）、Opportunities（机遇）、Threats（威胁）。

表 9-1　SWOT 矩阵

		内部环境	
		优势（S） 　　一个组织超越其竞争对手的能力，或指组织所特有的能提高自身竞争力的那些方面	劣势（W） 　　某种组织缺少的东西或做得不好的地方，或指某种会使组织处于劣势的条件
外部环境	机遇（O） 　　能够带给组织发展的外部环境，是影响组织战略的重大因素	SO 增长型战略： 　　利用自身的竞争优势，采取积极的扩张策略，大力进行产业结构调整、转型升级	WO 扭转性战略： 　　利用目前消费升级以及产业整合态势，弥补自身不足
	威胁（T） 　　在组织的外部环境中，存在的某些对组织的盈利能力和市场地位构成威胁的因素	ST 强化优势型战略： 　　借助自身优势，应对行业面临的增量市场有限，变挑战为推动力，收为己用	WT 防御型战略： 　　面对市场未来发展瓶颈和自身不足，选择缩减产能，逐步退出市场

9.3　SPACE 矩阵

　　SPACE 矩阵又称战略地位与行动评估矩阵，主要用于分析影响组织的内部运营情况和外部经营环境，外部分析战略地位，内部分析行动评估。通过定量分析，能确定组织所处的战略地位，从而基于这种战略地位，帮助组织制定相应的战略决策以及采取合理的战略实施举措。SPACE 矩阵有四个象限，分别表示组织采取的进攻、保守、防御和竞争四种战略模式。矩阵的横轴代表了组织的两个内部战略因素：财务优势（FS）和竞争优势（CA）；纵轴代表了组织的两个外部战略因素：环境稳定性（ES）和产业优势（IS）。从内部战略因素看，财务优势直接反映了组织的有效经营成果以及未来的发展潜力；竞争优势反映了组织当前在市场中的竞争态势，包含组织有哪些资源和能力。从外部战略因素看，环境稳定性体现了外部市场环境变化对组织经营发展的影响程度；产业优势体现了组织处于怎样的赛道，当前位置是否有发展前景。根据组织的类型，

SPACE 矩阵的轴线代表的不同要素可由多个变量组成。在实际应用中，SPACE 矩阵要按照组织的情况以及尽可能多的事实信息来选取变量。表 9-2 列出了一些经常使用的变量。

表 9-2　SPACE 矩阵轴线所代表的变量

内部战略因素	外部战略因素
财务优势 - 投资收益 - 杠杆比率 - 偿债能力 - 流动资金 - 退出市场的方便性 - 业务风险	**环境稳定性** - 技术变化 - 通货膨胀 - 需求变化性 - 竞争产品的价格 - 市场进入壁垒 - 竞争压力
竞争优势 - 市场份额 - 产品质量 - 用户忠诚度 - 竞争能力利用率 - 专有技术知识 - 对供应商和经销商的控制	**产业优势** - 增长潜力 - 盈利能力 - 财务稳定性 - 资源利用 - 进入市场的便利性 - 生产效率

9.4　BCG 矩阵

BCG 矩阵又称波士顿矩阵，由美国著名管理学家、波士顿咨询公司创始人布鲁斯·亨德森（Bruce Henderson）于 1970 年首创，也称市场增长率-相对市场份额矩阵、波士顿咨询集团法、四象限分析法、产品系列结构管理法等。通过市场增长率与相对市场占有率两个因素相互作用，会出现四种不同性质的产品类型，形成不同的产品发展前景：① 市场增长率和相对市场占有率"双高"的产品群（明星产品）；② 市场增长率和相对市场占有率"双低"的产品群（瘦狗产品）；③ 市场增长率高、相对市场占有率低的产品群（问题产品）；④ 市场增长率低、相对市场占有率高的产品群（金牛产品）。

具体的分析步骤如下：

1）以相对市场占有率为横坐标、市场增长率为纵坐标构建二维坐标。

2）市场增长率表示公司该产品的销售量或销售额的年增长率，如用-20%~20%表示，并以 0 为分界线。

3）相对市场占有率表示该产品相对于最大竞争对手的市场份额，通常用 0~100%表示，并以相对市场占有率为 50%为分界线，表示组织的市场份额为业内领先组织的一半。

4）按分界线画出四个象限，从左上角开始，顺时针方向依次为问题产品—明星产品—金牛产品—瘦狗产品。

5）用圆圈将各个产品在象限中进行标注。它们的位置表示这个业务的市场增长率和相对市场占有率的高低，面积的大小表示各业务的销售额高低。

BCG 矩阵模型如图 9-6 所示。

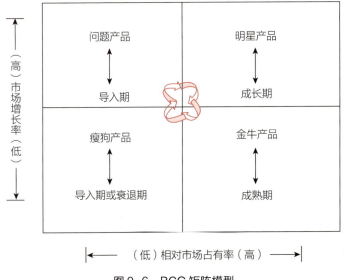

图 9-6　BCG 矩阵模型

9.5　GE 矩阵

GE 矩阵又称通用矩阵，是一个评价性的、规范的战略描述工具。该矩阵将每个战略经营单位的经营优势情况和外部行业情况结合在一起进行分析，目的是描述不同的战略经营单位的竞争状况，并帮助指导在各战略经营单位之间合理地配置资源。GE 矩阵在两个坐标轴上增加了中间等级，增加了分析考虑因素，改进了 BCG 矩阵的不足，具有广泛的适用性。

GE 矩阵中影响行业吸引力和竞争优势的具体因素见表 9-3。

表 9-3 与 GE 矩阵有关的具体因素

市场吸引力因素	竞争地位因素
• 市场规模 • 市场增长率 • 市场收益率 • 定价趋势 • 竞争强度 • 行业投资风险 • 进入障碍 • 产品/服务差异化机会 • 产品/服务需求变化 • 市场分销渠道结构 • 技术发展 • 购买者的议价能力 • 替代品的威胁	• 影响战略业务单元（SBU）自身的资产与实力 • 品牌形象 • 市场份额 • 顾客忠诚度 • 相对成本结构 • 相对利润率 • 分销渠道及产品生产能力 • 技术研发与其他创新活动 • 产品/服务质量 • 融资能力 • 管理能力 • 技术诀窍 • 独特能力

9.6 测测你的战略制定领导力

9.6.1 战略决策过程领导力测试

指导语：请仔细阅读以下问题，每个问题从非常不符合到非常符合有五种选择（表9-4）。如果该描述明显不符合您或者您十分不赞同，请选择"1"；如果该描述多数情况下不符合您或者您不太赞同，请选择"2"；如果该描述半正确半错误，您无法确定或介于中间，请选择"3"；如果该描述多半符合您或者您比较赞同，请选择"4"；如果该描述明显符合您或者您十分赞同，请选择"5"。

注意：请根据您的实际行为打分，而不是根据您所期望达到的行为打分。

表 9-4 战略决策过程领导力测试

问题	非常不符合	不太符合	不确定	比较符合	非常符合
1. 在识别战略决策问题前，我会对政治、经济、社会、技术、环保、法律因素进行扫描	1	2	3	4	5
2. 在制定战略决策前，我会了解组织将来希望到达哪里	1	2	3	4	5
3. 在制定战略决策前，我会选择决策目标和决策标准做行动决策或决定	1	2	3	4	5

（续）

问题	非常不符合	不太符合	不确定	比较符合	非常符合
4. 在制定战略决策前，我会收集潜在决策方案信息	1	2	3	4	5
5. 在制定战略决策时，我会参照战略目标体系设计决策目标	1	2	3	4	5
6. 在战略实施时，我会检查组织结构以及各职能战略的实施情况	1	2	3	4	5
7. 在识别战略决策问题前，我会对组织提供的有价值的产品或服务的能力、市场地位和客户关系等因素进行分析	1	2	3	4	5
8. 在制定战略决策前，我会了解组织的业务范围和承担的社会责任	1	2	3	4	5
9. 在制定战略决策前，我会考虑战略决策限制因素和战略决策方法做行动决策或决定	1	2	3	4	5
10. 在制定战略决策前，我会进行潜在决策方案的开发	1	2	3	4	5
11. 在制定战略决策时，我会识别关键战略驱动因素，确定战略决策目标	1	2	3	4	5
12. 在实施战略时，我会检查领导力战略实施情况	1	2	3	4	5
13. 在识别战略决策问题前，我会分析组织外部环境的信息，如市场和竞争对手、产业的性质	1	2	3	4	5
14. 在制定战略决策前，我会在考虑组织核心价值观的前提下，识别战略决策问题	1	2	3	4	5
15. 在制定战略决策前，我会选择合适的战略决策团队做行动决策或决定	1	2	3	4	5
16. 在制定战略决策前，我会确定决策备选方案	1	2	3	4	5
17. 在制定战略决策时，我会选择最好的备选方案进行公司战略决策	1	2	3	4	5
18. 在战略决策评估时，我会检查战略决策实施进展，当前绩效相对于预期绩效的指标	1	2	3	4	5
19. 在识别战略决策问题前，我会分析其所在组织制度、程序和结构以及其领导力和文化	1	2	3	4	5
20. 在制定战略决策前，我会在考虑组织战略目标的前提下，识别战略决策问题	1	2	3	4	5

(续)

问题	非常不符合	不太符合	不确定	比较符合	非常符合
21. 在制定战略决策前，我会选择合适的战略决策过程模型做行动决策或决定	1	2	3	4	5
22. 在制定战略决策前，我会评估战略决策备选方案	1	2	3	4	5
23. 在制定战略决策时，我会选择最好的备选方案进行业务战略决策	1	2	3	4	5
24. 在战略决策评估时，我会检查战略领导是否对组织的有效性进行持续性的评估（有专门的组织评估机构）	1	2	3	4	5
25. 在战略决策问题识别前，我会辨别关键因素之间的相互关系，以寻找可能影响当前和未来业务的趋势、模式和因素	1	2	3	4	5
26. 在识别战略决策问题时，我会从不同角度对组织的战略领导能力进行重新思考，并达成共识	1	2	3	4	5
27. 在制定战略决策前，我认为对决策环境达成共识很重要	1	2	3	4	5
28. 在制定战略决策前，我会在备选方案的风险识别和风险应对方面进行系统性思考	1	2	3	4	5
29. 在制定战略决策时，我会让利益相关者都参与到战略决策流程中，让其对组织的长期战略方向产生真正的承诺	1	2	3	4	5
30. 在战略决策评估时，我会采用建立信任、管理政治格局等方法，凝聚人心，鼓舞大家为团队的决策目标奋斗	1	2	3	4	5

得分与解释：

本测试共有30题，最高分为150分，包括六个分量表，每个分量表有五个题目，主要内容如下：

(1) **战略环境分析**：1、7、13、19、25。战略环境分析主要评估战略决策者的战略思考能力（环境扫描能力、达成共识能力），涉及识别影响战略决策的外部关键因素和内部关键因素，以及关键因素之间复杂的相互关系，是否对未来愿景、对组织面临的挑战以及组织成功的障碍等达成共识。

(2) **决策问题识别**：2、8、14、20、26。决策问题识别主要评估战略决策者的战略思考力（制定愿景能力、问题重述能力），是否从不同角度看问题，是否具有制定组织的战略愿景、使命和战略目标的能力，是否能具有准确界定决策问题的能力。

(3) **决策环境分析**：3、9、15、21、27。决策环境分析主要评估战略决策者的战略思考力（系统思考能力、达成共识能力），制定战略决策前是否进行决策环境（决策目标和标准、决策限制因素和决策方法、决策团队选择、战略决策过程模型选择等）的准备，是否对决策环境达成共识。

(4) **决策备选方案制定和评估**：4、10、16、22、28。决策备选方案制定和评估主要评估战略决策者的战略思考力（系统思考能力），是否在决策备选方案的产生和确定以及如何做好风险识别和风险应对方面进行系统性思考。

(5) **战略决策**：5、11、17、23、29。战略决策主要评估战略决策者进行快速、正确决策所需要的战略思考力（系统思考能力、达成共识能力）和战略影响力。战略思考力主要评估决策者在组织战略目标体系设计（长期目标和短期目标）、关键战略驱动因素识别以及公司战略决策和业务战略决策方面是否达成一致的决策结果；战略影响力主要评估决策者是否让利益相关者都参与到战略决策流程中，让其对组织长期战略方向产生真正的承诺。

(6) **战略决策实施和评估**：6、12、18、24、30。战略决策实施和评估主要评估战略决策者的战略行动力和战略影响力。战略行动力主要评估战略决策者是否制定战略决策的有效实施途径（对关键成功因素设定优先项），实施战略决策目标的评估以及控制措施；战略影响力主要评估决策者通过建立信任、管理政治格局，凝聚人心，鼓舞大家为团队的决策目标奋斗。

以上评估能在一定程度上反映被试者在战略决策过程中领导力发挥的作用水平。得分在135~150分，表明被试者在战略决策过程中有卓越的战略领导力水平，能制定正确的战略决策，有效地实施战略，最终超额完成战略决策目标任务。得分在120~134分，表明被试者在战略决策过程中有良好的战略领导力水平，能制定比较正确的战略决策，有效地实施战略决策，并基本完成战略决策目标任务。得分在90~119分，表明被试者在战略决策过程中有一般的战略领导力，能制定战略决策，实施战略决策，战略决策目标任务完成率较低。得分在90分以下，表明被试者在战略决策过程中的战略领导力水平处于发展中，制定战略决策能力不足，实施战略决策能力不足，战略决策目标任务基本不能完成。建议被试者进一步提高在战略决策过程中的战略领导力水平。

由于本测试包括六个分量表，每个分量表有五个题目，因此，在对上面进行测试的基础上，被试者也可以尝试对被试者在战略决策过程中六个分量表中领导力发挥作用的水平进行测试，以发现自己的不足。

(1) **战略环境分析测试**（共40分）：该评估分数能在一定程度上反映被试者在影响战略决策的关键外部和内部因素评估方面的战略思考能力（环境扫描能力、达成共识能力）水平。

得分在36~40分，表明被试者有高水平的战略思考能力，能实时监控并有效识别影响战略决策的关键内部因素的变化及发展趋势（如政治、经济、社会、技术等外部关键因素，以及组织内的制造能力、研发能力、营销能力及管理能力等内部关键因素）。得分在32~35分，表明被试者有较高水平的战略思考能力，能监控并有效识别影响战略决策的关键内部因素的变化及发展。得分在24~31分，表明被试者有一般水平的战略思考能力，能识别影响战略决策的关键外部和内部因素的变化。得分在24分以下，表明被试者的战略思考能力处于发展过程中，不能识别影响战略决策的关键外部和内部因素的变化，或不重视对影响战略决策的关键外部和内部因素的监控。该分数段的被试者需要提升自己战略思考能力中的环境扫描能力和达成共识能力。

(2) **决策问题识别测试**（共40分）：该评估分数能在一定程度上反映被试者在制定组织的战略愿景、使命和战略目标方面的战略思考力（制定愿景能力、问题重述能力）水平。

得分在36~40分，表明被试者有高水平的战略思考能力，能结合利益相关者的考虑，科学地制定出明晰的组织战略愿景、使命和战略目标，便于组织进行下一步的战略决策。得分在32~35分，表明被试者有较高水平的战略思考能力，能结合利益相关者的考虑，能制定出组织的战略愿景和使命，但战略目标不明确，不便于组织进行下一步的战略决策。得分在24~31分，表明被试者有一般水平的战略思考能力，未考虑利益相关者的诉求，不能清晰地制定出组织的战略愿景、使命和战略目标，缺乏问题重述能力。得分在24分以下，表明被试者的战略思考能力处于发展过程中，缺乏制定愿景能力，不能制定出组织的战略愿景、使命和战略目标，或者认为组织的战略愿景、使命和战略目标不重要。该分数段的被试者首先要提升组织的战略愿景、使命和战略目标重要性的意识；其次需要继续提升自己战略思考能力中的制定愿景能力和问题重述能力。

（3）**决策环境分析测试**（共40分）：该评估分数能在一定程度上反映被试者在决策环境分析方面的战略思考能力（系统思考能力、达成共识能力）水平。

得分在36~40分，表明被试者有高水平的战略思考能力，能在制定战略决策前，对决策目标和标准、决策限制因素和决策方法、决策团队选择、战略决策过程模型选择等进行系统性思考，并达成共识。得分在32~35分，表明被试者有较高水平的战略思考能力，能在制定战略决策前，对决策目标和标准、决策限制因素和决策方法、决策团队选择、战略决策过程模型选择等进行系统性思考。得分在24~31分，表明被试者有一般水平的战略思考能力，在制定战略决策前，没有对决策目标和标准、决策限制因素和决策方法、决策团队选择、战略决策过程模型选择等进行系统性思考，对决策环境分析准备不足。得分在24分以下，表明被试者的战略思考能力在发展过程中，不能进行有效的决策环境分析，或不重视决策环境分析。该分数段的被试者首先要提高决策环境分析重要性的意识；其次，需要继续提高自己战略思考能力中的系统思考能力和达成共识能力。

（4）**决策备选方案制定和评估测试**（共40分）：该评估分数能在一定程度上反映被试者的战略思考力（系统思考能力）水平。

得分在36~40分，表明被试者有高水平的战略思考能力，能进行系统性思考，做出高质量的、具有合理风险规避的决策备选方案。得分在32~35分，表明被试者有较高水平的战略思考能力，能做出较高质量的、具有风险规避的决策备选方案。得分在24~31分，表明被试者有一般水平的战略思考能力，能做出一般质量的决策备选方案。得分在24分以下，表明被试者的战略思考能力处于发展过程中，不能做出决策备选方案或者认为制定决策前，决策备选方案的准备不重要。该分数段的被试者首先要认识到决策前决策备选方案准备的重要性；其次，需要提升自己的战略思考能力（系统思考能力），为做出高质量的决策备选方案而努力。

（5）**战略决策测试**（共40分）：该评估分数能在一定程度上反映被试者在战略决策内容（组织战略目标、关键战略驱动因素识别以及公司战略决策和业务战略决策），关键利益相关者都参与到战略决策中以及达成组织目标共识方面的战略思考力（系统思考能力、达成共识能力）与战略影响力水平。

得分在36~40分，表明被试者有高水平的战略思考能力，能制定出正确的组织战略目标、准确识别关键战略驱动因素，选择合适的公司战略和业务战略，同时让关键利益相关者都参与到战略决策中，并达成战略决策共识。得分在32~35分，表明被试者有较高水平的战略思考能力，能制定出组织战略目标，识别出关键战略驱动因素，并确定公司战略和业务战略，同时让关键利益相关者都参与到战略决策中，并达成战略决策共识。得分在24~31分，表明被试者有一般水平的战略思考能力，能制定出组织战略目标，不能有效识别出关键战略驱动因素，不能有效制定公司战略和业务战略，没有考虑让关键利益相关者都参与到战略决策制定中。得分在24分以下，表明被试者的战略思考能力处于发展中，不能制定出组织战略目标，不能识别出关键战略驱动因素，不能制定公司战略和业务战略，或者认为制定组织战略目标、识别关键战略驱动因素以及制定公司战略和业务战略等战略决策不重要。该分数段的被试者首先要认识到战略决策对组织短期和长远发展的重要性；其次，迫切需要继续提升自己的战略思考能力中的系统思考能力以及达成共识能力，以便能做出高质量的战略决策。

（6）**战略决策实施和评估测试**（共40分）：该评估分数能在一定程度上反映被试者在战略决策的实施和评估方面的战略行动力和战略影响力水平。

得分在36~40分，表明被试者有高水平的战略行动力和战略影响力，会正确选择适合的战略实施工具（组织机构、体系流程以及人员薪酬），合理地进行资源配置决策，并对战略决策的实施结果进行有效的评估以及控制，让决策战术和决策战略保持一致，同时会经常与关键利益相关者沟通战略，通过建立信任、管理组织政治格局，鼓舞大家为团队的决策目标奋斗，以保障战略决策目标的实现。得分在32~35分，表明被试者有较高水平的战略行动力和战略影响力，会选择比较适合的战略实施工具（组织机构、体系流程以及人员薪酬），做出比较正确的资源配置决策，并对战略决策的实施结果进行有效的评估以及控制，让决策战术和决策战略保持一致，同时也会与关键利益相关者沟通战略，通过建立信任、管理组织政治格局，鼓舞大家为团队的决策目标奋斗，以保障战略决策目标的实现。得分在24~31分，表明被试者有一般水平的战略思考能力，会选择战略实施工具（组织机构、体系流程以及人员薪酬）进行资源配置决策，并对战略决策的实施结果进行评估和控制，让决策战术和决策战略保持一致，有时也会与关键利益相关者沟通战略，通过建立信任、管理组织政治格局，鼓舞大家的个人行动与团队行动目标保持一致。得分在 24 分以下，表明被试者的战略思考能力处于发展过程中，不能选择合适的战略实施工具（组织机构、体系流程以及人员薪酬）进行合理的资源配置决策，有时也缺乏对战略决策的实施结果的监测、评估和控制，缺乏与关键利益相关者经常性的战略沟通，战略影响力不足以使组织内外利益相关者对被试者产生信任，愿意承诺个人目标和组织目标一致性承诺，或者认为战略决策实施和评估方面的战略行动力和战略影响力不重要。因此，该分数段的被试者首先要认识到战略决策实施和评估方面的战略行动力和战略影响力的重要性；其次，迫切需要战略决策实施和评估方面的战略行动力和战略影响力，以便保障战略决策实施的有效性和战略决策目标的实现。

通过比较上述六个各分量表的得分，可得出被试者在哪个方面更熟练掌握某种领导力技能。一个人可能同时在各个分量表测评中获得高分，也可能都获得低分。战略领导者要找出自己在上述六个领域中主要技能的弱点并加以提升，这才是测评的真正目的。研究表明，一项技能的优势不能轻易地弥补另一项技能的劣势，因此，有条理地优化所有战略领导力技能是很重要的。为了得到更清晰、更有用的结果，进行更长时间的调查，让同事或至少是您的经理对您的答案进行审查和评论是非常有必要的。

9.6.2　SWOT 分析领导力测试

指导语：在表 9-5 与表 9-6 给出的词语中分别挑选出五个对你来说符合自身公司情况的特征词语，再将每组中选出来的五个词语分别填写到表 9-7 中，并按照 1~5 分打分，"1" 表示在选出来的五个词语中程度最轻，"5" 表示程度最重。

注意：请根据公司的具体情况及尽可能多的事实信息客观、公正地选择与填写，而不是根据您所期望达到的目标选择与填写。

表 9-5　组织的内部资源（优势/劣势）

资源类型		具体内部资源				
有形资源	物质资源	原材料	运输工具	公司设备	公司房屋	公司地理位置
	财务资源	资金管理体系	财务信息资源	财务管理体制	财务分析决策工具	财务专用性资产

(续)

资源类型	具体内部资源				
无形资源	管理资源	管理系统	组织经验	品牌	商誉	组织文化
	技术资源	技术	产品工艺	商标	商业秘密	专利
	人力资源	员工技能	员工知识	员工年龄结构	员工素质	人岗匹配程度

表9-6 组织的外部环境（机遇/威胁）

外部因素	具体外部因素				
政治（Political）	国际关系	产业政策	国家财政和货币政策的变化	政府政策	组织和政府之间的关系
经济（Economic）	人均可支配收入水平	国家GDP增长趋势	通货膨胀率	银行的利率水平	汇率
社会文化（Social Culture）	地区性偏好	人口的年龄结构	消费者的价值观	不同地区人们的收入分布	组织的社会责任感
技术（Technological）	与竞争对手的技术水平差距	涉及公司产品的技术	生产经营中技术的成熟度	组织对关键技术的投资	最新技术的发展动向
环境（Environmental）	产品生产对自然环境的影响	地域环境因素	当地的环境问题	生产环境友好型产品	环保法规的遵守
法律（Legal）	基本法（《宪法》《民法》）	《劳动保护法》	《公司法》《合同法》	《消费者权益保护法》	世界性公约及条款

表9-7　SWOT分析量表

因素	分数				
优势					
	1	2	3	4	5
	1	2	3	4	5
	1	2	3	4	5
	1	2	3	4	5
	1	2	3	4	5
劣势					
	1	2	3	4	5
	1	2	3	4	5
	1	2	3	4	5
	1	2	3	4	5
	1	2	3	4	5
机遇					
	1	2	3	4	5
	1	2	3	4	5
	1	2	3	4	5
	1	2	3	4	5
	1	2	3	4	5
威胁					
	1	2	3	4	5
	1	2	3	4	5
	1	2	3	4	5
	1	2	3	4	5
	1	2	3	4	5

得分与解释：

以上评估主要测试SWOT矩阵的四方面：Strengths（优势）、Weaknesses（劣势）、Opportunities（机遇）与Threats（挑战）。

此测评需由公司领导团队的多人进行选择排序，每位被试者选择每组五个词语并打分、排序。领导团队经集中分析讨论，确定公司的优势、劣势、机遇和威胁，同时对照最后结果，可看出每位被试者是否能够正确分析公司的内外部环境，进行战略制定。

以上所列词语只代表组织可以参考的部分优势、劣势、机遇和威胁。如果想要非常精准的评估，建议可以根据个人及公司的具体情况增加关键因素。

9.6.3 SPACE分析领导力测试

1. 战略地位测试

指导语：请仔细阅读以下问题，每个问题从非常不符合到非常符合有五种选择（表9-8）。如果该描述明显不符合您或者您十分不赞同，请选择"1"；如果该描述多数情况下不符合您或者您不太赞同，请选择"2"；如果该描述半正确半错误，您无法确定或介于中间，请选择"3"；如果该描述多半符合您或者您比较赞同，请选择"4"；如果该描述明显符合您或者您十分赞同，请选择"5"。

注意：请根据您的实际想法打分，而不是根据您所期望达到的情况打分。

表9-8 战略地位评估量表

问题	非常不符合	不太符合	不确定	比较符合	非常符合
1. 从总体来说，公司的投资项目能带来较好的收益	1	2	3	4	5
2. 对于公司而言，在同行业中占有的市场份额较大	1	2	3	4	5
3. 竞争对手的技术变化不会对公司的生产和销售带来太大的变动	1	2	3	4	5
4. 我认为公司的产业具有很好的增长趋势，潜力很大	1	2	3	4	5
5. 我认为公司能够合理地使用资金杠杆	1	2	3	4	5
6. 我认为公司产品的质量在市场上有竞争力	1	2	3	4	5
7. 宏观经济的通货膨胀对公司的生产和销售不会带来太大影响	1	2	3	4	5
8. 我认为公司的盈利能力能够保持相对稳定且逐步增强	1	2	3	4	5
9. 我认为公司有较强的偿债能力	1	2	3	4	5
10. 公司的产品拥有较高的客户忠诚度	1	2	3	4	5
11. 客户的需求变动不会对公司生产和销售带来太大冲击	1	2	3	4	5

(续)

问　题	非常不符合	不太符合	不确定	比较符合	非常符合
12. 我认为公司的财务状况能够保持相对稳定且逐步变好	1	2	3	4	5
13. 我认为公司的流动资金充裕且方便使用	1	2	3	4	5
14. 我清楚地了解公司产品在同类竞争产品具有的优势，并能够充分加以利用	1	2	3	4	5
15. 竞争产品价格的变动对公司的经营不会产生太大影响	1	2	3	4	5
16. 公司对其拥有资源的利用效率很高	1	2	3	4	5
17. 当出现特殊情况时，我认为公司退出市场较为方便	1	2	3	4	5
18. 公司的产品有着专有生产技术知识支撑	1	2	3	4	5
19. 我认为公司经营的产业有较高的市场进入壁垒	1	2	3	4	5
20. 公司所经营的相关产业能够方便地进入市场	1	2	3	4	5
21. 在不断变化的经济环境中，公司的竞争地位能够保持相对稳定	1	2	3	4	5
22. 公司与供应商和经销商的关联很紧密，在合作方面公司更占有优势	1	2	3	4	5
23. 我认为激烈的竞争环境使公司更充满战斗力，而不是感到紧张与压力	1	2	3	4	5
24. 公司的产业能够保证较高的生产效率	1	2	3	4	5

得分与解释：

本测试共有24题，最高分为120分，包括四个分量表，每个分量表有六个题目，主要内容如下：

(1) **财务优势（FS）**：1、5、9、13、17、21。财务优势评估被试者对公司财务优势的有效了解程度，该量表分数越高，说明被试者认为公司财务优势越明显。

(2) **竞争优势（CA）**：2、6、10、14、18、22。竞争优势评估被试者对公司竞争优势的有效了解程度。该量表分数越高，说明被试者认为公司竞争优势越明显。

(3) **环境稳定性（ES）**：3、7、11、15、19、23。环境稳定性评估被试者对公司环境稳定性的有效了解程度。该量表分数越高,说明被试者认为公司环境稳定性越好。

(4) **产业优势(IS)**:4、8、12、16、20、24。产业优势评估被试者对公司产业优势的有效了解程度。该量表分数越高,说明被试者认为公司产业优势越明显。

以上评估能在一定程度上反映被试者对公司财务优势、竞争优势、环境稳定性以及产业优势四方面的理解情况。通过定量分析,从而判断出组织所认为其所处的战略位置。

2. 战略选择领导力测试

将四个分量表的评分值相加,再分别除以6,从而得出 FS、CA、IS 和 ES 各自的平均分,并填写表9-9。

表9-9 战略地位测试量表

FS 平均值	+ _____	IS 平均值	+ _____
CA 平均值	_____	ES 平均值	_____

将 FS 和 ES 平均值相加,将 CA 和 IS 平均值相加。

得分与解释:

1) 当 FS+ES 的平均值为正数、CA+IS 为平均值正数时,说明采取了进取战略,该组织正处于一种绝佳的地位,即可以利用自己的内部优势和外部机遇选择自己的战略模式,如市场渗透、市场开发、产品开发、后向一体化、前向一体化、横向一体化、混合式多元化经营等。

2) 当 FS+ES 的平均值为正数、CA+IS 的平均值为负数时,说明采取了竞争战略,包括后向一体化战略、前向一体化战略、市场渗透战略、市场开发战略、产品开发战略及组建合资组织等。

3) 当 FS+ES 的平均值为负数、CA+IS 的平均值为负数时,说明采取了防御战略,组织集中精力克服内部弱点并回避外部威胁,防御战略包括紧缩、剥离、结业清算和集中多元化经营等。

4) 当 FS+ES 的平均值为负数、CA+IS 的平均值为正数时,说明采取了保守战略,组织固守基本竞争优势而没有过分冒险,保守战略包括市场渗透、市场开发、产品开发和集中多元化经营等。

3. 专家测试

根据客观数据，对公司进行 SPACE 评估，从而判断被试者对公司 SPACE 定位的认知正确程度，进而对其领导力进行评价。

9.6.4 BCG 分析领导力测试

指导语：请思考公司目前有几种主要产品，把主要产品的名称填写在表 9-10 中。此外，根据自己的了解勾选相对市场占有率、市场增长率和每种产品现在选择的战略等。

注意：请根据公司的具体情况及尽可能多的事实信息客观、公正地填写，而不是根据您所期望达到的目标填写。

表 9-10　BCG 矩阵测试表

产品分类	相对市场占有率		市场增长率		市场前景					盈利能力					战略选择			
	0≤a<50%	50%≤a≤100%	-20%≤b<0	0≤b≤20%	好	较好	一般	较差	差	强	较强	一般	较弱	弱	发展	保持	收缩	放弃
产品 A																		
产品 B																		
产品 C																		
⋮																		

各指标的具体解释：

（1）**相对市场占有率**：公司某种产品的相对市场占有率=该产品本公司的市场占有率/该产品市场占有份额最大者的市场占有率。

（2）**市场增长率**：公司该产品的销售量或销售额的年增长率；时间可以是一年或三年甚至更长时间。

（3）**市场前景**：行业所经营的项目在市场需求及价格方面的变动趋势。

（4）**盈利能力**：获利能力（收益能力）。获利能力就是企业资金增值的能力，通常表现为企业收益数额的大小与水平的高低。获利能力指标主要包括营业利润率、成本费用利润率、盈余现金保障倍数、总资产报酬率、净资产收益率和资本收益率六项。实务中，上市公司经常采用每股收益、每股股利、市盈率、每股净资产等指标评价其获利能力。
(5) **战略选择**：公司围绕战略目标进行选择的活动。
　　1) 发展战略：以提高经营单位的相对市场占有率为目标，甚至不惜放弃短期收益。
　　2) 保持战略：投资维持现状，目标是保持业务单位现有的市场份额。
　　3) 收缩战略：主要是为了获得短期收益，目标是在短期内尽可能地得到最大限度的现金收入。
　　4) 放弃战略：目标在于清理和撤销某些业务，减轻负担，以便将有限的资源用于效益较高的业务。

得分与解释：

通过市场增长率与相对市场占有率两个因素相互作用，会出现四种不同性质的产品类型，形成不同的产品发展前景（表9-11）。

表9-11　战略选择及其对应的产品类型

战略选择	产品类型
发展战略	要使问题产品尽快成为明星产品，就要增加资金投入。适用于有发展、市场前景好的问题产品和明星产品
保持战略	适用于市场前景好、公司业务中占比大的金牛产品，使它们产生更多的收益
收缩战略	对市场前景不好的金牛产品及没有发展前途、市场前景不好的问题产品和瘦狗产品，应视具体情况采取这种策略
放弃战略	适用于无利可图、盈利能力弱的瘦狗产品和问题产品。公司必须对其产品加以调整，以使其投资组合趋于合理

根据被试者选择的区间，可以定位出各类产品属于哪一种产品类型，此类产品应该选择的战略在表9-11中也有对应。最终可以根据产品类型和被试者选择的战略进行对应，判断被试者是否能够正确使用BCG矩阵为不同的产品选择合适的战略。

9.6.5　GE分析领导力测试

1. 市场吸引力/竞争地位测试

指导语：请仔细阅读以下问题，每个问题从非常不符合到非常符合有五种选择（表9-12）。如果该描述明显不符合您或者您十分不赞同，请选择"1"；如果该描述多数情况下不符合您或者您不太赞同，请选择"2"；如果该描述半正确半错误，您无法确定或介于中间，请选择"3"；如果该描述多半符合您或者您比较赞同，请选择"4"；如果该描述明显符合您或者您十分赞同，请选择"5"。

注意：请根据公司的具体情况及尽可能多的事实信息客观、公正地打分，而不是根据您所期望达到的目标打分。

表9-12　GE矩阵测试（一）

问　　题	非常不符合	不太符合	不确定	比较符合	非常符合
1. 我认为公司所处行业的市场规模会吸引大量组织	1	2	3	4	5
2. 与行业的领头公司相比，公司的下设部门较为独立，且各部门拥有较独立的资产与实力	1	2	3	4	5
3. 我认为公司产品所处行业的市场增长率会吸引大量公司	1	2	3	4	5
4. 与行业的领头公司相比，公司有着更好的品牌形象	1	2	3	4	5
5. 我认为公司产品所处行业的市场收益率会吸引大量公司	1	2	3	4	5
6. 与行业的领头公司相比，公司的产品或服务在市场中占有更大份额	1	2	3	4	5
7. 我认为公司经营的产品或服务价格变动的规律和趋势会吸引大量公司	1	2	3	4	5
8. 与行业的领头公司相比，公司的产品或服务有着更高的顾客忠诚度	1	2	3	4	5
9. 行业内竞争对手之间的竞争越激烈，对公司越有利	1	2	3	4	5
10. 与行业的领头企业相比，公司的产品或服务在成本方面更加稳定	1	2	3	4	5
11. 我认为公司产品所处行业的投资风险适宜，会吸引大量公司	1	2	3	4	5
12. 与行业的领头公司相比，公司的相对利润率较高	1	2	3	4	5
13. 我认为公司产品的行业障碍较低，会吸引大量公司	1	2	3	4	5
14. 与行业的领头公司相比，公司的分销渠道及产品生产能力更强	1	2	3	4	5

(续)

问 题	非常不符合	不太符合	不确定	比较符合	非常符合
15. 我认为公司所提供给客户的产品或服务,有方法引发客户偏好的特殊性,使客户能够有效区别同类竞争产品,这种特点会吸引大量公司	1	2	3	4	5
16. 与行业的领头公司相比,公司的技术研发与其他创新活动处于较为领先的地位	1	2	3	4	5
17. 我认为公司所经营的产品或服务的客户需求呈现较为稳定的上升趋势,会吸引大量公司	1	2	3	4	5
18. 与行业的领头公司相比,公司的产品或服务质量更好	1	2	3	4	5
19. 与竞争对手相比,公司产品或服务有着更加稳定的由供应商、生产者、批发商和零售商组成的统一联合体	1	2	3	4	5
20. 与行业的领头公司相比,公司有着更强的融资能力	1	2	3	4	5
21. 我认为公司产品的技术发展很快,会吸引大量公司	1	2	3	4	5
22. 与行业的领头公司相比,公司有着更强的管理能力	1	2	3	4	5
23. 公司的产品或服务价格受到客户议价的影响较小	1	2	3	4	5
24. 与行业的领头公司相比,公司拥有更强的技术诀窍	1	2	3	4	5
25. 我认为公司产品或服务的可替代性较低,不易被取代	1	2	3	4	5
26. 与行业的领头公司相比,公司在某些方面拥有独特能力	1	2	3	4	5

得分与解释:

本测试共有26题,最高分为130分,包括两个分量表,每个分量表有13个题目,主要内容如下:

(1) **市场吸引力**:1、3、5、7、9、11、13、15、17、19、21、23、25。市场吸引力评估被试者对公司产品或服务所处行业的外部因素做出的评价。该量表分数越高,说明被试者认为公司产品或服务所处行业的外部吸引力越强。

(2) **竞争地位**：2、4、6、8、10、12、14、16、18、20、22、24、26。竞争地位评估被试者对公司产品或服务在所处行业中的竞争优势做出的评价。该量表分数越高，说明被试者认为公司产品或服务的竞争优势越明显。

以上评估能在一定程度上反映公司的竞争地位和产品或服务所处行业的市场吸引力。通过定量分析，帮助公司描述不同的战略经营单位的竞争状况，并帮助指导在各战略经营单位之间合理地配置资源。

2. 战略选择评估

分别对公司各种产品的市场吸引力和公司竞争地位加总后，得分分别除以13，按平均分划分为大（强）、中、小（弱），从而形成九种组合方格以及三个区域。对每个分量表来说，得分在52~64分，属于大（强）；得分在27~51分，属于中；得分在26分及以下，属于小（弱）（表9-13）。按照两个分量表的分数判断公司处于象限中的位置。

表9-13　GE矩阵测试（二）

评估因素	得分	产品A	产品B	产品C	...
市场吸引力	52~64分				
	27~51分				
	26分及以下				
竞争实力	52~64分				
	27~51分				
	26分及以下				
市场前景	好				
	较好				
	一般				
	较差				
	差				
盈利能力	强				
	较强				
	一般				
	较弱				
	弱				

(续)

评估因素	得分	产品A	产品B	产品C	…
战略选择	成长—渗透 扩大投资，尽量谋求主导地位				
	选择性收获或投资 选择细分市场，加大投入				
	发展性投资，市场细分以谋求主导地位				
	选择性投资或剥离，专门化，采取并购策略				
	细分市场或选择性投资，选择细分市场，专门化				
	收获现金，维持低位				
	有控制的投资或剥离，专门化，谋求小块市场份额				
	快速退出或作为攻击性业务				
	有控制的收获，减少投资				

得分与解释：

每种产品对应的战略选择见表9-14。

表9-14 GE矩阵的战略选择

市场吸引力	竞争地位 高	竞争地位 中	竞争地位 低
高	成长—渗透 扩大投资，尽量谋求主导地位	发展性投资 市场细分以谋求主导地位	选择性投资或剥离 专门化，采取并购策略
中	选择性收获或投资 选择细分市场，加大投入	细分市场或选择性投资 选择细分市场，专门化	有控制的投资或剥离 专门化，谋求小块市场份额
低	收获现金 维持低位	有控制的收获 减少投资	快速退出或作为攻击性业务

客户处于左上方三个方格的业务最适合采取增长与发展战略，客户应优先分配资源；处于右下方三个方格的业务，一般采取停止、转移、撤退战略；处于对角线三个方格的业务，应采取维持转型有选择地发展的战略，保护原有的发展规模，同时调整其发展方向。

专家评估：

根据客观数据，对公司进行 GE 评估，从而判断被测试者对公司定位的认知正确程度，进而对其领导力进行评价。

第 10 章 战略方向制定

愿景（Vision）的概念在许多关于变革型领导的观点中处于中心地位（Bennis & Nanus，1985；Nanus，1992）。通用电气公司（GE）的杰克·韦尔奇（Jack Welch）表示，好的商业领袖创造一个愿景，清晰地表达这个愿景，热情地拥有这个愿景，并不懈地推动它实现（Tichy & Charan，1989）。的确，正如韦斯特利（Westley）和明茨伯格（1989）所说：对于许多人来说，领导力和战略的概念现在已经被融合进了战略愿景的概念中。

战略会对整个组织当前及长远的发展产生重大影响。战略领导者要带领团队制定组织战略，发起组织变革，从而为组织在未来赢得竞争优势。在战略分析阶段，领导者首先要引领战略方向，确立组织的愿景、使命、价值观以及目标，确保组织采取正确的战略行动，最终实现高绩效及可持续发展。

10.1 愿景型领导

愿景是指组织战略家对组织前景和发展方向的高度概括和描述。它由组织内部成员讨论制定，使组织达成一致共识，并形成大家愿意全力以赴的未来方向。愿景回答的是"我们想成为什么"。它基于现实情况制定，描绘了一个优于现实的光明前景。它可以使每个组织成员坚定信念，对未来充满雄心壮志，都朝着同一个方向奋斗。把组织或者团队带上通向愿景的道路，需要领导者发挥高效的领导力。

一个有效的愿景能使组织中的每一个员工形成对组织的整体理解，并为整个组织的目标服务。愿景能够实现四个方面的作用：首先，愿景能将组织现在做的事情和组织在未来渴望实现的事情连接起来。领导者需要带领组织在满足当下需求和完成当前任务的同时，保持长远的目光。其次，愿景能够激励人并使人保持专注力。当人们对一个组织所期望的未来有明确认识时，他们更愿意为该组织达成期望。一个明确的愿景使人们清楚他们应该做什么，以及不该做什么。再次，愿景赋予人们工作的意义。它超越物质，使人们认识到工作的意义和目的。通常，人们不愿意只为增加物质待遇去做情感上的承诺，但是会对一些真正有意义的事情做出承诺，如使人的生活更精彩或改进整个社会。一个好的愿景可以使人们在工作中找到意义与尊严，在工作中获得荣誉感。最后，愿景会促进建立卓越和诚信的标准。一个好的愿景阐明并连接一个组织的核心价值及理念，从而建立一个员工诚信的标准，它能激发员工最大的潜力，并使他们成为高于组织的一部分。

愿景能将未来和现在更好地联系在一起，让员工看到自己工作的意义，从而对工作更加积极主动。作为领导者，应该创建一个积极的愿景，并充分发挥愿景的作用，激发员工的行动力。

一个强有力的愿景包含四个要素：广泛的吸引力、帮助组织应对变革、体现崇高的理想、确定组织的终极目标。

①理想的愿景必须要有广泛的吸引力，能被整个组织认同。它能聚集所有人的注意力，并激励他们一起为实现愿景而努力。②有效的愿景能够帮助组织应对巨大变革。有了明确的愿景指导时，员工面对变革过程中带来的困难与不确定就会更加勇于迎接挑战，知道该如何行动。③好的愿景能够体现崇高的理想，启发振奋人们。这样的愿景能满足员工更高层次的需求，让员工感到自己很重要，并相信自己能够有所作为。④一个好的愿景不仅包含理想的未来期望，还应该能够整合基本价值来帮助组织达成期望的目标。

作为领导者，要与员工共同创造愿景，让每个人都密切参与到建设未来的过程中。通过共同创造，每个人都能对愿景有更深入的了解并承诺实现它，这可以促进员工在情感上与组织紧密相连，使整个组织都朝着共同的方向努力。

10.2 使命型领导

使命是组织的核心目标及组织存在的根本原因，它回答的问题是"我们的业务是什么"。使命确立了组织的核心价值观和存在的原因，是组织在更高层面的"立场"。使命由两个重要部分组成：核心价值和核心目的。核心价值使组织在面对不断变化的技术、经济状况、内外部环境时，仍然能够保持初心。使命包含的核心目标可以让员工了解工作的方向。当人们将他们的工作和更高的目标结合起来时，工作本身就变成了一种动力，他们工作起来就会特别投入，有强烈的自豪感和忠诚感，工作就会更有效率。有效的使命并不仅仅描述产品或服务，更能让人们理解组织存在的意义。

理想的使命陈述应该包括九个构成要素和九个特征。九个构成要素包括组织的客户、产品或服务、市场、技术、关注生存、发展与盈利能力、基本理念、自我认知、关注公共形象、关注员工。使命陈述的九个特征为内容具有概括性、长度不超过250个字、表述振奋人心、可以识别组织产品的用途、表明组织承担社会责任、表明组织对环境保护承担责任、包含九大构成要素、可调和、可持续。好的使命陈述应该鼓舞人心，激励利益相关者采取行动，并经久不衰。

伟大的使命能够让员工感觉到自己做的事情很重要，并会对世界产生积极影响。作为领导者，要为组织确立高尚的使命，以此来激励和引领下属更好地表现，并且帮助组织保持竞争优势。组织使命（我们目前是什么）着重对外公开宣布，便于社会了解和监督，较为抽象；组织愿景（我们想成为什么）着重对内公布，重在发挥激励员工和规范组织的发展方向，较为具体。组织使命是愿景的起点，愿景的确定必须从使命出发，使命成为愿景的组成部分。

10.3　价值观领导

价值观是一个人对值得的和需要的事物拥有的一种信念，是对好与坏、正确与错误的判断。好的价值观能够引领组织"做正确的事"，制定正确的战略方向，它会影响组织中每个人的态度和行为，进而影响组织的绩效。战略领导者必须在相互竞争的价值观体系和优先排序中做出选择，坚持做正确的事。价值观会影响领导对事情的认知，并会影响他们在制定战略方向时的倾向。领导者想要达到高绩效，就要认识自己的价值观，并意识到价值观是怎样影响自己行动和组织结构的。

根据人们对行为和结果的倾向不同，价值观可以分为手段型和结果型两类。手段型价值观是指相信某些行为对实现目标是有帮助的，包括帮助他人、保持诚实和展现勇气等。手段型价值观分为两类：道德层面和能力层面。人们用以达到目标的方法可能会违背道德价值观，或者不符合对才能、能力的理解。结果型价值观是指相信某种目标或结果是值得追求的。比如，有些人把人身安全、生活舒适、身体健康看作比其他任何事情都重要的目标，还有些人或许重视社会认可度、愉悦感、刺激的生活。结果型价值观也分为两种类型：个人的和社会的。例如，成熟地去爱是个人的结果型价值观，而平等是社会的结果型价值观。尽管每个人同时具备手段型价值观和结果型价值观，但每个人的价值观的优先顺序不同，了解自己的价值观是战略领导力的本质要求。

10.4 战略与目标领导

愿景与使命会对组织的战略制定和战略实施产生影响。战略目标是愿景和使命的具体表达，领导者要依据组织核心价值观中表达的基本价值与目标制定组织战略（D. C. Hambrick & J. W. Fredrickson，2001）。组织愿景和使命必须转化成指导战略行动的可度量的目的和目标。通过将组织愿景和使命与具体可度量的目的和目标联系起来，战略制定和战略实施之间建立了联系。平衡计分卡将组织愿景和战略转化成由财务、顾客、内部业务流程以及学习成长四个维度的战略目标指标体系，来评估组织的有形业绩。

1. 战略

战略是组织实现长期目标所使用的方法，它会影响组织在未来五年甚至更长时间内的发展。描绘未来期望的愿景与强烈的使命感对组织的长远发展十分重要，但是只有它们还不足以确定明确的战略方向。如果想要获得成功，领导者还需要将战略愿景和使命转化为明确的绩效目标。研究表明，对未来的战略性思考与规划可以对公司在业绩和财务上取得成功产生积极的影响。制定一个足够高远的绩效目标能够激发组织竭尽全力去实现最好的结果。绩效目标能够为员工提供一个明确的方向，推动组织在提高财务绩效和市场地位方面更加具有目的性，通过追求雄心勃勃的战略目标来展现公司的战略意图，并集中全部资源和战略行动来实现这个目标。

2. 战略目标

战略目标是组织愿景和使命的具体化和明确化，是组织在某一段期限内所要达到的预期结果，是组织对某种竞争优势的追求。战略制定之后就形成战略目标体系。一般来说，战略目标表述需要满足 SMART 原则：①具体性（Specific）：具体、明确；②可测量性（Measurable）：可量化、结果可考核；③可实现性（Attainable）：战略目标要适中，可达到，有挑战性，对员工有激励性；④相关性（Relevant）：围绕使命，相互关联；⑤时间性（Time-bound）：有完成期限，可追踪。战略目标应该包括目的（Goal）和目标（Objective）两个层面。目的称为总目标，具有最终、长期特性，可在可持续的基础上增加新内容。后者指具体目标，属于组织目的总体框架，为组织及员工提供具体方向，有明确的完成期限。组织目的和目标是相互一致、相互支撑的。目的必须依据组织既定的使命来制定，而具体目标必须支持组织目的（总目标）的实现。最高层次的战略目标与组织目的（总目标）是同一含义，而战略子目标（具体目标）要依据战略总目标的要求进一步具体化。

按照目标层次来划分，战略目标可分为总体目标、中间目标（各职能系统、部门、单位的目标）和具体目标（基层、岗位、个人的目标）。按照目标的关注重点划分，战略目标可分为以下类型：

（1）**关注顾客**。业绩目标：①收益类：资本利润率、销售利润率、资本周转率；②成长性：销售额成长率、市场占有率、利润增长率；③稳定性：自由资本比率、附加价值增长率、盈亏平衡点。

（2）**关注能力开发**。能力目标：①综合能力：战略分析能力、战略决策能力、战略执行能力、战略评估和控制能力、组织能力、组织文化、管理体系、激励机制、品牌商标等；②研发能力（新产品比例、专利数量、技术创新能力）；③生产制造能力（生产能力、质量水平、合同执行率、成本降低率、供应链管理能力）；④市场营销能力（市场开发能力、服务水平、推销能力）；⑤人事组织能力（职工流动率、职务安排合理性、薪酬机制合理性、员工职业规划晋升通道）；⑥财务能力（资金筹集能力、资金运用效率）。

（3）**关注社会责任**。社会效益目标：①顾客：提高产品质量、降低产品价格、及时配送、提高服务水平；②股东：分红率、股票价格、股票收益率；员工：工资水平、职工福利、能力开发、士气等。

在设立目标时，一般需要设立一个与财务绩效相关联的财务目标，还有一个与公司对市场地位和竞争地位相关的战略目标。设定和实现财务目标对组织而言是必要的，因为没有充足的财务实力，就会威胁组织的长期发展和生存，最终使组织处于危险境地。然而，只有良好的财务表现是不够的，更加重要的是组织的战略绩效，它能显示组织的市场地位是恶化、稳定还是提高了。较高的市场地位和强劲竞争实力还会促进财务绩效的提升。这两个目标都应该包括短期和长期的绩效目标。短期目标一般是季度或年度目标，主要是集中精力在当前这段时期内提升绩效表现并满足股东期望；长期目标一般是3~5年的目标，主要是促使领导者思考如何让组织实现最优长期绩效。财务绩效的测量标准是"滞后指标"，反映了公司过去的决定和组织活动的结果。组织的战略目标是未来财务绩效和经营前景的"领先指标"，能反映组织的竞争实力和市场地位的提升。如果在长期目标和短期目标之间产生了矛盾，必须进行取舍，长期目标应该优先于短期目标，因为长期目标有助于克服短视的管理理念和过分关注短期利益。因此，利用绩效衡量体系在财务目标和战略目标之间达到平衡非常重要。最常用的平衡财务目标和战略目标的方法之一是平衡计分卡。

3. 平衡计分卡

卡普兰（Kaplan）和诺顿（Norton）的平衡计分卡（Balanced Score Card，BSC）是一种战略方法和绩效管理系统，使组织能够将公司的愿景和战略转化为执行。平衡计分卡从四个方面考量：财务、客户、内部业务流程、学习与成长角度（图10-1）。平衡计分卡也是一种绩效管理方法，用于战略目标的分解，帮助领导者从四个关键方面根据愿景和战略来评价组织绩效及经营单位绩效。此外，平衡计分卡可以作为在组织范围内交流愿景、使命和战略的工具，也可以在决定战略预算的构成和费用总额时发挥重要作用，还可以看作是战略管理过程中目的和目标的详细汇总。最根本的是，管理者必须将每一领域里有形和无形的战略目标转化为用以衡量目标的具体测评标准，然后再为绩效测评设置具体目标值，并未实现预期的目标值而发起行动。每一方面的核心内容如下：

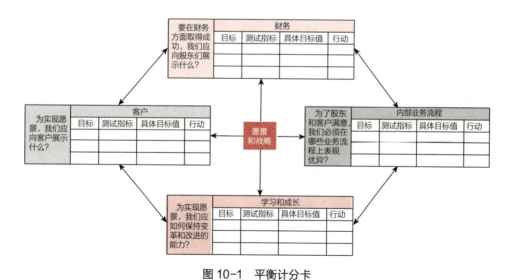

图 10-1　平衡计分卡

（1）**财务**（Financial）。财务视角主要采用财务业绩指标，可以显示组织的战略及其实施和执行是否对改善组织盈利做出贡献。财务目标通常与获利能力有关。其衡量指标有现金流、流动比率、应收账款周转率、销售利润率、资产回报率等，也可能是销售额的迅速提高或创造现金流量。但问题是，目前对财务的强调导致了其他方面"不平衡"的情况。也许需要在这一类别中列入与财务有关的额外数据，如风险评估和成本效益数据。

(2) 客户（Customer）。最近的管理理念表明，在任何业务中，客户焦点和客户满意度的重要性越来越被人们所认识。这些都是领先的指标：如果客户不满意，他们最终会找到其他供应商来满足他们的需求。因此，从这个角度来看，不佳的业绩是衰退的主要因素。在制定满意度指标时，管理者应根据客户类型和能为这些客户群体提供产品或服务的过程类型来分析客户。管理者确立其业务单位将竞争的客户和市场，以及业务单位在这些目标客户和市场中的衡量指标，使业务单位的管理者能够阐明客户和市场战略，从而创造出出色的财务回报。其衡量指标通常包括客户满意度、客户保持率、客户获得率、客户需求，以及在目标市场中所占的份额。

(3) 内部业务流程（Internal Business Processes）。此视角的度量可以使领导者了解他们的业务运行情况，以及其产品和服务是否符合客户需求（任务）。这些指标必须由最熟悉这些过程的人仔细设计。除战略管理流程外，还可确定两种业务流程：任务导向型流程和支持流程。任务导向型流程是治理工作的特殊功能，在这些过程中会遇到许多独特的问题。支持流程本质上更具有重复性，因此更容易使用通用指标进行度量和基准测试。领导者要确认组织擅长的关键内部流程，这些流程帮助业务单位提供价值主张，以吸引和留住目标细分市场的客户，并满足股东对卓越财务回报的期望。其衡量指标通常包括关键性内部流程、资产利用率、价值链中的创新、营运和售后服务流程等。

(4) 学习与成长（Learning and Growth）。该视角包括员工培训和与员工与组织自我提升相关的组织文化态度。在知识型员工组织中，人是主要资源。在当前技术快速发展变化的环境下，知识型员工必须不断学习。组织机构常常发现自己无法雇用到新的技术工人，同时现有雇员的培训也在下降。卡普兰和诺顿强调，"学习"不仅仅只是"培训"，它还包括这样一些事情，如组织内的导师，以及员工之间的便利沟通，使他们在需要时很容易得到关于问题的帮助，此外，它还包括内联网等技术工具。

平衡计分卡的前三个层面一般会揭示组织的实际能力与实现突破性业绩所必需能力之间的差距。为了弥补这个差距，组织必须投资于员工技术的再造、组织程序和日常工作的理顺，这些是平衡计分卡学习与成长层面追求的目标。其衡量指标通常包括员工满意度、员工保持率、员工培训和技能等，以及这些指标的驱动因素。

将这四个视角整合到一个图形化、吸引人的图片中，使得平衡计分卡在基于价值的管理哲学中成为一种非常成功的方法。平衡计分卡包含五项平衡：

①财务指标和非财务指标的平衡;②组织的长期目标和短期目标的平衡;③结果性指标与动因性指标之间的平衡;④组织内部群体与外部群体的平衡;⑤领先指标与滞后指标之间的平衡。

10.5 测测你的战略方向领导力

10.5.1 组织战略方向领导力评估

指导语:请仔细阅读以下问题,每个问题从非常不符合到非常符合有五种选择(表10-1)。如果该描述明显不符合您或者您十分不赞同,请选择"1";如果该描述多数情况下不符合您或者您不太赞同,请选择"2";如果该描述半正确半错误,您无法确定或介于中间,请选择"3";如果该描述多半符合您或者您比较赞同,请选择"4";如果该描述明显符合您或者您十分赞同,请选择"5"。

注意:请根据您的实际行为打分,而不是根据您所期望达到的行为打分。

表10-1 组织战略方向领导力评估

问题	非常不符合	不太符合	不确定	比较符合	非常符合
1. 我对组织的价值观有清晰的理解	1	2	3	4	5
2. 我所在的组织有五年或以上的长远规划	1	2	3	4	5
3. 我会与下属一起讨论制定公司的愿景、使命、价值观	1	2	3	4	5
4. 我会帮助我的下属了解组织目标并告诉他们如何实现目标	1	2	3	4	5
5. 当遇到问题时,比起现实利益,我更倾向于依据自己的价值观进行分析决策	1	2	3	4	5
6. 我会确保制定的目标能够按时完成	1	2	3	4	5
7. 组织的愿景能被所有员工认同,并且能激励他们一起努力	1	2	3	4	5
8. 我了解行业的关键成功要素	1	2	3	4	5
9. 我认为组织的使命抓住了行业的实质	1	2	3	4	5
10. 在绩效考评中,我会同时制定盈利指标和社会责任指标	1	2	3	4	5

(续)

问题	非常不符合	不太符合	不确定	比较符合	非常符合
11. 我会引导下属为组织共同的价值观而努力	1	2	3	4	5
12. 我认为组织选择了正确的战略方向	1	2	3	4	5
13. 组织的使命描述了组织的目的、客户、产品或服务、市场、哲学以及核心技术	1	2	3	4	5
14. 组织在制定战略的过程中,充分考虑了内外部关键因素	1	2	3	4	5
15. 组织的使命体现了利益相关者的需求	1	2	3	4	5
16. 我会设立有效的激励机制引导下属主动完成组织目标	1	2	3	4	5

得分与解释:

本测试共有16题,最高分为80分,包括两个分量表,每个分量表有八个题目,主要内容如下:

(1) **愿景、使命、价值观领导**:1、3、5、7、9、11、13、15。愿景、使命、价值观领导主要评估被试者是否了解或制定了组织的愿景、使命、价值观,在做决策及制定整个组织的战略方向时,是否与组织的愿景、使命、价值观一致。

(2) **战略与目标领导**:2、4、6、8、10、12、14、16。战略与目标领导主要评估被试者是否有清晰的个人目标以及能够为整个组织的战略制定目标方向,并能较好地处理短期目标与长期目标的矛盾。

以上评估能在一定程度上反映被试者制定战略方向领导力水平的高低。得分在65~80分,表明被试者具有高水平,能够为组织制定明确的战略方向;得分在50~64分,表明被试者具有较好的水平制定战略方向;得分在35~49分,表明被试者属于中等水平;得分低于35分,表明被试者处于低水平。

10.5.2 个人价值观类型评估

指导语:在表10-2给出的两组词语中,分别勾选五个对您来说最重要的价值观。将每组中选出来的价值观分别按照"1~5"分打分,"1"表示最不重要,"5"表示最重要。

表 10-2 个人价值观类型评估

价值观	分数					价值观	分数				
舒适的生活	1	2	3	4	5	雄心壮志	1	2	3	4	5
平等	1	2	3	4	5	心胸开阔	1	2	3	4	5
刺激的生活	1	2	3	4	5	有能力	1	2	3	4	5
家人平安	1	2	3	4	5	高兴	1	2	3	4	5
自由	1	2	3	4	5	洁净	1	2	3	4	5
健康	1	2	3	4	5	有勇气	1	2	3	4	5
内心和谐	1	2	3	4	5	能够原谅	1	2	3	4	5
成熟地去爱	1	2	3	4	5	对他人有帮助	1	2	3	4	5
国家安全	1	2	3	4	5	诚实	1	2	3	4	5
愉悦	1	2	3	4	5	想象力丰富	1	2	3	4	5
解救	1	2	3	4	5	知识丰富	1	2	3	4	5
自我尊重	1	2	3	4	5	有逻辑	1	2	3	4	5
成就感	1	2	3	4	5	有爱的能力	1	2	3	4	5
获得社会认可	1	2	3	4	5	忠实	1	2	3	4	5
拥有真正的友谊	1	2	3	4	5	顺从	1	2	3	4	5
有智慧	1	2	3	4	5	礼貌	1	2	3	4	5
世界和平	1	2	3	4	5	有责任感	1	2	3	4	5
世界美丽	1	2	3	4	5	自我控制力强	1	2	3	4	5

得分与解释：

以上评估主要测试被试者的个人价值观属于结果型价值观还是手段型价值观，其中左边一组是结果型价值观，右边一组是手段型价值观。

结果型价值观分为个人的和社会的。例如，"成熟地去爱"是个人的结果型价值观，而"平等"是社会的结果型价值观。分析被试者选择的五个结果型价值观并按等级排序，判断其主要的结果型价值观是倾向于个人还是社会。当领导者做出重大决定时，个人价值观会在一定程度上影响其选择。

手段型价值观分为道德层面和能力层面。人们用以达到目标的方法或许会违背道德价值观或者不符合对才能、能力的理解。分析被试者选择的五个手段型价值观并按等级排序，判断主要的手段型价值观是倾向于道德层面还是能力层面。

注意：以上所列价值观不代表所有的结果型价值观和手段型价值观。如果另外罗列出不同的价值观，结论可能会不同。如果想要非常精准地评估真实的结果型或者手段型价值观，建议可以根据个人及组织的具体情况增加价值观评估项目。

10.5.3 平衡计分卡评估

指导语：请仔细阅读以下问题，每个问题从非常不符合到非常符合有五种选择（表10-3）。如果该描述明显不符合您或者您十分不赞同，请选择"1"；如果该描述多数情况下不符合您或者您不太赞同，请选择"2"；如果该描述半正确半错误，您无法确定或介于中间，请选择"3"；如果该描述多半符合您或者您比较赞同，请选择"4"；如果该描述明显符合您或者您十分赞同，请选择"5"。

表10-3 平衡计分卡评估

问　题	非常不符合	不太符合	不确定	比较符合	非常符合
1. 公司非常重视财务现金流的稳定	1	2	3	4	5
2. 我认为公司近三年来的新客户获得率与竞争对手相比较高	1	2	3	4	5
3. 我非常了解公司的关键性内部流程	1	2	3	4	5
4. 公司能够有较高的员工保持率	1	2	3	4	5
5. 公司能够保持较高的财务流动比率	1	2	3	4	5
6. 我认为公司能够保持较高的客户满意度	1	2	3	4	5
7. 我认为公司努力保持较高的资产利用率	1	2	3	4	5
8. 我认为公司能够保持较高的员工满意度	1	2	3	4	5
9. 公司能够保持适度的应收账款周转率	1	2	3	4	5
10. 我认为公司拥有的回头客比例与竞争对手相比较高	1	2	3	4	5

(续)

问题	非常不符合	不太符合	不确定	比较符合	非常符合
11. 我认为公司非常重视提升售后服务质量	1	2	3	4	5
12. 我认为公司注重对员工技能等方面的持续性培训	1	2	3	4	5
13. 公司能够保持较高的销售利润率	1	2	3	4	5
14. 我认为公司非常努力地争取产品在目标市场中的份额	1	2	3	4	5
15. 公司十分重视价值链中的创新、营运和售后服务流程	1	2	3	4	5
16. 我认为公司一直致力于不断优化各部门工作流程	1	2	3	4	5
17. 公司能够保持较高的资产回报率	1	2	3	4	5
18. 我认为公司非常努力地评估、预测客户的需求	1	2	3	4	5
19. 公司会重点衡量那些与客户和财务目标息息相关的流程	1	2	3	4	5
20. 公司制定了诸多举措，以提高自身的创新能力	1	2	3	4	5

得分与解释：

本测试共有20题，最高分为100分，包括四个分量表，每个分量表有五个题目，各分量表最高分为25分，主要内容如下：

(1) **财务层面**：1、5、9、13、17。财务业绩指标可以显示组织的战略及其实施和执行是否对改善组织盈利做出贡献。财务目标通常与组织的获利能力有关。

(2) **客户层面**：2、6、10、14、18。领导者确立了其业务单位将竞争的客户和市场，以及业务单位在这些目标客户和市场中的衡量指标，使业务单位的管理者能够阐明客户和市场战略，从而创造出出色的财务回报。

(3) **内部业务流程层面**：3、7、11、15、19。领导者要确认组织擅长的、关键的内部流程，这些流程帮助业务单位提供价值主张，以吸引和留住目标细分市场的客户，并满足股东对卓越财务回报的期望。

(4) **学习与成长层面**：4、8、12、16、20。平衡计分卡的前三个层面一般会揭示组织的实际能力与实现突破性业绩所必需能力之间的差距，为了弥补这个差距，组织必须投资于员工技术的再造、组织程序和日常工作的理顺，这些就是平衡计分卡学习与成长层面追求的目标。

以上评估能在一定程度上反映被试者对平衡计分卡四个方面因素的重视程度。各分量表的得分高低可以看出被试者对平衡计分卡各组成因素的重视程度。每个分量表得分在 20~25 分，表明被试者十分重视这个因素；得分在 15~19 分，表明被试者比较重视这个因素；得分在 10~14 分，表明被试者不太重视这个因素；得分低于 10 分，表明被试者完全不重视这个因素。

四个分量表分数加总，得分在 80~100 分，表明被试者对平衡计分卡的各个因素都十分重视，能够实施前期制定的战略；得分在 60~79 分，表明被试者对平衡计分卡的多个因素都比较重视，能够在一定程度上实施前期制定的战略；得分在 40~59 分，表明被试者对平衡计分卡的多个因素都不太重视，不太能实施前期制定的战略；得分低于 40 分，表明被试者完全不会实施前期制定的战略。

第11章 战略实施

战略实施（Strategic Execution/ Strategic Implementation）是指在战略领导者的支持下，把战略制定阶段所确定的意图性战略转化为具体的组织行动，以保障战略实现预定目标。它要求一个组织在组织结构、经营过程、能力建设、资源配置、组织文化、激励制度、治理机制等方面做出相应的变化和采取相应的行动。在本组织与已知和未知的现实和可能性进行斗争时，在过去、现在和未来之间架起一座桥梁，确保连续性和完整性。战略领导开发、关注并使组织的结构、人力和社会资本和能力能够满足当前的机遇和威胁（Boal，2004）。能够探索和维持核心竞争力，为组织创造长期的竞争优势，发展和管理人力资本、维持有效的组织文化、强调伦理实践、平衡组织控制（Ireland & Hitt，1999）。今天，大多数组织都意识到战略实施不力造成了绩效差距。卡普兰和诺顿在1992年提出了平衡计分卡的概念，使战略实施有效性评估成为可能。战略实施作为组织战略的重要组成部分，涉及组织中的每个人，它可能是耗时的，并且需要一个短期和长期的重点。战略实施可以定义为将战略转化为创造竞争优势所需的所有行动（De Flander，2012）。战略实施是一种领导技能，它能在组织中培养协作、良好沟通、授权、责任和绩效管理的文化。吉姆·柯林斯（Jim Collins）在其畅销书《从优秀到卓越：为什么有些公司会实现飞跃》中得出结论：并不是只有战略才能区分好坏，战略实施也是一个关键因素。与此类似，罗伯特和卡普兰的研究表明，拥有正式战略实施系统的组织，其成功概率是那些没有这种系统的组织的2~3倍（Rajesh Singh）。

在本章中，我们从战略目标、组织结构、体系流程、人员和薪酬四方面进行阐述领导力发挥的作用。运用平衡计分卡从财务、客户、内部业务流程、学习与成长四个角度，对领导者的任务活动进行测评，通过定量分析，对领导者在战略实施层面的领导力进行评估，从而为领导者有效地进行战略实施提供帮助。

11.1 组织结构与战略匹配

组织结构与战略之间存在相互作用的关系。这种关系实际上是战略制定与战略实施的相互关联。一般来说，结构都是跟随战略的选择。有些时候，结构能影响当前的战略行动和未来的战略选择。每种战略和结构的选择必须确保每种战略匹配的结构既能给当前竞争优势的发挥提供保障，同时也具备获得未来优势的灵活性。组织改变战略时，要同时考虑调整相应的组织结构，战略和结构的有效匹配能为组织带来竞争优势。

11.1.1 组织结构

组织结构是指组织内相对稳定的职责、任务和人员的安排和划分，就是领导者设计的用以分配任务、配置资源和协调部门关系的框架。组织结构有以下几种基本类型：职能型、事业部型、矩阵型、网络型和多部门结构。

1. 职能型结构

职能型结构由 CEO 及有限的公司员工组成，在重点的职能领域，如研发、生产、营销、人力资源等配备职能层次的经理。（图 11-1）职能型结构允许职能分工，方便各职能部门内部的知识共享。职能型结构有利于多元化水平较低的业务层战略和一些公司层战略（如单一或主导业务），适用于小型组织和那些生产或提供较少种类产品或服务的组织。

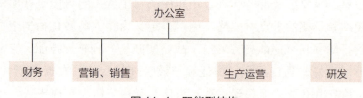

图 11-1 职能型结构

2. 事业部型结构

组织的事业部可以根据地理市场、产品或相关的一组事业部来组织，各事业部经理负责制定相应的市场或一组相关事业部的战略（图 11-2）。事业部型结构在协调多元化的经济活动方面比较有效，还可以使组织在经营单位而不是在职能部门层面上设计奖励绩效的薪酬系统。

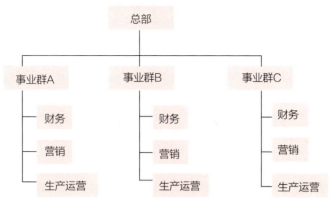

图 11-2 事业部型结构

3. 矩阵型结构

矩阵型结构是职能型和事业部型结构的混合体，可利用这两种基本组织形式的优势，即职能型结构的专业化和事业部型结构的自治性。矩阵型结构通过围绕特定项目、产品或市场来组织团队，增强了组织的灵活性（图11-3）。

图 11-3 矩阵型结构

4. 网络型结构

网络型结构是由小型、半自治、为某一特殊目标而暂时组合在一起的小组组成的，例如为开发新产品而组建的一个团队。网络型结构也包含与一些外部群体的联系，如供应商和顾客。网络型结构的高度灵活性使得组织能够快速地重新配置人员和资源以开发收益丰厚但稍纵即逝的机遇。

5. 多部门结构

在目前的全球化经济下，多元化在公司层战略中的主导地位导致了多部门结构的广泛应用。组织需要为特定的战略选择一个"适当"的结构，而不存在一个在任何情况下都是最优的组织结构，因此，组织必须专注于战略和组织结构之间的适当匹配。

多部门结构由各运营部门组成，每个部门代表一项独立的业务或利润中心。公司总部将各部门负责日常运作和部门决策的权力授予部门经理。每个部门代表一项独特的、自我约束的业务单位，并拥有自己的职能层次。

多部门结构具有三大优势：① 公司经理能更为精确地监控每个业务单位的业绩，简化控制问题；② 部门之间的比较更为便利，改进资源配置过程；③ 激发业绩较差的部门经理去寻求提高本部门业绩的方法。

依据产品多元化程度不同，多部门结构有三种主要形式：合作、事业部和竞争形式。这三种形式都各自与特定的公司层战略相关。表11-1列出了这三种主要形式，可以从业务的集权化、水平结构（整合机制）的运用、业绩评价的重点以及部门激励性报酬机制几个方面进行比较。在三种形式中，集权化程度最高和最昂贵的组织形式是合作形式；集权化程度最低和具有最少组织（官僚）成本的是竞争形式；事业部形式要求具有部分的集权性，并涉及保持部门之间关系的一些必要机制，且在事业部形式中，激励性报酬不仅与事业部的业绩有关，还与公司的整体表现相关。

表11-1 多部门结构的三种主要形式

结构特征 \ 结构形式	合作形式（限制性相关战略）	事业部形式（关联性相关战略）	竞争形式（不相关多元化战略）
业务的集权化	集权于总部	部分集权化（事业部内部）	分权于各部门
整合机制的运用	广泛运用	较少运用	不存在
业绩评价的重点	强调主观（战略）标准	运用主观（战略）标准和客观（财务）标准的混合	强调客观（财务）标准的混合
部门激励性报酬机制	与公司整体表现相关	既与事业部相关，也与公司整体表现相关	与公司整体表现相关

11.1.2 战略匹配

1. 业务战略和职能型结构的匹配

业务战略又称竞争战略，它对于组织保持长期竞争优势的重要性是不言而喻的。对于业务战略来说,需要有效的职能型结构来支撑,才能保障业务战略的成功实施(表11-2)。

表11-2 业务战略和职能型结构的匹配

业务战略	专业化	集权化	标准化	职能型结构
成本领先	工作任务高度专业化分工	高层权力低权力下放(员工)	高度规范化	以制造和研发流程为主
差异化	工作任务较低的专业化分工	高层权力低权力下放	较低的规范化	以研发和营销为主
成本领先差异化	工作任务半专业化分工	部分集中化和部分分散化的决策模式	要求有一些正式的和非正式的工作行为	既考虑生产、制造流程优化,也强调新产品研发和销售

表11-2中的专业化是指完成工作所需要的专业职位的形式和数量;集权化是指决策权保留在组织高层手中的程度;标准化是指组织通过正规制度和流程化管理组织活动的程度。

1)成本领先战略组织,生产标准化产品,依靠规模效益和价格优势取胜。成本领先职能型组织结构的基本特征为报告关系机制、较少的决策层和权力机构、集中化的员工,以及强调生产过程优化,而不是研发。

2)差异化战略组织,将非标准产品销售给独特需求的客户,让客户感觉到组织是以不同的方式为客户创造价值。差异化职能型组织结构的基本特征为相对复杂而灵活的报告关系,经常性使用交叉职能的产品开发团队,更加关注产品研发和营销职能。持续的产品创新需要高度关注外部环境(客户或供应商),及时决策重要。

3)成本领先差异化战略组织,希望通过相对较低的成本和差异化的合理资源配置创造价值。这些产品的相对成本较低,同时它们的差异化要比区分产品明显的唯一特征更合理。全球化组织更频繁地使用成本领先差异化战略。由于成本领先和差异化战略的组织结构设计重点不同,成本领先差异化职能型组织结构的基本特征为拥有部分集中化和部分分散化的决策模式,另外,任务分工也要半专业化分工,规则和流程既要求有一些正式的工作行为,也要求有一些非正式的工作行为。

2. 公司战略与网络结构的匹配

当合伙公司形成联盟,并通过实施合作战略提高联网的业绩时,便产生了战略网络(Strategic Network)。当今 VUCA○环境下,运用合作战略的公司越来越多,如战略联盟和合资公司。在全球化视角下,公司可以与很多利益相关者发展合作关系,包括消费者、供应商和竞争者,当公司与合作关系密切关联时,公司就成为战略网络的一部分。战略网络就是参与一系列合作协议的一群公司形成的,为提高共同价值的战略联盟。有效的战略网络有助于机会的发现,这些机会超出了参与网络的每个个体的识别范围。当每个网络创造的价值是竞争者不能复制且每个网络成员自身不能创造时,战略网络就会成为其成员战略优势的来源。战略网络运用于业务层战略、公司层战略和国际合作战略的实施。战略中心公司是网络合作关系的核心,也是战略网络结构的基础。战略中心公司管理网络成员之间复杂的合作关系。它必须保证网络成员的动机与网络公司持续发展的原因相一致。战略中心公司管理战略网络和控制网络运作时要考虑四个关键因素:①战略外包(资源优化和配置);②竞争力(资源和能力开发和共享);③技术(技术开发和共享);④学习的速度(战略网络的竞争力取决于网络中最弱的价值链环节,参与者拥有形成网络竞争优势的能力,需要不断学习和发展出快速形成的新技能)。战略中心公司有效、高效地执行一项战略关系到每个伙伴公司,改进的信息系统和沟通能力(如互联网)使得这样的战略网络得以实现。

3. 国际化战略和全球组织结构的匹配

国际化战略对于组织保持长期竞争优势越来越重要。对于业务层和公司层战略来说,需要独特的组织结构来成功实施不同的国际化战略。

(1)**全球地理区域结构实施多国化战略。**在每个国家市场的各部门实施各自的战略和运营决策,以使产品适应当地市场。全球地理区域结构强调当地国家利益,并有利于区域公司致力于满足当地文化差异,业务分权化,注重当地与本国文化造成的需求差异。

(2)**运用产品分区结构实施全球战略。**向每个国家市场提供标准化产品,公司总部制定竞争战略。产品分区性结构是一种赋予公司总部决策权来协调和整合各个分离的业务部门的决策和行动,公司总部运用内部协调机制来获得全球性的规模经济和范围经济。公司总部以合作的方式分配财务资源,整个组织

○ VUCA 是 Volatility(易变性)、Uncertainty(不确定性)、Complexity(复杂性)、Ambignty(模糊性)的缩写。

形同集权式的联邦。

（3）**运用混合结构实施跨国战略**。既寻求本土化响应，又寻求全球化效率。混合结构具有强调地理和产品结构的特点和机制。因此，它既强调地理区域，又强调产品分区。

11.2 体系流程与战略地图

11.2.1 体系流程

体系流程的建立使当代复杂的组织得以进行预算、质量控制、计划、分销和资源配置的管理（表11-3）。

表11-3 体系流程的组成及其解释

组　　成	解释
预算	组织在战略目标的指导下，对未来的经营活动和相应财务结果进行充分、全面的预测和筹划，并通过对执行过程的监控，将实际完成情况与预算目标不断对照和分析，从而及时指导经营活动的改善和调整，以帮助管理者更加有效地管理组织和最大限度地实现战略目标
质量控制	为了通过监视质量形成过程，消除质量环节所有阶段引起不合格或不满意效果的因素，以达到质量要求，获取经济效益，而采用的各种质量作业技术和活动
计划	组织将各项经营活动纳入统一计划进行管理。组织计划管理的内容包括：根据有关指令和信息组织有关人员编制各种计划；协助和督促执行单位落实计划任务，组织实施，保证计划的完成；利用各种生产统计信息和其他方法检查计划执行情况，并对计划完成情况进行考核，据此评定生产经营成果；在计划执行过程中，当环境条件发生变化时，及时对原计划进行调整，使计划仍具有指导和组织生产经营活动的作用。组织通过对计划制订、执行、检查、调整的全过程，便能合理地利用人力、物力和财力等资源，有效地协调组织内外各方面的生产经营活动，提高组织效益
分销	由产品生产到用户购买的过程，是借助外部资源来完成商品的销售服务过程，这个过程就叫分销。分销网络就是充分利用经销商的资源进行商品销售的组织，它是连接厂商和客户的桥梁。分销需要客户、分销商、资金和媒体等外部资源
资源配置	资源的稀缺性决定了任何一个组织都必须通过一定的方式把有限的资源合理分配到组织的各个领域中去，以实现资源的最佳利用，即用最少的资源耗费，生产出最适用的商品和劳务，获取最佳的效益

组织增强执行力,关键是设计优化运营流程,组织运营行为是通过流程来体现的。那么什么是组织流程呢?简单地说,流程是组织创造可以交付客户结果的过程。美国管理学家迈克尔·哈默(Michael Hammer)认为,流程是从事相关活动的一个"有组织"的团体,"齐心协力"地创造一个对客户有价值的结果。这个定义所凸显的含义包括:

1)"有组织"是指流程设计既具体又清楚,而不是靠即兴或运气来执行的;"齐心协力"是指创造出一个有利的和谐合作环境,其中,所有参与流程的成员携手为共同的目标合作,视彼此为互助合作者,而非对立者。

2)流程包括了多种活动,而不是只有单一活动。价值的创造依赖所有相关活动的有效执行与整合,只从事任何单一活动是无法获得想要的结果。

3)流程中的所有活动是相关且有组织的,有一定的思考逻辑与操作顺序,不能随性地任意行动。

4)流程所包含的所有活动必须是朝着共同目标"齐心协力"的工作,执行流程不同步骤的成员必须围绕单一目标携手合作,而不是独立地专注于个人的任务。

5)流程本身不是目的,只是创造客户价值的手段。组织可以借由有效整合流程的所有活动,凝聚共识,从而创造出客户所需要的"结果"。

6)流程是"目标取向的""以客为尊的""纵观全局的""以合作代替对抗"以及基于"设计良好的工作方式才能带来组织成功"的信念的。

可以简单地把流程理解为为了实现组织的目标,多个人员、多个部门、多个活动的有序组合。现在的组织是以部门为基础的,每个部门各有各的职责,也只关心自己的职责,如果缺少妥善的管理,极易出现部门利益大于公司利益的现象。为了破除部门主义,让流程顺利运作,不同的工作必须有与工作相关的专业人员扮演积极的流程管控角色,为整个流程的顺利运作负起全责,并积极推广流程的重要性,促进团队和谐,以争取相关部门的支持与配合,进而使工作活动顺利进行。因此,专业人员必须设法突破流程上的障碍,争取相关部门与个人的配合与合作,确保所有活动正常运作,以及随时掌握流程是否顺利达成原先所预期的效果,让流程顺利运作,最终顺利达到流程目标。

高执行力的流程要求各部门、各人员的配合不能按照"A 工作结束—B 工作开始"式的线性模式,而是各人员、各环节相互融合、相互交流、相互渗透式地发展运行。高执行力的流程可以比作足球比赛,为了配合,为了将球传给队友,观察队友的意图,与队友一起奔跑,接到球以后,还要观察周围的条件,选择最适当的时机,再将球向前传,直至射门得分。因此,各部门必须相互关心对方的工作进展,不能只考虑自己的问题,而一定要考虑整个公司的问题,找出适当的解决方法。因此,各部门一定要相互了解,建立联系各部门的流程。

组织应当建立这种能够灵活展现连续动作的和谐系统流程。所有团队执行力强的组织,其特点之一,即是各部门紧密的、和谐的流程。要促使各部门关系和谐,既要强化各部门自身的能力,又要建立提高组织团队执行力的高效流程。

提高团队执行力,还需要打造高效的执行力文化,制定科学的管理制度,构建和谐的团队关系。提高团队执行力是一项系统工程,需要组织全面、深层次地加以分析和应对,综合各方面因素,才能有效提高团队执行力。

11.2.2 战略地图

在 2001 年出版的《聚焦战略的组织》(*Strategy-Focused Organization*)一书中,卡普兰和诺顿将平衡计分卡(1992 年在《哈佛商业评论》中作为绩效衡量系统(Performance Measurement system)介绍)转变为战略管理系统(Strategic Management System)。在引入所谓的"战略地图"(Strategy Map,SM)的过程中,进行了大量的转换。

1. 什么是战略地图

战略地图是一个图表,它描述了一个组织如何通过在四个平衡计分卡目标(财务、客户、内部业务流程、学习与成长)中,通过明确的因果关系将战略目标联系起来创造价值(图 11-4)。为了描述创造价值的战略,战略地图作为平衡计分卡框架的一部分。

2. 为什么是战略地图

通过将股东价值创造、客户管理、流程管理、质量管理、核心能力、创新、人力资源、信息技术、组织设计和相互学习联系在一起,战略地图在很大程度上有助于描述战略,并在管理人员和员工之间沟通战略。通过这种方式,可以围绕战略创建配置,这使得战略的成功实施更加容易。这不是一件小事,要记住的是,实施一个已经构建好的战略是最大的挑战。

3. 战略地图背后的主要原则

1)战略平衡矛盾力量。
2)战略基于差异化的客户价值提议。

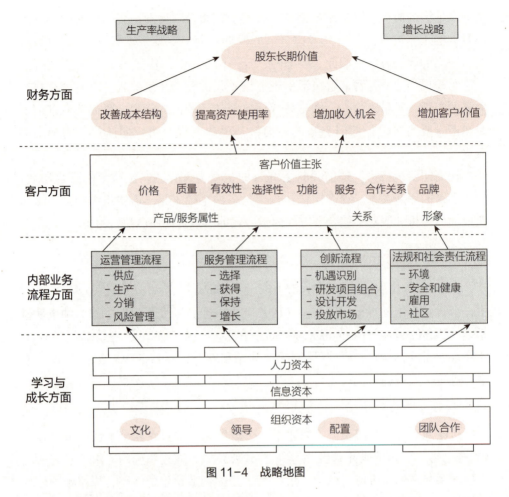

图 11-4 战略地图

3）价值是通过内部商业流程创造的。

4）战略是由同时的、互补的主题组成的。

5）战略调整决定无形资产的价值。

4. 战略地图的创造过程

1）所有信息都包含在一个图表中，这使得战略沟通相对容易。

2）四个角度：财务、客户、内部业务流程、学习与成长。

①从财务的角度来看，建立在提高生产率战略的基础上，创造长期股东价值。采取优化成本结构和提高资产利用率，以及扩大收入机遇和提高客户价值的增长战略。

②从客户的角度来看，战略改进的要素为价格、质量、有效性、选择性、功能、服务、合作关系和品牌。

③从内部业务流程的角度来看，运营管理和客户管理（服务管理）流程有助于创建产品和服务属性，而创新、监管和社会流程有助于人际关系和形象。

④从学习与成长的角度来看，所有这些过程都得到了人力、信息和组织资本的分配支持。组织资本是由公司文化、领导力、配置和团队合作组成的。

3）最后通过连接箭头描述因果关系。

11.3 人员与薪酬

人员与薪酬是重要的战略实施工具，薪酬可以使员工的精力及行动与组织目标相一致。将这两者一起考虑，是因为不适当的激励和控制甚至会挫伤最好的员工的努力。

组织的员工有时被称为人力资本，把他们与组织的固定资本和财务资本区别开来。员工是战略制定和实施过程中的重要组成部分。所有员工共同造就了组织文化，组织文化对组织动态能力和竞争优势的作用不容小觑。因此，竞争优势要与组织的人力资本联系在一起。

招聘（确保聘用合适的员工）、甄选和培训中需要注重员工的能力和价值观，这对于战略实施非常重要。成功的 CEO 首先关注员工，其次才是战略。引导合适的人到合适的位置能影响绩效，许多组织中员工拥有的技能使他们去做那些他们能做得最好的事情。成功的持续增长的高盈利组织在很大程度上得益于其招聘的适合组织的员工的能力。这些员工信守组织的价值观并为共同的目标而努力。本书认为，人力资本可以成为优势的一个来源，特别是在因果模糊性条件下，即一个组织内使得竞争对手难以模仿的复杂条件，将持久竞争优势的威胁界定为那些威胁 VRINE 模型中资源和能力的因素，把这些专门知识作为组织战略能力的一部分。一些咨询顾问和学者认为，团队甚至特定的个人所拥有的能力束，是组织长期生存能力和创造新产品的能力的关键因素。人员决策对组织的绩效至关重要，雇用什么样的员工以及多少员工取决于组织改进效率或增加新收入的需要。

人力资源成本通常是组织最大额的经营成本，管理者关注于减少这一成本。当组织的人力资源政策关注于强化人力资本时，它将对组织经营绩效的若干方面产生积极作用（如员工生产率、设备效率、产品和服务能力与客户需要之间的一致性）。拥有合适员工的重要性在人力资本密集型产业中得到了强化，这些组织必须制定战略以减少人力资本损失的风险。除了提高工作满意度以外，组织还可以开发难以转移到其他组织的专有知识。利润分享计划可以鼓励有价值的员工留在组织，在组织创造的任何价值中获得自己的一份利益。组织还可以调整组织结构来减少专制和机械的管理过程，采取更为平等和鼓励员工参与的模式以减少员工流动。

薪酬与员工之间有着显而易见的关系，决定员工报酬和晋升的薪酬系统表达和强化了深植于组织文化中的价值观和期望。任何想要让希望的行动得以实施的战略领导者必须认真思考并灵活运用薪酬系统，并使薪酬系统不仅与战略而且与其他实施工具相一致。

薪酬系统由两部分组成：①绩效评估和反馈；②薪酬，包含工资、奖金、股票、股票期权、晋升，甚至像拥有汽车和办公空间这类特权，还有以股权为基础的激励或以公司整体绩效表现为基础的奖金。薪酬系统影响战略实施，激励系统以何种方式影响合并后协同效应的实现。

11.4 战略实施与战略领导

组织机构、体系流程以及人员薪酬都是组织战略实施的工具。战略领导在成功实施战略时发挥两个作用：制定战略实施工具和资源配置决策；与关键利益相关者沟通战略。

11.4.1 战略实施工具决策

战略与战略实施工具相匹配，才能使战略实施有效进行。与战略形成的决策相同，战略实施工具的决策也涉及在组织做什么和不做什么之间的重要取舍。如果领导者在使用何种战略工具上做出了错误的选择，比如在给定的环境中，使用了过于简单或复杂的实施工具，或是组织和环境已经发生变化，但战略实施工具未做相应改变，那么实施工具和战略的不一致性可能增大。战略实施工具（组织结构、体系流程以及人员薪酬）决策随着组织和环境变化而发生变化。

11.4.2 资源配置决策

一个好的战略可以指导领导者的资源配置决策，可以告诉领导者应该做什么，不应该做什么，以此来帮助领导者决定重要的权衡取舍。领导者必须依据组织战略来配置资源，在这一过程中，必然要做出取舍。内部利益冲突（无论是政治斗争还是私利欲望）会妨碍有效的资源配置，甚至会破坏良好的战略。领导者依据竞争对手的资源配置来分配自己的资源，可能导致资源配置不当和无法做出投资选择。围绕消费者看重的关键成功因素（竞争因素）进行决策：S（安全）、Q（产品质量）、C（产品价格、成本）、D（及时配送、速度、敏捷性）。

领导者在配置组织的资源和能力时，至少做出两个困难的决策：①在每个领域配置什么？②对每个差异化因素配置什么？

11.4.3 与关键利益相关者沟通战略

战略制定和战略实施是相互依赖的。由于供应商、客户和组织的领导者等最终都会影响战略的成败，因此，需要在战略制定过程中就开始与关键利益相关者沟通战略。战略沟通从四个方向上进行：向上沟通、向下沟通、跨部门沟通和外部沟通。

（1）**向上沟通**。组织越来越依赖自下而上的创新过程，这鼓励和授权中层和部门领导者制定战略和提出新战略。高度多元化的公司更是如此，自下而上的沟通意味着某些小组或某人，在为某项战略而努力，并且得到高层领导者对战略优点和可行性的认可。

（2）**向下沟通**。领导者努力获得与实施某项战略所需要人员的支持。领导者经常在战略已经确定的情况下采取这一沟通方式。提前沟通是识别和克服障碍的最好办法，并且能保障管理团队朝着一个共同的目标共同努力工作。

（3）**跨部门沟通**。战略实施需要组织间不同部门的合作（跨部门）；从内部来看，战略可能要求其他子公司提供原材料和服务。

（4）**外部沟通**。战略实施需要组织与关键利益相关者的合作。例如，提供原材料的供应商、互补产品的生产者以及客户。领导者可以通过利益相关者分析识别关键利益相关者，并确定供应商、客户、互补产品的生产者和相关政府是否支持组织的战略，明确谁是利益相关者群体，以及他们的权力和对公司成功的影响力：①理解利益相关者对公司提出的具体要求；②接受这些要求并进行优先排序；③把这些要求与公司使命的其他要素进行协调。

与利益相关者沟通战略是成功战略实施的关键因素，因此，选择合适的领导者进行沟通也同样重要。战略沟通的三项要求：接触、理解文化和可信性。接触意味着私下沟通，是沟通战略的第一步；理解文化意味着沟通者需要对组织文化、政策和程序非常熟悉，也可以帮助沟通者了解内部和外部的关系网络资源的相互依赖性以及相处模式等；可信性意味着战略沟通者需要与领导者、同行和员工建立信任关系，从而提高沟通效率。可信性建立在组织成员对可信赖、可靠和正直的感知基础上。

11.4.4 国际化战略实施工具

实施全球化战略的组织有两项要求：对效率的要求和对当地响应的要求。对效率的要求要求组织把生产活动设置在最有利的低成本区位，或提供面向全球市场的标准化产品；对当地响应的要求则要求组织对不同的国家提供差异化的产品与营销策略，以满足各国不同的客户兴趣与偏好、组织实践、分销渠道、竞争条件与政府政策。从降低成本与地区调适两方面压力考虑，跨国公司通常选择四种基本的经营战略：全球战略、国际战略、多国战略和跨国战略（图11-5）。

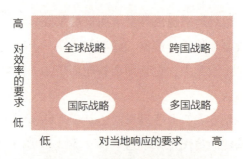

图 11-5　四种基本国际化战略

（1）**跨国战略**（Transnational Strategy）。跨国战略要求全球化效率和本土化反应敏捷的统一。它是跨国公司内部转移核心能力时采用的战略。核心能力不一定仅在母国存在，它们能在公司范围内的任何经营点开发出来。技能和产品的流向绝不应是单向的——既可以从母公司流向国外子公司，也可以从子公司流向母公司，以及从国外子公司流向其他子公司，实现全球学习与知识转移。这种结构可以使组织完成多维的战略目标。跨国战略兼具专业化与多元化。资源和能力被分配到当地的经营单位，同时通过一个网络化的控制系统来实现协调和合作。由于不同地域分布的组织单元之间战略相互依赖，大量的产品、资源和人员以及价值链活动通过这种组织结构来流动。当组织面临高的成本压力与高的地区响应能力时，需要充分利用全球市场、合理配置全球资源，跨国战略才有意义。组织采用跨国战略试图同时取得低成本和差异化优势。

（2）**国际战略**（International Strategy）。国际战略是指跨国公司通过向国外市场转让有价值的技能和产品来创造价值，而当地竞争者又缺少这些技能和产品。这类组织的产品开发集中在母国，总部对营销和产品战略进行严密控制，试图在满足当地需要的同时保持集中控制，如IBM、宝洁、微软。组织具有核心能力，国外市场当地竞争者又缺少这种能力，并且组织面临的地区调适和对效率的要求都相对较弱，则采取国际战略是有效的。缺点：制造设施点的重复，组织采取国际战略会受到高的营运成本的拖累。

（3）**全球战略**（Global Strategy）。全球战略是指跨国公司为增强盈利能力，采用低成本竞争的战略，通过经验曲线效应及区位经济以达到成本降低。运用全球战略的公司，其生产、营销和研究开发活动集中于若干个有利的区位，在全世界销售标准化产品，如英特尔的处理器。在不同国家市场销售标准化产品，并由本国总部确定竞争战略。全球战略注重规模效应，有利于在公司层面或其他国家市场上发展的创新；相应地，全球化战略降低了风险，但也可能忽略本地市场的发展机遇。当降低成本的压力较大而地区调适的要求低时，这一战略最为有效。该战略在工业品行业中的运用日趋普遍，但在许多消费品行业中仍不常见。当地区调适的要求很高时，采取全球战略不适合。

（4）**多国战略**（Multinational Strategy）。多国战略是指跨国公司为寻求地区调适最大化，以广泛地改造其提供地产品和营销策略，以适应不同地区国别条件而采取的战略。它们往往在其从事业务的地区的市场中建立一整套创造价值的活动，包括生产、营销及研究开发设施。如通用汽车公司作为一家多国公司，以扩大本地市场份额为目标。对当地响应的要求高而降低成本的压力小时，采取多国战略最为有效。其缺点为：重复建设生产设施造成高成本，各子公司各自为政，利用组织内部的核心能力不足，不利于实现规模经济效应和降低成本。采用多国战略的公司将战略和业务决策权分散到各个国家的业务单元。欧洲跨国公司使用国际本土化战略最多，因为欧洲国家的文化和市场都各不相同。

表11-4从全球市场、单个价值链活动的世界地位、全球产品、全球营销和全球竞争活动五方面详细阐释了跨国公司四种国际化经营战略的内容，为企业选择所需要的跨国经营战略提供有效指导。

表 11-4 跨国公司的四种国际化经营战略

战略内容	跨国战略	国际战略	全球战略	多国战略
全球市场	是，具有尽可能适应当地条件的灵活性	是，保留少许灵活性以适应当地条件	不，视每个国家为独立的市场	不，但主要地区被作为相似市场来对待（如欧洲）
单个价值链活动的世界地位	是，对公司具有价值的任何地方——低成本、高质量	不，或仅限于复制总部的销售或当地的生产情况	不，全部或大部分价值活动定位于生产或销售国	不，但地区可以提供一些活动的不同国家区位
全球产品	是，达到最高可能的程度，必要时有一些当地产品，公司依赖于世界范围的品牌认同	是，达到最高可能的程度，几乎没有当地性改变；公司依赖世界范围的品牌认同	不，产品在当地生产，遵循当地特点以最好地服务于当地客户	不，但在一个主要的经济区域内提供相似的产品
全球营销	是，与全球产品发展相似的战略	是，尽可能	不，营销集中于当地国家	不，但整个地区常有相似战略
全球竞争活动	用任何国家的资源来攻击和防卫	在所有国家进攻和防卫，但资源来自总部	不，以国家为单位计划竞争活动并为其融资	不，但从地区内来的资源可用于进攻和防卫

11.5 测测你的战略实施领导力

11.5.1 战略地图评估

基于平衡计分卡的战略地图见表11-5。

表 11-5 基于平衡计分卡的战略地图

模块	组成内容	具体内容
财务层面	股东长期价值	改善成本结构
		提高资产使用率
		增加收入机会
		增加客户价值

(续)

模块	组成内容	具体内容
客户层面	产品/服务属性	价格
		质量
		有效性
	客户价值主张	选择性
		功能
		服务
	关系	合作关系
	形象	品牌
内部经营流程层面	运营管理流程	供应
		生产
		分销
		风险管理
	客户管理流程	选择性
		获得
		保持
		增长
	创新流程	机遇识别
		研发项目组合
		设计/开发
		投放市场
	法规和社会责任流程	环境
		安全和健康
		雇用
		社区
学习与成长层面	人力资本	
	信息资本	
	组织资本	文化
		领导
		配置
		团队合作

指导语： 请仔细阅读以下问题，每个问题从非常不符合到非常符合有五种选择（表11-6）。如果该描述明显不符合您或者您十分不赞同，请选择"1"；如果该描述多数情况下不符合您或者您不太赞同，请选择"2"；如果该描述半正确半错误，您无法确定或介于中间，请选择"3"；如果该描述多半符合您或者您比较赞同，请选择"4"；如果该描述明显符合您或者您十分赞同，请选择"5"。

表11-6　战略地图评估量表

问题	非常不符合	不太符合	不确定	比较符合	非常符合
1. 公司非常重视财务现金流的稳定	1	2	3	4	5
2. 我认为公司近三年来新客户获得率与竞争对手相比较高	1	2	3	4	5
3. 我非常了解公司的关键性内部流程	1	2	3	4	5
4. 公司能够有较高的员工保持率	1	2	3	4	5
5. 公司能够保持较高的财务流动比率	1	2	3	4	5
6. 我认为公司能够保持较高的客户满意度	1	2	3	4	5
7. 我认为公司非常重视采购和分销流程的规范性	1	2	3	4	5
8. 我认为公司能够保持较高的员工满意度	1	2	3	4	5
9. 公司能够保持适度的应收账款周转率	1	2	3	4	5
10. 我认为公司拥有的回头客比例与竞争对手相比较高	1	2	3	4	5
11. 我认为公司非常重视运营管理流程中的风险管理	1	2	3	4	5
12. 我认为公司注重对员工技能等方面的持续性培训	1	2	3	4	5
13. 公司能够保持较高的销售利润率	1	2	3	4	5
14. 我认为公司非常努力地争取产品在目标市场中的份额	1	2	3	4	5
15. 公司十分重视价值链中的创新、营运和售后服务流程	1	2	3	4	5
16. 我认为公司一直致力于不断优化各部门工作流程	1	2	3	4	5
17. 公司能够保持较高的资产回报率	1	2	3	4	5
18. 我认为公司非常努力地评估、预测客户的需求	1	2	3	4	5
19. 公司会重点衡量那些与客户和财务目标息息相关的流程	1	2	3	4	5

(续)

问题	非常不符合	不太符合	不确定	比较符合	非常符合
20. 公司制定了诸多举措以提高自身的创新能力	1	2	3	4	5
21. 公司十分注重股东长期价值	1	2	3	4	5
22. 公司十分重视打造自身品牌在客户心中的形象	1	2	3	4	5
23. 公司十分注重内部法务系统的打造以保障自身权益	1	2	3	4	5
24. 我认为公司对于向员工渗透企业文化非常重视	1	2	3	4	5

得分与解释：

本测试共有24题，最高分为120分，包括四个分量表，每个分量表有六个题目，各分量表最高分为30分，主要内容如下：

(1) **财务层面**：1、5、9、13、17、21。该指标评估企业的战略及实施是否对改善企业盈利做出贡献。财务目标通常与获利能力有关。

(2) **客户层面**：2、6、10、14、18、22。该指标评估客户满意度、客户保持率、客户获得率、客户需求，以及在目标市场中所占的份额。

(3) **内部经营流程层面**：3、7、11、15、19、23。该指标评估关键性内部流程、资产利用率、价值链中的创新、营运和售后服务流程等。

(4) **学习与成长层面**：4、8、12、16、20、24。该指标评估员工的"学习"、培训、导师以及员工之间的沟通便利程度，以及对内联网等技术工具的使用。

以上评估能在一定程度上反映被试者是否能够划分不同的具体指标，实施前期制定的战略。可以从各个分量表的得分高低看出被试者对各组成因素的重视程度。每个分量表得分在24~30分，表明被试者十分重视这个因素；得分在18~23分，表明被试者比较重视这个因素；得分在12~17分，表明被试者不太重视这个因素；得分低于12分，表明被试者完全不重视这个因素。

四个分量表分数加总，得分在96~120分，表明被试者对平衡计分卡的各个因素都十分重视，能够有效实施前期制定的战略；得分在72~95分，表明被试者对平衡计分卡的多个因素都比较重视，能够在一定程度上有效实施前期制定的战略；得分在48~71分，表明被试者对平衡计分卡的多个因素都不太重视，不太能实施前期制定的战略；得分低于48分，表明被试者完全不能有效实施前期制定的战略。

11.5.2 战略领导与战略实施评估

指导语： 请仔细阅读以下问题，每个问题从非常不符合到非常符合有五种选择（表11-7）。如果该描述明显不符合您或者您十分不赞同，请选择"1"；如果该描述多数情况下不符合您或者您不太赞同，请选择"2"；如果该描述半正确半错误，您无法确定或介于中间，请选择"3"；如果该描述多半符合您或者您比较赞同，请选择"4"；如果该描述明显符合您或者您十分赞同，请选择"5"。

表11-7 战略领导与战略实施评估

问 题	非常不符合	不太符合	不确定	比较符合	非常符合
1. 我觉得与战略决策相同，组织战略实施工具也面临组织做什么和不做什么的选择	1	2	3	4	5
2. 我觉得清晰的战略描述可以提示组织应该做什么、不应该做什么	1	2	3	4	5
3. 我会鼓励和授权中层和部门管理者制定战略和提出新战略	1	2	3	4	5
4. 当组织面临高的成本压力与高的地区响应能力时，我会充分利用全球市场，合理配置全球资源	1	2	3	4	5
5. 当组织战略发生调整时，战略实施工具也要相应地调整	1	2	3	4	5
6. 组织内部有效的资源配置需要减少组织内部的冲突，否则会阻碍战略的实施	1	2	3	4	5
7. 战略实施需要组织间不同部门的合作，跨职能团队很有效	1	2	3	4	5
8. 当我拥有核心技能和产品，而国外市场需要这些技能和产品时，我会采取向国外市场转让有价值的技能和产品来创造价值	1	2	3	4	5
9. 当组织的外部环境发生变化时，战略需要做改变，战略实施工具不用做改变	1	2	3	4	5
10. 我会依据竞争对手的资源配置来分配自己的资源	1	2	3	4	5
11. 为寻求外部支持，我会识别关键利益相关者（供应商、客户、互补产品的生产者和相关政府），并考虑其对组织的诉求，了解其是否支持组织的战略	1	2	3	4	5

(续)

问 题	非常不符合	不太符合	不确定	比较符合	非常符合
12. 当地区调适的要求很高时，我会在不同国家市场销售标准化产品，并由本国总部确定竞争战略	1	2	3	4	5
13. 当组织内部的资源和能力发生变化时，战略需要做改变，战略实施工具不用做改变	1	2	3	4	5
14. 我会依据消费者看重的S（安全）、Q（质量）、C（成本）、D（及时配送）来分配自己的资源	1	2	3	4	5
15. 为能提高沟通效率，我会了解组织内部和外部关系网络资源的相互依赖性以及相处模式，与管理者、同行和员工建立信任关系	1	2	3	4	5
16. 当各个国家的文化和市场都各不相同时，我会将战略和业务决策权分散到各个国家的业务单元	1	2	3	4	5

得分与解释：

本测试共有16题，最高分为80分，包括四个分量表，每个分量表有四个题目，各分量表最高分为20分，主要内容如下：

(1) **战略实施工具决策**：1、5、9、13。该指标评估战略实施工具（组织结构、体系流程以及人员薪酬）决策是否与战略相匹配，战略实施工具决策是否随着组织和环境变化而发生变化。

(2) **资源配置决策**：2、6、10、14。该指标评估是否依据组织战略来配置资源，是否按照消费者看重的关键成功因素（安全、质量、价格、及时配送）配置资源，否则可能导致资源配置不当和无法做出投资选择。

(3) **与关键利益相关者沟通战略**：3、7、11、15。该指标评估战略沟通是否在战略制定过程中就开始与关键利益相关者沟通战略；战略沟通是否在四个方向（向上沟通、向下沟通、跨部门沟通和外部沟通）上进行，以及提高沟通有效性要弄清关系和交流方式以及取得信任。

(4) **国际化战略实施工具决策**：4、8、12、16。该指标评估实施全球化战略的组织是否考虑对效率的要求和对当地响应的要求。全球战略（需求全球化效率高、本土化反应敏捷性低）、多国战略（需求全球化效率低、本土化反应敏捷性高）、国际战略（需求全球化效率低、本土化反应敏捷性低）和跨国战略（需求全球化效率和本土化反应敏捷性的统一）。

以上评估能在一定程度上反映被试者在战略实施方面领导力发挥的作用大小。得分在 65~80 分，表明被试者在战略实施工具决策、战略配置决策、与关键利益相关者沟通战略以及国际化战略实施工具决策方面，其领导力发挥了较大的作用；得分在 50~64 分，表明被试者在战略实施工具决策、战略配置决策、与关键利益相关者沟通战略以及国际化战略实施工具决策方面，其领导力发挥了比较大的作用；得分在 35~49 分，表明被试者在战略实施工具决策、战略配置决策、与关键利益相关者沟通战略以及国际化战略实施工具决策方面，其领导力发挥了一般性作用；得分低于 35 分，表明被试者在战略实施工具决策、战略配置决策、与关键利益相关者沟通战略以及国际化战略实施工具决策方面，其领导力没有发挥多少的作用，需要重视在战略实施中领导力作用的提升。

第 12 章 战略评估与控制

　　战略领导力的目标是产生改进的、可行的或组织的绩效（Mackey，2008）。在战略实施过程中，战略领导者通过评估和控制影响并反映战略管理质量的各要素，判断战略是否实现了预期目标。战略领导者要时时监督战略实施的效果，关注如何为利益相关者创造价值，有效地实现组织长远目标（Boal & Schultz，2007）。索西克（Sosik）、荣格（Jung）和贝尔松（Berson）（2005）提出战略领导力由输入—过程—输出三个过程组成：输入涉及高层领导者、员工、技术和信息、财务资源等；过程即识别和利用趋势、关注核心信息和战略、选择和培育符合战略的人员等；输出包括杰出的财务绩效、顾客满意度、持续的流程/人员改进等。为确保组织长远的输出，战略领导者应系统地做好战略计划，面向过去、现在、未来进行一系列规划，采取相应的执行模式，将战略领导者、组织、环境相匹配以获得盈利，实现组织的可持续发展（Gupta，2012）。

　　战略是一个学习的过程，战略领导者要想有效地把战略转化成战术行动，需要不断反思两方面的差距：一是绩效差距；二是机会差距。在反思中学习，在反思中成长，不断检讨和修正战略设计。在变幻莫测的环境中，战略领导者对整个组织创新、组织绩效（包括在财务、运作、客户和员工方面），以及最终保持可持续竞争优势都十分重要。战略领导力是一个连续的过程，其对组织的影响是通过持续性地实施决策来实现的。在战略实施过程中，对执行的程度以及出现的问题和偏差进行分析，尤其是对自身决策错误进行反思，从而及时调整战略，十分重要。由于战略领导者不可能十分精准地预见到整个组织未来的发展，因此，对于发挥战略领导力的领导者而言，需要对自身的决策进行评估，有勇气承认错误，并在今后的决策过程中加以调整。

12.1 战略评估

战略领导力关注的是对战略领导者影响公司绩效的各种测量。迄今为止，数十个领域的研究表明，战略领导者对组织绩效很重要。组织绩效包括财务绩效（Zahra &Covin, 1995）、非财务绩效（Carton, 2004）以及创新绩效（Alegre & Chiva, 2013）。组织绩效测试是一个多维结构，可以包含盈利能力、增长、股票市场或流动性（Hamann, Schiemann, Bellora & Guenther, 2013）。如果使用不同的绩效维度，结果可能会有所不同，而这种差异可能表明相互冲突的影响，需要进一步的理论发展。例如，战略领导者可能在一个维度上有很强的短期影响，而在另一个维度上有较弱的长期影响。此外，战略领导者可能需要权衡一个方面的绩效和另一个方面的绩效，需要研究检查这种行为的频率和原因。

战略评估通过对影响并反映战略管理质量的各要素的总结和分析，判断战略是否实现预期目标的活动。它包括三项基本内容：①对目前战略制定后的内外部环境变化进行分析；②对目前战略的实施结果进行评估；③对目前战略做必要的修改。

在实际操作中，战略评估一般分为事前评估、事中评估和事后评估三个阶段。

（1）**事前评估**，即战略分析评估，也可称为现状分析评估。它是一种对组织所处现状环境的评估，其目的是发现最佳机遇，可以运用SWOT分析法来实现。它一方面要检查组织现行战略能否为组织带来经济效益，如果不能增效，就要重新考虑这种战略的可行性；另一方面通过考察外部环境，判定在现行环境中组织是否有新的机遇。最后，结合两个方面的结果，决定组织或继续执行原战略，或采取适应环境要求的新战略。战略分析评估主要包括以下几个方面的内容：组织现行战略和绩效的分析；不同战略方案的评估；组织相关利益备选方案的评估；竞争力的评估，即产品、市场、技术、人才、制度竞争力的评估。

（2）**事中评估**，即战略选择评估。它在战略执行过程中进行，是对战略实施情况与战略目标差异的及时获取和及时处理，能在战略实施前对战略是否具有可行性进行分析，是一种动态评估，属于事中控制。

（3）**事后评估**，即战略绩效评估。它是在期末对战略目标完成情况的分析、评价和预测，是在战略实施过程中对战略实施的结果从财务指标和非财务指标方面进行全面的衡量，是一种综合评估，属于事后控制。它本质上是一种战略控制手段，即通过战略实施成果与战略目标的对比分析，找出偏差并采取措施纠正。事后评估的一种典型方法是平衡计分卡。

在前面几章中已经介绍了战略分析、制定和实施的工具，包括 PESTEL 模型、波特五力模型、VRINE 模型、价值链模型、SWOT 分析模型等。利用这些工具，领导者能够检验并评估组织战略的质量。具体可以分为以下几个步骤：

1）制定的竞争定位和战略是否利用了组织的资源与能力。
2）制定的战略是否与外部环境的当前状况及未来预期状况相适应。
3）制定的战略是否能够保持组织的特色。
4）制定的战略中的核心要素不仅要与内外部环境相一致，还要与当前或期望的战略定位相匹配。
5）制定的战略能够被组织顺利实施，这是最重要的一点。如果组织不能够实际执行该战略，再卓越的战略也毫无价值。

12.2 战略控制

战略控制主要是指在组织经营战略的实施过程中，检查组织为达到目标所进行的各项活动的进展情况，评价实施组织战略后的组织绩效，并把它与既定的战略目标和绩效标准相比较，发现战略差距，分析产生偏差的原因并纠正偏差，使组织战略的实施更好地与组织当前所处的内外部环境、组织目标协调一致，使组织战略得以实现。

对组织经营战略的实施进行控制主要包括以下五方面：

（1）设定绩效标准。根据组织战略目标，结合组织内部的人力、物力、财力及信息等具体条件，确定组织绩效标准作为战略控制的参照系。

（2）绩效监控与偏差评估。通过一定的测量方式、手段、方法，监测组织的实际绩效，并将组织的实际绩效与标准绩效做对比，进行偏差分析与评估。

（3）设计并采取纠正偏差的措施。针对目标设定偏差、人员能力偏差以及市场预测偏差等不同偏差类型，采取不同的纠正偏差措施，以顺应变化的条件，保证组织战略的顺利实施。

（4）监控外部环境的关键因素。外部环境的关键因素是组织战略赖以存在的基础，这些外部环境的关键因素的变化意味着战略前提条件的变动，必须给予充分的注意。

（5）激励战略控制的执行主体。调动其自控制与自评价的积极性，以保证组织战略实施的切实有效。

此外，战略控制着眼于组织发展与内外部环境条件的适应性，通常有避免型控制、事前控制、事中控制和事后控制四种类型。

（1）**避免型控制**。避免型控制是指采用适当的手段消除不适当行为产生的条件和机会，从而达到不需要控制就能避免不适当行为发生的目的。例如，通过与外部组织共担风险减少风险，或通过自动化使工作的稳定性得以保证，从而按照组织的预期目标正确地开展工作。

（2）**事前控制**。事前控制又称前馈控制、跟踪型控制，是指在战略行动成果尚未实现之前，对战略行动的结果趋势进行预测，并将预测结果与预期结果进行比较和评价。如果发现可能出现战略偏差，则提前采取预防性的纠偏措施，使战略实施始终沿着正确的轨道推进，从而保证战略目标的实现。要进行事前控制，领导者必须对预测因素进行分析与研究，一般有以下三种类型的预测因素：

1）投入资源因素，即战略实施投入资源的种类、数量和质量，将影响产出的结果。

2）早期成果因素，即依据战略实施的早期成果，推算、预测未来的结果。

3）环境制约因素，即外部环境和内部条件的变化，对战略实施有一定的制约。

事前控制对战略实施中的趋势进行预测，对其后续行动起调节作用，能防患于未然，是一种卓有成效的战略控制方法。

（3）**事中控制**。事中控制又称开关型控制，是指在战略实施过程中，对战略进行检查，对照既定的标准判断行动是否符合。如发现不符合标准的行动，要采取措施进行纠偏。这种方式类似于开关的通与断，因而称为开关型控制。这种方式一般适用于实施过程标准化、规范化的战略项目。

（4）**事后控制**。事后控制又称反馈型控制，是指在战略结果形成后，将战略行动的结果与预期结果进行比较与评价。事后控制重点控制监测结果，纠正资源分配和人的战略行动，根据实施结果总结经验教训指导未来的行动，并将战略推进、保持在正确的轨道上。

事后控制的具体操作主要有两种方式：

1）联系行为，即将员工的战略行动评价与控制直接同他们的工作行为联系起来。这种方式的优点：员工较易接受，并能明确战略行动的努力方向，使个人行为导向和组织经营战略导向接轨；同时，通过行动评价的反馈及时修正战略实施计划，使之更加符合战略的要求；通过行动评价，实行合理的分配，强化员工的战略意识。

2）目标导向，即让员工参与战略行动目标的制定和工作业绩的评价。这种方式的优点：员工既可看到个人行为对实现组织战略目标的作用和意义，又可从工作业绩的评价中看到成绩与不足，从中得到肯定和鼓励，为战略推进增添动力。

12.3 测测你的战略评估与控制领导力

指导语：请仔细阅读以下问题，每个问题从非常不符合到非常符合有五种选择（表12-1）。如果该描述明显不符合您或者您十分不赞同，请选择"1"；如果该描述多数情况下不符合您或者您不太赞同，请选择"2"；如果该描述半正确半错误，您无法确定或介于中间，请选择"3"；如果该描述多半符合您或者您比较赞同，请选择"4"；如果该描述明显符合您或者您十分赞同，请选择"5"。

表 12-1 战略评估与控制领导力测试

问　　题	非常不符合	不太符合	不确定	比较符合	非常符合
1. 我认为公司的战略已经充分利用了内部关键资源	1	2	3	4	5
2. 我认为公司拥有实施战略所必需的人力资本	1	2	3	4	5
3. 我认为公司拥有实施战略所必需的资本资源	1	2	3	4	5
4. 公司的战略能够提供一个相对于竞争对手的优势定位	1	2	3	4	5
5. 公司能够以比竞争对手更经济的方式实施战略	1	2	3	4	5
6. 我认为公司的战略能够适应竞争环境中当前的产业条件	1	2	3	4	5
7. 我能够了解当前的战略定位以及战略所指向的未来定位能带来相当大的潜在收益	1	2	3	4	5
8. 公司的战略与进入产业的关键成功因素相匹配	1	2	3	4	5
9. 公司产品在行业中的特色能够很好地持续下去	1	2	3	4	5
10. 公司的核心产品令竞争对手难以模仿	1	2	3	4	5
11. 公司能够一直持续地创新并形成创造机制，从而保持与竞争对手之间的差距	1	2	3	4	5
12. 我认为公司选择了恰当的产业领域，与当前或期望的战略定位相匹配	1	2	3	4	5

(续)

问 题	非常不符合	不太符合	不确定	比较符合	非常符合
13. 我认为公司在组织愿景、战略以及产业条件之间建立了明显、清晰的联系	1	2	3	4	5
14. 公司的股东非常支持战略的实施	1	2	3	4	5
15. 公司的管理团队能够并愿意领导必要的变革促进公司的发展	1	2	3	4	5
16. 我认为公司根据组织战略目标设定恰当的绩效标准很重要	1	2	3	4	5
17. 我认为公司的绩效标准有效结合了内部人力、物力、财力等具体条件	1	2	3	4	5
18. 公司能够使用合适的测量方法监测自身的实际绩效	1	2	3	4	5
19. 我认为公司需要对经营中实际绩效与标准绩效进行对比，并采取偏差分析与评估	1	2	3	4	5
20. 公司能够采取有效的措施对经营中出现的偏差进行纠正	1	2	3	4	5
21. 公司能够设计出有效的措施对经营中出现的偏差进行纠正	1	2	3	4	5
22. 我会经常关注与公司密切相关的外部环境变化情况	1	2	3	4	5
23. 我会根据公司外部环境变化及时分析并调整战略	1	2	3	4	5
24. 公司有与人性相匹配的员工激励机制	1	2	3	4	5
25. 我认为公司设置员工自评及互评体系很重要	1	2	3	4	5

得分与解释：

本测试共有25题，最高分为125分，包括战略评估与战略控制两大部分。其中，战略评估包括五个分量表，各有三个题目；战略控制分量表包括五个分量表，各有两个题目，主要内容如下：

(1) **战略评估**：1~15，分为以下五个部分：

1) 关键资源的利用：1~3。它评估战略和竞争定位是否利用了组织的资源与能力。

2) 产业条件的符合：4~6。它评估战略是否适应竞争环境中当前的产业条件。

3) 竞争优势的持续：7~9。它评估组织的竞争优势能否持续。
4) 战略定位的一致：10~12。它评估战略要素是否内部一致，且与战略定位相匹配。
5) 战略的落地：13~15。它评估战略是否与恰当的战略实施工具相协调。

(2) **战略控制**：16~25，分为以下五个部分：
1) 设定绩效标准：16、17。它评估绩效标准是否根据组织战略目标，结合组织内部人力、物力、财力及信息等具体条件来确定。
2) 绩效监控与偏差评估：18、19。它评估通过一定的测量方式、手段、方法，监测组织的实际绩效，并将组织的实际绩效与标准绩效做对比，进行偏差分析与评估。
3) 设计并采取纠正偏差的措施：20、21。它评估以顺应变化的条件，保证组织战略的顺利实施所采取的纠偏措施。
4) 监控外部环境的关键因素：22、23。它评估组织是否经常识别和监控关键的外部环境的关键因素，如政治（制度、政策）、经济、社会、技术、环境和法律等。
5) 激励战略控制的执行主体：24、25。它评估组织是否调动其自控与自评价的积极性，以保证组织战略实施的切实有效。

根据被试者问题的回答，可以进行如下分析步骤：

1) 加总战略评估五个分量表的分数。得分在60~75分，表明被试者十分重视战略评估；得分在45~59分，表明被试者比较重视战略评估；得分在30~44分，表明被试者不太重视战略评估；得分低于30分，表明被试者完全不重视战略评估。

2) 加总战略控制五个分量表的分数。得分在40~50分，表明被试者十分重视战略控制；得分在30~39分，表明被试者比较重视战略控制；得分在20~29分，表明被试者不太重视战略控制；得分低于20分，表明被试者完全不重视战略控制。

3) 加总所有10个分量表的分数。得分在100~125分，表明被试者有强烈的意识与行动进行战略评估与控制；得分在75~99分，表明被试者能够在一定程度上进行战略评估与控制；得分在50~74分，表明被试者不太有意识去进行战略评估与控制；得分低于50分，表明被试者完全没有进行战略评估与控制的意识与行动。

通过以上三个步骤层层分析，可以在一定程度上判断被试者是否能够有意识地进行战略评估与控制。

第四篇
新型战略领导力

第13章 生态领导力

在当前易变的、不确定的、复杂的、模糊的动态竞争环境中，衍生出了新进化的组织形式，即商业生态系统。穆尔（Moor）（1993）首次提出"商业生态系统"（Business Ecosystem）概念。所谓的商业生态系统，是指"以组织和个人的相互作用为基础的经济联合体，是客户、供应商、组织以及其他有关人员组成的群体，他们相互配合以生产商品和服务"。商业生态系统可分为以下几个发展阶段：开拓阶段（Birth）：汇集各种能力，创造关键产品，建立系统和有序的共生关系，创造真正有价值的东西。成长阶段（Expansion）：从协作关系的核心开始，在不断增长的规模和范围中投资，并在所开发的市场中建立核心团体。建立核心团体，在可利用的客户、市场、同盟和供应商中发展生态系统。领导阶段（Leadership）：保持对生态系统的领导，必须为生态系统的发展做出贡献，这样才能保持在所建立起来的商业生态系统中具有权威。更新阶段（Self-Renewal）：当建立商业生态系统后，必须寻找新的方法，为旧的秩序注入新的观念，用替代物来延续与其他生态系统的竞争。在这一阶段要确保商业生态系统不断改进性能，防止衰退。随着市场的发展，商业竞争已经从传统的竞争模式演变为商业生态系统之间的竞争。在这样一种新型组织模式中，组织如何生存并持续发展，是领导者面临的重大考验。生态领导力就是指构建商业生态系统，平衡组织内外部利益相关者的关系，引领商业生态系统保持可持续发展，最终实现组织持久生命力的领导能力。

13.1 组织生态模式

新形势下的组织模式是生态模式，生态系统中的成员之间构成了价值链，不同价值链相互交织形成了价值网。物质、能量和信息等通过价值网在联合体成员之间流动和循环。价值链上各环节之间是价值或利益交换的关系。生态模式能够实现共生、互生、再生三个层次的作用。

(1) 共生。这是商业生态系统的第一个层次，系统内的各成员为了共同的目标而有机地联合成一个整体。他们分工协作，共同为客户创造价值，实现生态系统的整体价值最大化。共生的核心是创造一个价值平台，这个平台可供生态系统中的各商业伙伴共同利用和分享，从而使价值创造活动能够得以系统化地组织。

(2) 互生。在共生之上，生态系统的成员还呈现一种相互依赖的关系，每个成员的利益都与其他成员以及生态系统整体的健康发展相联系。成员所创造的价值会在整个生态系统中进行分享。如果缺乏这种分享，生态系统的健康水平就会受到威胁，成员可能会出现衰退或转向其他生态系统。

(3) 再生。再生是指生态系统通过重新关注最适合的市场和微观经济环境的产业区域，将一些资源转移到新的市场领域，建立更好的合作框架和更健全的生态系统，从而成功转向未来更宽广的市场范围。

13.2 生态系统的发展阶段

一个商业生态系统需要经历四个阶段：开拓、成长、领导、自我更新。尽管在现实中，这四个阶段常常是模糊不清的，但是每个阶段都会给管理带来相应的挑战。

(1) 第一阶段：开拓生态系统。领导者要确立生态系统的共同目标，整合各种相关的资源和能力，带领团队创造出关键产品，建立系统和有序的共生关系，打造真正有价值的平台。

(2) 第二阶段：成长生态系统。领导者要带领团队找准方向，在有利的领域中进行投资并占领该市场，使系统的规模和范围不断扩大，在可利用的客户、市场、同盟和供应商中扩展生态系统。在这一阶段，领导者要在所开发的市场中建立核心团体，使团队成员建立相互依赖的互生关系。

(3) 第三阶段：领导生态系统。领导者必须引领生态系统的整体发展，在所建立起来的商业生态系统中保持权威。这一阶段要进一步深化互生关系，领导者要让系统内成员之间的关系更加紧密，每个成员的利益都与其他成员以及生态系统整体的健康发展相联系。要确保成员所创造的价值在整个生态系统中进行分享，这样才能保持生态系统的稳定发展。

(4) 第四阶段：生态系统的自我更新。当外部环境变化或产业进入成熟期之后，可能会发生整个产业的衰退。领导者建立起自己的生态系统后，必须寻找新的方法，为旧的模式注入新观念，保持自身不断更新来延续和其他生态系统的竞争，以确保商业生态系统持续不断改进性能，防止衰退。

所有的生态系统在进化过程中所面临的考验是无时不在的。因此，领导者必须考虑目前自己的生态系统处于发展中的哪个阶段，以及如何利用生态系统来实现组织目标和绩效。

13.3 生态领导力的特征

从生态系统的建立到不断成长以及更新的过程中，高效的领导需要具备五个关键特征：客户导向性、创新性、敏捷性、系统性和变革性。

（1）**客户导向性**。生态系统的核心价值来源是客户，只有以客户为中心，为客户创造价值，吸引大量客户并提高客户黏性，整个系统才能获得利益。因此，领导者首先应具有以客户为中心的理念，带领整个团队深刻理解客户的痛点或需求，从服务客户入手到预测客户需求并与客户共创，最终实现生态系统的价值。

（2）**创新性**。对于依靠新产品的组织来说，要有贯穿始终的创新能力才能确保不被淘汰。首先，领导者本身要有创新力，能根据市场变化和生态系统的发展，不断对产品、服务、商业模式、渠道和经营方式等进行创新。领导者更重要的任务是要创造一个鼓励创新和帮助组织变得更创新的环境，培养有创造力的文化，激励创意的产生，发挥下属的创造精神。

（3）**敏捷性**。处于激烈市场竞争中的生态组织，领导者要带领团队时刻保持敏捷灵活，根据环境的变化做出快速的反应，对推出的产品和服务不断进行快速迭代优化，这样才能确保失败尽可能小。同时，要探索开拓新产品，迅速推广成功的尝试，在组织内部保持资源配置的灵活性。

（4）**系统性**。系统性思考是指领导者能够着眼于全局而不只是部分，并能学习巩固或改变整个系统模式。一个生态系统是由多个部分组成的，其中一个部分的决策会引起其他部分的连锁反应。因此，领导者要将整个生态系统视为一个相互依赖、相互联系的整体，能够认识到整体的协调性而不只是系统中分离的各个要素。运用系统性思考，领导者能够长期检查整个组织的运行模式，集中关注规律性变化、流向、方向、框架以及关系网络，从而实现整体性能。

（5）**变革性**。一个生态组织要在持续变化的环境中保持长期的绩效潜能，就需要持续不断的变革。生态领导者的一个关键挑战是如何引领变革，如何让变革有序进行，帮助组织在动荡的环境中生存下来而不是耗尽组织的能量，不断改善生态组织的生存状态,最终提升组织的能力和价值。领导者还要帮助人们看到变革的必要性,接受新的理念和方式,并且帮助人们把握变革进程的方向,学习新知识和新技能,以确保变革的顺利实现。图13-1列出了一些环境因素,如快速变革的技术、全球化、社会态度的改变、日益严格的监管等,为组织内部进行变革带来了更大的需求。

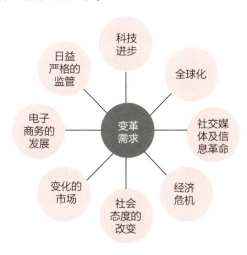

图 13-1　驱动领导变革需求的力量

生态模式的迅速发展对战略领导力提出了新的要求和前所未有的挑战,生态领导者必须从整个生态系统的高度着手,为组织制定发展方向。同时,以互联网为主导的高科技市场快速变化,需要生态领导者具备更高水平的客户导向性、创新性、敏捷性、系统性及变革性。

13.4　测测你的生态战略领导力

13.4.1　生态领导力评估

指导语:请仔细阅读以下问题,每个问题从非常不符合到非常符合有五种选择(表13-1)。如果该描述明显不符合您或者您十分不赞同,请选择"1";如果该描述多数情况下不符合您或者您不太赞同,请选择"2";如果该描述半正确半错误,您无法确定或介于中间,请选择"3";如果该描述多半符合您或者您比较赞同,请选择"4";如果该描述明显符合您或者您十分赞同,请选择"5"。

注意:请根据您的实际行为打分,而不是根据您所期望达到的行为打分。

表 13-1　生态领导力评估

问　题	非常不符合	不太符合	不确定	比较符合	非常符合
1. 我鼓励员工把主要的时间和精力专注于理解和满足客户潜在的需求上	1	2	3	4	5
2. 面对变化，我能迅速想到应对方法，并采取行动	1	2	3	4	5
3. 比起个人成功，我从团队成功中得到更多的满足	1	2	3	4	5
4. 比起成熟的、得到验证的做法，我更愿意尝试新理念和新模式	1	2	3	4	5
5. 在产品开发时，我首先考虑的是如何实现客户价值的最大化，而不是组织价值的最大化	1	2	3	4	5
6. 对已经推出的产品和服务，我会不断进行反思并优化更新	1	2	3	4	5
7. 我能够清楚地说出个人和组织的定位，并且能巩固或者改变系统整体模式	1	2	3	4	5
8. 比起现成的产品和成熟的市场，开发具有高风险、高收益的产品和市场对我的吸引力更大	1	2	3	4	5
9. 我随时注意人们在实际生活中的痛点	1	2	3	4	5
10. 对于成功的尝试，我会快速在组织中进行推广	1	2	3	4	5
11. 我经常检查并改进整个组织的运行状态和模式	1	2	3	4	5
12. 我会激励下属与我一起规划未来	1	2	3	4	5
13. 我能够有效地预测客户需求	1	2	3	4	5
14. 我能够根据需要灵活地调配组织的资源	1	2	3	4	5
15. 比起财务绩效，我更关注组织的总体利益和长远发展	1	2	3	4	5
16. 与其待在舒适区，我更愿意去冒险，迎接新的挑战	1	2	3	4	5

得分与解释：

本测试共有 16 题，最高分为 80 分，包括四个分量表，每个分量表有四个题目，主要内容如下：

(1) **客户导向性**：1、5、9、13。客户导向性主要评估被试者是否具备以客户为中心的理念，并致力于为客户创造价值，从而实现生态系统的价值。

(2) **敏捷性**：2、6、10、14。敏捷性主要评估被试者是否能够时刻保持敏捷灵活，面对环境的变化做出快速反应，紧跟市场趋势，对产品和服务进行更新。

（3）**系统性**：3、7、11、15。系统性主要评估被试者是否具备系统性思维，着眼于全局而不只是部分，关注整体协调，确保整个系统的发展。

（4）**变革性**：4、8、12、16。变革性主要评估被试者是否具有变革的精神，即他们愿意承担多大的风险从事新的或原创的尝试。

以上评估能在一定程度上反映被试者生态领导力的高低。得分在 65~80 分，表明被试者具有高水平的生态领导力，有很高的能力领导员工打造并发展生态系统；得分在 45~64 分，表明被试者具有良好的生态领导力，有较高的能力领导生态系统发展；得分在 35~44 分，表明被试者的生态领导力处于平均水平；得分低于 35 分，表明被试者的生态领导力处于低水平。

13.4.2 创新力评估

指导语：在表 13-2 中，选择您觉得能准确描述您个性的形容词打钩。请诚实回答，选出所有能形容您个性的词语。

表 13-2 创新力评估

个性形容词	钩选	个性形容词	钩选
1. 易受影响		16. 智商高	
2. 有能力		17. 兴趣狭窄	
3. 谨慎		18. 兴趣广泛	
4. 聪明		19. 善于创造	
5. 平凡		20. 彬彬有礼	
6. 充满信心		21. 新颖	
7. 保守		22. 反思	
8. 传统		23. 足智多谋	
9. 以自我为中心		24. 自信	
10. 不易满足的		25. 有魅力	
11. 诚实的		26. 自命不凡	
12. 幽默的		27. 真诚	
13. 个人主义		28. 顺从	
14. 不拘礼节		29. 多疑	
15. 富有洞察力		30. 非传统	

📝 得分与解释：

以上量表主要评估被试者的创造力。最高分是 18 分，最低分是 –12 分。

选出以下词语的各加 1 分：2、4、6、9、12、13、14、15、16、18、19、21、22、23、24、25、26、30；选出以下词语的各减 1 分：1、3、5、7、8、10、11、17、20、27、28、29。如果得分高于 6 分，说明被试者的个性在创造力方面可被视为高于平均水平。

以上两个量表从五个维度评估了生态领导力的水平，除可参考总体水平外，还可以对比每个分量表的得分高低，分析被试者单项能力的强弱。

第14章 数字化领导力

通过组织的数字化实现，组织试图将客户置于一切的中心，这需要采用一些关键技术，如移动互联网、云计算和社交。移动互联网、云计算和社交技术的爆炸式发展极大地提升了组织对客户需求的反应速度。当今时代，科技消费者希望他们的需求能随时随地得到满足。这就是预测分析和服务/产品质量在理解消费者并及时提供他们想要的东西变得至关重要的原因。数字化组织可以更快地扩大对客户的影响，改善管理决策，加快新产品的开发和服务。未能采用这些新技术趋势的公司无法满足客户的需求，在数字时代难以生存。

数字化转型涉及对组织环境和结构的重塑。韦斯特曼（Westerman）等人（2014）在《领先的数字》（*Leading Digital*）一书中得出结论：具有显著更高的绩效和生产率驱动因素的数字大师公司很少。大多数公司都没能成为数字大师，那些成功的公司之所以能成为数字大师，是因为它们有能力领导数字转型和变革。有效的转型领导者需要一套完全不同的技能。转型领导者关注推动大规模变革的驱动力和转型过程。在进行数字化转型时，大多数公司由于缺乏对有效转型领导的理解而步履蹒跚，这包括有效的沟通和所有利益相关者的早期参与（包括内部和外部）。

数字转型领导的特点：许多公司对未来有良好的想法和战略，但往往无法兑现承诺；战略往往不能充分发挥其潜力，因为需要把这些新想法变为现实的人们努力致力于一种新的做事方式。在这个过程中，他们浪费了时间、精力和金钱。研究表明，有效的转型领导者必须能够做到以下方面：①激励和动员他们的员工。他们很敏捷，能够尝试新事物并快速执行。他们快速地围绕挑战，将关键的利益相关者联合起来，让他们参与到解决方案中，并让整个组织都参与到采用它的过程中来。②挽起袖子，着手去做一个现实的改变项目。③帮助那些受到数字化影响的人，让他们感到自己是变革的一部分。④了解员工的担忧，并在变革过程的早期解决这些担忧。⑤在工作的同时帮助他人完成转型。⑥对公司引进新技术的能力有信心。数字文化需要改变组织各个层次的领导能力，它必须被视为组织知识产权和竞争优势的一部分。变革过程需要组织中各个层次的远见、技能和热情，每个受变化影响的人都要积极参与。数字化转型跨越了工业生产、运营、价值链和售后服务。它通过传感器、数据和分析的扩展使用，丰富了人们的知识。研究表明，在转型过程中，组织问责制、企业文化和员工变革管理会面临障碍（Peter Reynolds，2018）。

14.1 数字经济及数字化变革

关于数字经济，应用最为广泛的定义是，数字经济是指以使用数字化的知识和信息作为关键生产要素、以现代信息网络作为重要载体、以信息通信技术的有效使用作为效率提升和经济结构优化的重要推动力的一系列经济活动。

数字经济包括数字产业化与产业数字化两大板块。数字产业化是以数字化应用为主要产品形态的信息制造、通信服务以及软件服务业，以及基于互联网信息技术的服务业新业态、新模式形成的一种新型产业；产业数字化主要集中在传统产业部门对信息技术应用的环节，是构成数字经济的重要组成部分，具体包括农业、工业、服务业等传统组织的数字化变革。

数字经济具有如下重要特征：

（1）**数据要素化**。在数字经济时代，由知识和信息所构成的数据成为新的生产要素，成为社会发展所需要的基础性资源和战略性资源，也是社会经济活动中的重要生产力。网络、信息、数据、知识开始成为经济发展的主要因素，并深刻改变了生产要素结构。如何有效使用数据要素、发展组织自身的竞争力，成为传统组织所面临的一个新课题。

（2）**万物互联化**。人工智能、移动互联网、信息通信技术把人、机器、数据通过互联网连接在一起，形成"万物互联"的格局。如果说互联网解决了人的连接，那么物联网将会实现对设备、终端的连接，使得物联网快速渗透到各个领域。

（3）**应用智能化**。大数据和人工智能技术正在推动生产和消费从工业化、自动化向智能化转变，一旦引发链式突破，社会生产效率将再次实现大飞跃，推动工业社会重新洗牌。

（4）**经济虚拟化**。一旦国际社会把数字经济作为开辟经济增长的新源泉，人类财富的形态将发生改变，虚拟货币、虚拟物品登上历史舞台，虚拟财富与货币兑换的途径被打通，财富拥有能力开始与占据或支配信息、知识和智力的数量和能力相关联。

数字经济时代的到来引发组织数字化变革浪潮。全球范围内的许多组织都在进行数字化变革，如重构服务模式、创新网络产品、再造业务流程、提高员工能力，以便产出数字经济时代适应客户需求和价值观的产品与服务。

以微软为例，其所进行的数字化变革涵盖了客户交互、赋能员工、优化运营、产品转型几方面，聚焦于客户、运营和产品。

1）在组织管理战略层面，进行数字化变革的核心就是建立全新组织经营战略思维。这一思维以动态和快速响应客户为基本特征，能够迅速适应外部客户快速变化的需求，调整组织的经营战略，提供定制化、品质化的产品或服务。

2）在组织管理技术与手段层面，成功实现数字化转型可以帮助组织实现消费者洞察分析与客户体验的创新提升。借助客户追踪技术、客户大数据，辅以客户分析工具分析客户行为、洞察客户想法，甚至预测客户的未来消费趋势，搭建和使用包括移动端应用、社交网络平台以及线上平台，能够多渠道整合客户服务形式和渠道，丰富客户体验。

3）在组织绩效提升层面，数字化转型可以帮助组织重构业务流程，提升效率，降低成本。成功实现数字化转型的组织，有能力利用数字化技术（如云计算、大数据、移动互联网、社交、人工智能等）和能力来驱动组织运营和商业模式创新，实现业务的转型、创新和增长。同时，数字化转型组织可以通过数字化技术实现时间与成本的节约，提高服务效率。比如，利用数字化工具提高组织和员工的生产能力，借助数字化技术降低销售、配送和服务成本，加速市场推广服务。

4）在产品创新层面，数字化转型可以帮助组织开发出创新的产品或服务。比如创新型数字产品，如消费者设备、电子书和智能设备。数字化转型可以帮助组织拓展新平台、拓展服务类型。比如，某一传统设备制造组织，在数字化转型中实现了从销售设备延伸到销售服务，发展融资租赁等金融性服务。

有研究结果证明，如果一个组织善于应用数字化手段，借助大数据改进自身的决策方式，那么相对于那些没有面向大数据等高科技做好准备的组织而言，其组织的人才战略与业务战略的可整合性将高出近 8.7 倍（DDI，2018）。

14.2 数字化转型对组织的影响

从外部环境角度分析，数字化转型发展为组织外部环境带来深刻的变化。

这些变化包括生产要素、经济结构的变革，法律、政策、文化的变化，信息技术的变革，还包括处于组织上下游的买方和卖方数字化变革所带来的影响，也包括由于数字化变革为行业带来新的竞争者，加剧了行业竞争。

从内部环境角度分析，数字化变革为组织的经营管理带来更多影响和变化，涉及组织运营、产品、服务等各个层面，包括对组织管理体制和管理手段的变革、管理文化的变革以及对人才素质要求的变革等。

数字经济无论是对组织外部环境还是内部环境所产生的影响，都会进而影响组织战略的相应调整，并带来了一些新问题和新挑战。

首先是对组织架构变化的挑战。数字经济时代，组织架构正在从传统的金字塔型、混合型的组织架构转变成敏捷有机的组织架构。数字经济时代的组织架构正在颠覆着这样工业机器化的组织架构的意义。这在许多创业型组织、新兴的服务性组织中已经凸显。

与传统的金字塔型以及混合型组织架构不同，新型的组织架构被称为"敏捷组织"（图14-1）。从组织架构的演变可以预见，在未来，组织边界会逐渐模糊或者消融，更多的人可能会选择在不同的平台工作，共享资源，并能实现各自的目标。简而言之，数字经济时代的敏捷组织具有平台性、开放性和扁平化的特征。

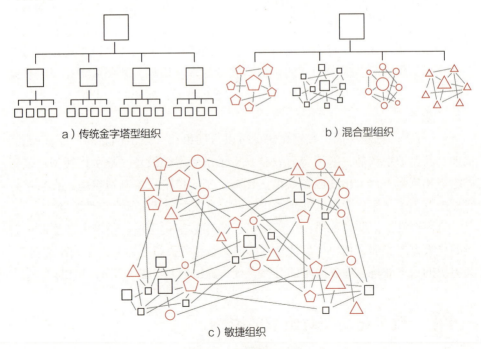

a）传统金字塔型组织　　　　b）混合型组织

c）敏捷组织

图 14-1　敏捷型组织

其次是战略领导力行为与方式的变革。传统的组织战略是自上而下的，一般是组织的领导者根据组织的愿景和目标，分析内外因素确定组织要去哪里、怎么去（Strategy Formulation），并组织实施战略（Strategy Implementation）。

这种依赖于一个或者少数领导者高瞻远瞩的战略领导力组织形式正在逝去。正如吉姆·科林斯（Jim Collins）和杰里·波勒斯（Jerry I. Porras）在《基业长青》一书中所指出的那样："一位远见卓识的魅力型领导者，绝对不是一个有远景的高瞻远瞩组织所必需的，事实上，他反倒会不利于组织的发展。"

"人的觉醒"带来了变化。个体的"人"超越自身的渴望，使得他们更有目的性（Purpose），要求自主（Autonomy），要"我做什么，我决定"，更加专精（Mastery），把想做的事情做得越来越好。

根据关于自组织科学的相关理论，要形成有效的、对于外界敏捷的组织战略，就要改变自上而下的战略制定和分解模式，采用更为包容性（Inclusive and Engaging）的方法，让利益相关者更多地参与其中来制定灵活多变、敏捷的战略。在战略实施过程中，要更多地赋权各个自组织单元，让他们对于相应的任务有更高的所有权和决策权。这些都对组织战略调整具有重要的影响意义。

在《战略型领导力》一书中，同样提到了在战略领导过程中，战略领导团队（Strategic Leadership Team，SLT）发挥着至关重要的作用。对于组织而言，战略领导团队如果"不能够战略性地思考、战略性地行动以及战略性地影响"，将会是一个极大的损失和失败。

敏捷组织和让更多的人参与到战略领导力发展之中，并不意味着数字化经济时代组织不需要培养领导者"高瞻远瞩"的能力和卓越的领导者素质，而只是对组织战略领导力的组织行为和方式提出了一些新的要求和形式。

最后，数字化经济时代对人才素质带来挑战。数字经济要求人才具有如下素质特征：

（1）**对环境的高度适应性**。由于环境变化快，且模糊、复杂、不明朗、易变、难以预测，首先应使自己的情绪不受影响，其次对灵活性和韧性（执着性）要进行恰当平衡。

（2）**高效处理信息**。善于高效利用巨量、碎片化、快速迭代、难辨真假的信息，不会被信息淹没，并能够使用自媒体和各种新生的信息处理工具、平台或渠道，投身信息网络工作。

（3）**拥有跨界思维**。与在外部环境分析中对跨界竞争的关注相对应，要求数字经济时代的员工保有好奇心，主动拓展知识面，以包容的心态获取跨行业、地域、专业、文化的知识和人脉，与他人进行充分的信息交换，通过跨界带来创新。

（4）**客户中心思维**。数字化经济时代的客户导向思维以动态和迅速回应为特征。一个优秀的人才能够紧贴内、外部客户快速变化的需求，迅速调整并交付客制化、高质量的产品或服务。

（5）**学习敏锐度**。具有能够将各种新的体验迅速内化而获得新的能力素质，以及将所得有效地运用于实践中的能力和意愿。

14.3　数字化转型领导力构成

关于战略领导力相关理论，一直存有宏观和微观视角研究之间缺乏整合性问题的讨论。最早在2001年，由波尔和霍伊伯格提出了一个关于战略领导力的整合模型。该模型是将愿景型领导、魅力型领导和变革式领导理论与新兴的领导理论（主要指领导者个体差异性，包括人格、认知因素及行为复杂性）联系起来，形成了关于战略领导力的模型理论。

其后，克罗桑（Crossan）、维拉（Vera）和南贾德（Nanjad）（2008）又提出了关于战略领导者职责的整合框架，包括自我领导能力、对他人的领导能力，人际影响力和组织领导能力（实现环境、战略、组织一致性）。

进入数字化经济时代，西尔弗（Silver）等人（2018）还研究了机器学习对复杂决策领域的帮助。由于计算机算法可以选取最优原则并且具备深度自我学习能力，对发展组织战略领导力的研究带来了新的思考。

在数字化经济时代，组织可能依然需要"领导者确立愿景，设定实现愿景的战略，引领变革。他们激励他人，并克服困难亲自与他们沿着正确的方向前行"；与此同时，保持组织的敏捷性、开放性、灵活性，发挥自组织的作用，让个体充分参与其中，则是组织探讨数字经济时代战略领导能力发展的重要因素。

因此，与熟练地掌握专业知识与运用数字化技术的能力相适应，组织或者个人快速归纳、业务场景匹配、打破组织边界的跨界融合能力成为关键的领导力发展驱动要素。换言之，组织或者个人的认知能力、专业能力、互动能力是发展数字化时代战略领导力的评价标准（图14-2）。

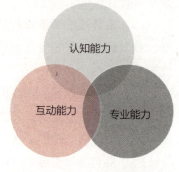

图14-2　数字化转型领导力构成

（1）**认知能力**。认知能力是分析环境与快速决策的能力。在传统领导力范畴，对认知能力的要求主要体现在分析能力与归纳能力两方面。而进入数字经济时代后，商业环境的复杂程度显著提升，因此，在信息不确定性大幅提高的情况下，快速归纳能力、成长型思维能力、纵向发展能力以及适宜的应变能力变得更为重要。此外，组织领导者应具备发散性思考问题的能力，能够在短时间内找出多维度的解决方案。

（2）**专业能力**。专业能力是指洞察业务与匹配管理的能力，即领导者对行业专业知识、数字化管理方法的掌握程度与对技术与业务结合方式的理解程度。业务的数字化转型必然要求组织引入新兴技术，采用更前沿的管理方式。一方面，组织领导者需要选择性地引入数字化技术优化业务流程、重构商业模式，以满足客户需求；另一方面，组织领导者应该构建与转型业务相匹配的组织管理模式，通过简化组织架构、培养数字化人才等方式支持数字化转型。

（3）**互动能力**。互动能力是指突破部门、组织边界的能力，即领导者在数字化转型过程中运用符号、语言等方式增强影响力、整合内外部资源，得到支持、解决冲突的能力。在组织内部为成员创造开放、创新的环境，在组织外部捕捉潜在机会与其他组织建立联系，是领导者带领组织成功进行数字化转型的关键因素。一方面，领导者应当为变革营造宽松、开放的文化氛围，促进跨部门协作；另一方面，领导者需要积极与供应链上下游、政府部门等组织建立合作关系，为组织发展创造机会。

14.4 数字化转型关键领导力要素模型

关于组织进行数字化转型，创新领导力中心（Center for Creative Leadership，CCL）全球总裁、CEO 约翰·瑞恩（John R. Ryan）曾经提出："只有领导力和文化真正转型到位，组织的数字化转型才能充分发挥潜力，进而为持续创新铺平道路。数字化转型永无止境，绝非一蹴而就之举。因此，推动数字化转型的战略领导力也必须与时俱进、不断提升。"

根据约翰·瑞恩的观点，领导力和文化其实是组织和组织在数字化转型中必须要解决的两大关键性问题，而持续性发展的观点是另外一个非常重要的影响因素。领导力，即组织领导者所应该具备的素质。文化，即企业文化（Corporate Culture）或者组织文化（Organizational Culture），是指组织由其价值观、信念、仪式、符号、处事方式等组成的其特有的文化形象，简而言之，就是组织在日常运行中所表现出的各方面。持续性发展的观点建立在成长型思维驱动下的持续性创新。

探索数字化转型失败的原因，会发现转型失败的组织，其失败与技术、系统、流程可能毫无关系，但与领导力密切相关。由此，CCL提出了与一个数字化转型时期的关键领导力胜任力指标，即成长型思维、好奇心、纵向发展和紧迫感。

除此之外，坚定的信念也是影响组织数字化转型的关键因素。在瞬息万变的数字经济时代，坚定的信念能帮助组织在数字化转型过程中从容应对各种挑战，帮助成长型思维、好奇心、纵向发展和紧迫感等发挥应有的价值（图14-3）。

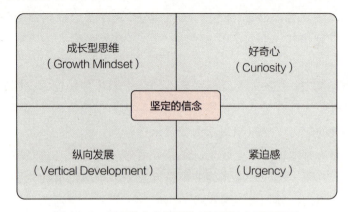

图14-3　组织数字化转型的关键领导力要素模型

1. 成长型思维

关于成长型思维，斯坦福大学的卡罗尔·德韦克（Carol Dweck）教授进行了一项长达35年的研究。她发现了两种思维方式：一种是成长型思维，与之相对应的则是僵固型思维。

持有成长型思维的人相信自己能够通过努力不断变得更好，通过从经历中学习而积累更多的经验，从他人的批评中学习，从他人的成功中获得启发。与之相对应的另一种思维方式则是僵固型思维，即认为父母遗传给我们什么，我们就是什么样的，认为智力是固定不变的。所以我们总想让自己看起来很聪明，因此我们逃避很多事情，如反馈、挑战，因为害怕丢脸，在面对挫折时，会选择放弃而不是坚持。持有僵固型思维的人，会早早步入平台期，不能充分发挥自己的潜力。

以上两种思维方式，对个人和组织机构同样适用。

2. 好奇心

好奇心是另外一个非常重要的因素。在约翰·瑞恩看来，作为 CCL 的 CEO，他更愿意称自己为 CTO，即 Chief Talent Officer（首席人才官）。他在面试新人时，不关心他有什么胜任力、有什么经验，而是看他是否有潜力在未来世界里游刃有余，推动组织不断向前发展。应聘者是否还有好奇心，成为 CCL 选择人才的一个非常重要的标准，高管的"好奇商"越来越重要。

在约翰·瑞恩看来，一个优秀的领导者应该是，虽然会议室的桌前坐着一圈高管，但他们并不先问高管的意见，而是先从后面的同事开始问起。他们开会讲完事情之后，总是会先问后面那些同事的看法。这样不仅能够帮助他们做出更好的决策，而且更能让未来领导力在组织的各个层级渗透。

最重要的是请各层级领导者都学会去问他人，从他人那里寻找问题的证据，保持好奇心，为团队和组织做出表率。这样的组织才会拥有必需的创新、创造力甚至敬业度，从而促进组织的成功转型。

3. 纵向发展

关于纵向发展，约翰·瑞恩认为："纵向发展的秘诀就是我们应该更多聚焦发展本身，而更少聚焦内容。"

提及纵向发展的研究，大家可能比较关注的是比尔·托波特（Bill Torbert）以及 CCL 对纵向发展的研究。

对纵向发展的研究可以追溯到比尔·托波特之前，那就是关于人的发展阶段的研究。回顾自己的成长经历，你会发现成长是分阶段的，而且每个阶段都成长得很快。如到了 7~12 岁时，我们开始问更深奥的问题，思维水平上了一个台阶。一般认为，人到成年以后，纵向发展就结束了，我们只需要学习更多的胜任力和技能。事实并非如此，其实我们和小孩子一样，仍然会经历不同的发展阶段。

成年以后，很多人会加入组织，成为团队的一员。加入组织伊始，我们是一个依从型的服从者，对组织忠诚，是忠实的下属，等待领导给出提示和指引，与同事、同级保持协同一致。其后，我们会进入另一个阶段——独立型的成功追逐者。我们不再寻求别人指引方向，而是自己给出方向。我们开始主动推进议程，不仅是为了组织的发展，也是为了自己的学习与发展。此时，我们是自己学习与发展的负责人。这不仅表现为主动推进议程，也表现为坚持自己的价值观和信念，用自己内心的"指南针"指引自己。如果我们对自己内心的"指南针"视而不见，就会出问题。最后，我们会进入第三个阶段——共生型的协作者。这个阶段意味着我们都能够在组织内部跨越各种边界进行协作，我们能够看到系统、规律、内在的连接，能够包容互相冲突的观点，平衡长远和短期目标；我们知道，很多事情并不是非此即彼的，而应该多方兼顾。这听起来好像很简单，但要养成习惯并非易事。

成年之后的纵向发展，要比年少时的发展花费更多的时间和精力。这个时候我们应该更关注纵向发展：不是往杯子里倾倒更多内容，而是要增加杯子的容量。之所以要增加容量，是因为我们的员工要发展，要晋升到更高的层级，因此，要采用不同的思维方式，改变自己的身份，调整心智模式。

他们的胜任力可能保持不变，但是运用胜任力的思维方式需要改变。纵向发展需要放大格局，这时候不仅仅是往杯子里加东西，而是需要变成一个更大的杯子。

以上便是纵向发展的核心原则。

4. 紧迫感

关于紧迫感，在哈佛大学的约翰·科特（John Kotter）博士在其所著的《紧迫感》一书中讲道："培养紧迫感重要的不是关注变化本身，而是我们怎样应对变化。"换言之，将变化视为机遇，并且培养"紧迫中的从容"。关于此，CCL内部的一句话是"先放慢脚步，再加速前进（Slow down before we speed up）"。

关于紧迫感，一个更为容易理解的表述是"适宜的"应变能力，或者做决策的能力。优秀的领导者知道哪些事情需要尽快做完，哪些事情可以等一等。作为领导者，应该做的就是思考哪些事情于我、于组织是最具战略性的，我能做些什么来推动我的组织和业务发展，以及我应该如何"适宜地"应对这些发展。

5. 坚定的信念

坚定的信念是塑造成功领导力的必备素质。在数字经济时代，变化是常态，只有抱有坚定的信念，才能应对瞬息万变的诱惑，随时迎接来自方方面面的挑战。坚定信念的引导力量，并不仅仅作用于自身，同样可以影响他人，使下属认同、信服，进而愿意为领导者的目标服务。

14.5 数字化转型领导力关键影响因素

为了能够评价数字化转型的胜任能力，领导力驱动要素、领导力文化、人才系统和组织结构设计，构建了关于数字化转型领导力的评估体系（图14-4）。

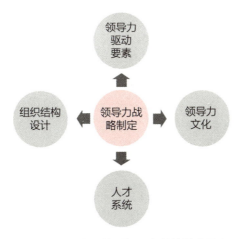

图 14-4　数字化转型领导力关键影响因素

数字化战略领导力转型的评估需要分为两个层面：一个是对领导者素质的评价；另一个是对组织数字化转型胜任能力的评价。

关于领导者素质评价，结合 18 种领导者个人素质与能力评价，以及九种数字化领导角色评价，可从五种素质、三种能力、四种行为上来评价个人是否具备了基本素质，以及能够胜任哪种数字化领导角色（图 14-5 和表 14-1）。

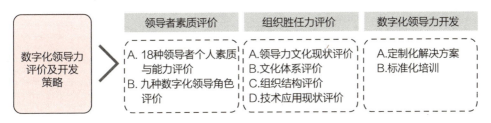

图 14-5　数字化领导力评价及开发策略

表 14-1　数字化领导力

五种素质	三种能力	四种行为
成长型思维	认知（学习）能力	启动愿景
纵向发展		挑战现状
好奇心	互动（沟通）能力	激励人心
紧迫感		以身作则
坚定的信念	专业（实践）能力	

关于组织的评价，需要结合四个关键性驱动因素，分步骤进行评价。

第一步是确定组织的领导力文化现状。领导力文化主要分为依赖型、独立型和互赖型三种。结合关于数字化转型四项基本素质的观点，具备数字化领导力的组织需要具备纵向发展能力，需要团队保持好奇心，需要团队的每个人都建立成长型思维以及正确的"紧迫感"。因此，互赖型领导力文化对数字化转型将更为有利。评价组织的领导力文化现状，对综合评价组织数字化转型能力具有基础性指导意义。

第二步是对人才体系的评价。对人才体系的评价主要分为人才结构（梯队建设）合理性以及可持续性指标评价。是否建立了具备成长型思维的人才管理体系，是否能够激发人才的持续性发展，是评价组织人才体系的重要指标。

第三步是对组织机构的评价。根据敏捷组织、成长型组织、纵向发展观点，具备数字化转型胜任力的组织具备如下几个特点：开放性组织，建立了生态化组织发展观念，具备敏捷性能力，能够解读与适应外部快速发生的变化。

第四步是对组织数字化技术理解及应用现状的评价。组织是否具备适应数字化技术改造是数字化领导力落地执行关键。

根据领导者素质以及组织胜任力评价，帮助组织制定适合自身发展的数字化领导力开发方案。

14.6 测测你的数字化转型战略领导力

14.6.1 数字领导力个人素质评测

指导语： 请仔细阅读以下问题，每个问题从非常不符合到非常符合有五种选择（表14-2）。如果该描述明显不符合您或者您十分不赞同，请选择"1"；如果该描述多数情况下不符合您或者您不太赞同，请选择"2"；如果该描述半正确半错误，您无法确定或介于中间，请选择"3"；如果该描述多半符合您或者您比较赞同，请选择"4"；如果该描述明显符合您或者您十分赞同，请选择"5"。

表14-2 数字领导力个人素质评测

问题	非常不符合	不太符合	不确定	比较符合	非常符合
1. 你能够主动拥抱变化并推动变革，并能够让团队认同和拥护你对未来图景的描绘	1	2	3	4	5

(续)

问　　题	非常不符合	不太符合	不确定	比较符合	非常符合
2. 你能够对事业前景保持一种持续乐观的热情，并能够通过对团队的鼓舞，挖掘团队成员的潜力	1	2	3	4	5
3. 你能够不满足于现状，大胆创新，不惧失败	1	2	3	4	5
4. 你能够对新鲜事物保持敏感并愿意探索尝试	1	2	3	4	5
5. 你愿意以新的思路看待问题，并尝试以新方式去解决问题	1	2	3	4	5
6. 你乐于拥抱创新性想法，相信一切皆有可能	1	2	3	4	5
7. 为了适应新的发展，你能够以跨领域、跨行业的视角发现和处理问题	1	2	3	4	5
8. 为了适应新的发展，你尝试掌握不同领域的知识与技能，并乐于接受跨领域学习和人际交往	1	2	3	4	5
9. 为了在新阶段获得更大的发展空间，你尝试去改变自己的身份、思维方式甚至是心智模式	1	2	3	4	5
10. 你能够快速在重要的事情和紧急的事情之间做出正确选择	1	2	3	4	5
11. 你往往能够在复杂的现状面前快速、及时地做出决策	1	2	3	4	5
12. 为了一个重要的远期目标，你会果断舍弃眼前的短期利益	1	2	3	4	5
13. 你能够在做一件事情的时候专注目标，不怕失败并能够承担失败带来的风险	1	2	3	4	5
14. 你能够保持足够自信，相信以自己的能力与智慧可以不惧任何困难与挑战	1	2	3	4	5
15. 无论遇到什么挑战，你都能够身先示范、严于律己、以德服人，并以此获得团队的支持与认可	1	2	3	4	5

得分与解释：

本测试共有15题，最高得分为75分，主要测试数字化领导者的五项素质和四种行为，具体内容如下：

(1) **成长型思维**：1、2、3。主要评估被试者是否具备成长型思维，带领组织实现持续成长。

(2) **好奇心**：4、5、6。主要评估被试者是否能够保持好奇心，为团队和组织做出表率，促进组织的成功转型。

(3) **纵向发展能力**：7、8、9。主要评估被试者是否具备组织内部跨越各种边界进行协作的能力，能够包容性发展，有效平衡长期和短期目标。

(4) **紧迫感**：10、11、12。主要评估被试者是否具有应对变化、从容做出决策的能力。

(5) **坚定的信念**：13、14、15。主要评估被试者是否具有坚定的信念应对变化，并通过坚定的信念影响周围的人共同为实现既定目标服务。

以上评估并不代表被试者具备了相应的数字化领导能力，仅代表其是否为发展数字化领导力扫清了障碍。得分在60~75分，表明被试者具备良好的数字化领导力发展能力；得分在45~59分，表明被试者具有基本的数字化领导力发展能力；得分低于45分，表明被试者需要为发展数字化领导力做出较大的改进。

14.6.2 数字领导力组织机构评测

指导语：请仔细阅读以下问题，每个问题从非常不符合到非常符合有五种选择（表14-3）。如果该描述明显不符合您或者您十分不赞同，请选择"1"；如果该描述多数情况下不符合您或者您不太赞同，请选择"2"；如果该描述半正确半错误，您无法确定或介于中间，请选择"3"；如果该描述多半符合您或者您比较赞同，请选择"4"；如果该描述明显符合您或者您十分赞同，请选择"5"。

表14-3 数字领导力组织机构评测

问 题	非常不符合	不太符合	不确定	比较符合	非常符合
1. 我认为公司尊重每个员工的意见，并乐于倾听	1	2	3	4	5
2. 我认为公司领导能够进行充分的授权，让每个人的能力得到充分发挥	1	2	3	4	5
3. 我认为公司同事之间能够互相信任、互相支持并建立起共享的文化	1	2	3	4	5
4. 我认为公司不会依靠某些领导或同事独当一面来发展业务	1	2	3	4	5
5. 我认为公司更依赖团队式的工作方式，而不是单打独斗	1	2	3	4	5

（续）

问　题	非常 不符合	不太 符合	不确定	比较 符合	非常 符合
6. 我认为公司高层打破层级关系，在决策上能够采纳"自下而上"的建议	1	2	3	4	5
7. 我认为公司拥有以项目为中心的管理文化和快速组织资源与人力建立项目团队的能力	1	2	3	4	5
8. 我认为公司有完整的人才战略，并能够吸引内外部人才参与公司愿景建设	1	2	3	4	5
9. 我认为公司在某些关键岗位一直在有意培养下一代领导者	1	2	3	4	5
10. 我认为公司能够随需而变，在招聘框架和薪酬体系设计上吸引公司想要的关键人才加入	1	2	3	4	5
11. 我认为公司在管理层及各个业务、职能部门培养了完善的领导力梯队	1	2	3	4	5
12. 我认为公司在关键业务岗位上有与"数字技术"相关的人才储备	1	2	3	4	5
13. 我认为公司注重培养自上而下的全员"智能化"意识	1	2	3	4	5
14. 我认为公司更喜欢招揽强调责任并拥有较强创新意识与经验的人才加入	1	2	3	4	5
15. 我认为公司的组织架构能够打破企业边界，实现内外部资源整合与开放创新	1	2	3	4	5
16. 我认为公司具有通过技术贯穿整个组织，形成跨职能、跨业务体系的能力	1	2	3	4	5
17. 我认为公司组织结构足够精简和灵活	1	2	3	4	5
18. 我认为公司各个部门都愿意牺牲本部门利益以适应企业整体性数字化变革	1	2	3	4	5
19. 我认为公司建立了以客户价值为导向的组织管理体系	1	2	3	4	5
20. 我认为公司建立了一套成熟的变革管理机制，以支撑公司及时应对市场变革	1	2	3	4	5
21. 我认为公司的组织结构有利于公司内部员工以及公司外部客户共同参与产品或服务创新	1	2	3	4	5

(续)

问　　题	非常不符合	不太符合	不确定	比较符合	非常符合
22. 我认为企业有成熟的客户数据追踪分析及消费者洞察技术与工具	1	2	3	4	5
23. 我认为企业能够有效利用数字技术降低销售、配送和服务成本，加速市场推广	1	2	3	4	5
24. 我认为企业能够有效利用数字化工具，如在线办公平台、客户管理套件等，提高组织和员工的生产力	1	2	3	4	5
25. 我认为企业拥有多渠道的客户体验互动体系，包括拥有客户管理客户端、社交化账号，以及拥有一定的"粉丝"	1	2	3	4	5
26. 我认为企业已经通过开发技术支持平台来有效拓展产品及服务类型	1	2	3	4	5
27. 我认为公司能够建立灵活的、基于云的技术架构，以实现内外部业务信息、数据共享	1	2	3	4	5
28. 我认为公司拥有一定的数字化技术应用基础，并持续进行数字化改造	1	2	3	4	5

得分与解释：

本测试共有28题，最高得分为140分，主要分为领导力文化、人才体系、组织机构设计、数字化应用四个分量表，每个分量表含有七个测试题目，具体内容如下：

(1) **领导力文化**：1、2、3、4、5、6、7。主要评估组织机构在是否拥有适合发展数字领导力的文化，是否具备更有利于数字化领导力发展的互赖性领导力文化。

(2) **人才体系**：8、9、10、11、12、13、14。主要评估组织机构是否组建了符合数字化领导力发展的人才体系，在人才招聘、团队建设、关键技术岗位等方面是否做好了储备。

(3) **组织机构设计**：15、16、17、18、19、20、21。主要评估组织机构在设计上是否具备开放性、敏捷性、灵活性特征，是否具备发展数字化领导力的必备要素。

(4) **数字应用现状**：21、22、23、24、25、26、27、28。主要评估组织机构在数字化技术、智能化发展方面的理解与应用水平。

以上评估不代表被试者具备了相应的数字领导能力，仅代表组织机构是否为发展数字领导力扫清了障碍。得分在110~140分，表明组织具备良好的数字转型领导力；得分在80~109分，表明组织具有基本的数字转型领导力；得分低于80分，表明组织需要为数字化转型做出较大的改进，需要关注数字化转型领导力的提升。

第 15 章 战略转型领导力

由于各种管理和环境原因,包括经济衰退、技术过时、基础设施和操作效率低下,以及其他竞争优势的恶化、公司的绩效下降等,公司为扭转局面,首先需要采取收缩(Retrenchment)和转变(Turnaround),称为扭转战略。领导者试图通过最初的紧缩阶段恢复衰退前的业绩水平,然后是长期的恢复阶段。收缩包括削减成本和减少资产(如果有必要)。削减成本的主要目的是稳定公司的财务状况,这是成功扭亏为盈的基础。收缩措施包括削减成本、减少资产、改变管理、债务重组、减少产品线以及实施严格的成本控制。典型的收缩包括裁员、设施关闭、工作部门合并、权力下放和更大范围的控制。由于资源配置的改变,高管们将扭转局面归因于内部原因的公司可能会选择继续缩小规模的模式,而面临外部问题的高管则更倾向于改变他们的战略。在实施扭转战略、公司实现财务稳定后,高管们面临三种战略选择:

(1)沿用旧战略重建公司。这种战略选择的可行性很小,因为有两个不可避免的事实:①该公司的竞争格局已经不可逆转地改变了,它的旧战略虽然以前有用,现在却不太可能同样适用;②旧战略使公司在经济低迷时期不堪一击,除非改变,否则公司今后将面临类似的被动局面。

(2)缩减业务战略。公司重新定义其产品、市场细分领域,并尝试在一个比其衰落前更有限的范围内竞争。这种选择被称为效率维护。关闭表现不佳单位的特许经营公司、合并仓储的制造商,以及关闭分支机构的营销组织,都是缩小范围以加强综合业绩很好的例子。

以上两种战略选择都可以成为公司的长期战略。它们也可以作为多阶段战略的出发点,该战略将随着公司成功地加强其市场和财务基础而取得进展。强调市场开发和产品开发,实现有机增长,是第二阶段的主要选择。

（3）**战略转型**，有时也称为公司重组。随着衰退达到低谷、进入复苏阶段，高管们可能会认为他们的公司不能有效地竞争，或者不能通过目前的战略实现利益相关者的目标。他们需要找到创造性的方法来为公司吸引新的资产，并重新配置，提出主要的新挑战、新竞争和吸引客户的新选择。当领导者对未来市场、产品和服务及技术的预测和预期与现状相差如此之大，以至于需要对公司的战略和能力进行彻底的重新界定时，就需要进行战略转型。组织的战略发展过程就是不断对内外环境变化进行动态平衡的过程。当组织外部环境，尤其是所从事行业的业态发生较大变化时，或当组织步入新的成长阶段需要对生产经营与管理模式进行战略调整时，或以上二者兼有时，组织必须对内外环境的变化进行战略平衡，选择新的生存与成长模式，即推动组织发展模式的战略转型。

组织战略转型是指组织长期经营方向、运营模式及其相应的组织方式、资源配置方式的整体性转变，是组织重新塑造竞争优势、提升社会价值，达到新的组织形态的过程。组织的战略发展过程就是不断对内外条件变化进行动态平衡的过程。当组织外部环境尤其是所从事行业的业态发生较大变化时，或当组织步入新的成长阶段需要对生产经营与管理模式进行战略调整时，或以上二者兼有时，组织必须对内外条件的变化进行战略平衡，选择新的生存与成长模式，即推动组织发展模式的战略转型。

15.1 战略转型的方法

公司战略转型方法也是公司常用的快速发展方法，一般来说有两种：收购战略（Acquisition Strategy）和合作战略（Collaborative Strategy）（联盟或合资）。这两种方法都可以实现组织的竞争性重新定位。

1. 收购战略

当要快速进行战略转型时，通过横向收购、与多元化相关的纵向整合和集团收购等方式收购或合并另一家公司的策略是一种很有前途的选择。横向收购是一种长期战略，旨在通过收购一个或多个在产销链同一阶段的类似组织来实现增长。这种收购消除了竞争对手，为收购方提供了进入新市场的途径。当它追求纵向整合战略时，公司的计划是收购为其提供投入的公司或成为其产出的客户。横向收购战略的主要吸引力显而易见：收购方能够消除竞争，扩大经营规模，从而获得更大的市场份额，扩大规模经济，提高资本效率。选择垂直整合战略的原因更为多样，有时也不那么明显。后向一体化的主要动机是希望通过提高供应的可靠性和质量，更好地控制作为收购公司生产投入的原材料。当供应商的数量相对于竞争对手的数量较少时，这个原因尤其引人注目。在这种情况下，垂直整合的组织可以更好地控制成本，从而提高扩大的产销系统的利润率。如果能带来稳定生产的优势，前向垂直整合是首选。组织可以通过前向整合来增加对其产出需求的可预测性，也就是说，拥有下一阶段的生产-营销链。

收购风险：对于横向整合的公司来说，风险来自对某一类型业务的投入增加；对于垂直整合的公司来说，风险来自公司扩张到需要战略经理扩大他们的能力基础和承担额外责任的领域。无论采取何种方式，收购方的主要动机是经济方面的，包括希望提高公司的股票价格、市盈率、增长率、利润和销售的稳定性，以及因获得性税收损失而结转的税收节省。多元化经营的动机包括完成或多元化产品线的实现，收购急需的资源，以及扩大股东的投资范围。多元化目标的两种主要类型反映了新投资与收购方的关联度。相关收购也称为同心多元化，因为涉及收购公司在技术、市场或产品方面的相关业务的收购。这些目标与公司当前的业务具有高度兼容性。理想的相关多元化发生在合并后的公司增加其利润和减少其风险时。因此，收购公司寻找其产品、市场、分销渠道、技术和资源要求与自己相似但不相同的新业务；其收购产生协同效应，但既不完全相互依赖，也不完全重复。组织收购某项业务，因为它代表了最有前途的投资机会，这种不相关收购策略也被称为综合收购。一般收购方最看重，也是唯一关心的是目标公司的预期盈利模式。与相关多元化不同，组织集团收购很少关注与现有业务在产品市场上的协同作用。多元化集团寻求财务业绩，通常还寻求财务协同。例如，它们可能会在当前周期性销售的业务和被收购的非周期性或反周期销售的业务之间，在高现金流、低发展机会和低现金流、高发展机会的业务之间，或者在无债务和高杠杆的业务之间寻求平衡。战略转型战略的速度和规模如图15-1所示。

图15-1的目的是在假设高管的目标是在最短时间内产生最佳影响时，展示每种策略的相对吸引力的一种解释。图中的星星表示了这种理想但又难以捉摸的选择。图15-1显示了垂直整合、相关多元化和集团收购这三种收购增长战略很可能符合矩阵的右侧，表明它们通常为公司的战略方向提供了高强度的变化。一个例外是，横向收购可能会导致较不明显的变化。然而，一般来说，当高管们认为他们的运营需要进行重大的战略转型，并且他们愿意看到自己的计划在多年的时间里逐步展开时，收购对他们来说是有用的。那些拥有足够资源和市场实力来保护现有计划，同时进入新市场的公司，通常在规划未来时首先考虑收购策略。综合收购的选择值得特别考虑。在图15-1所示的七种策略中，集团

收购提供了转型过程中变化幅度和速度的最佳组合。从视觉上来看，集团收购战略的吸引力是显而易见的，因为它最接近图右上角的理想位置（星星位置）。因此，对战略规划者的隐含建议是，当业绩压力要求他们迅速采取行动，使组织态势发生重大变化时，将集团收购视为一个有前途的候选者。股权合资公司和相关多元化是其他可能的选择。

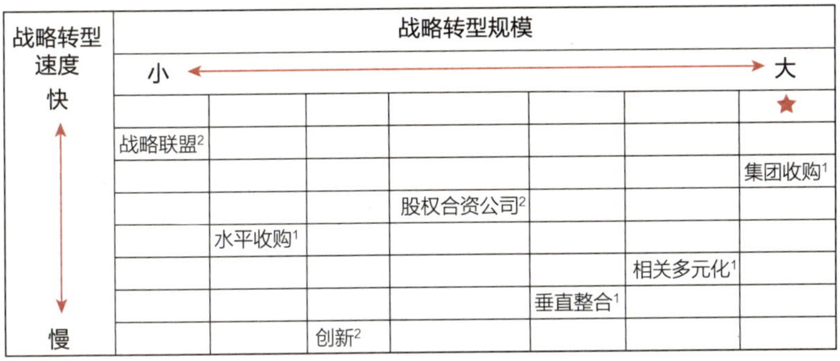

战略转型速度	战略转型规模 小 ←————————————————→ 大						
快							★
	战略联盟[2]						集团收购[1]
			股权合资公司[2]				
	水平收购[1]					相关多元化[1]	
					垂直整合[1]		
慢			创新[2]				

图 15-1　战略转型的速度和规模

注：1. 收购战略；2. 合作战略。

2. 合作战略

合作战略又称为协同增长战略，常见类型包括股权合资、战略联盟等。不同类型的合作战略在许多方面呈现不同特征，如法律形式、持续时间、风险和责任、成本、管理控制、可见性、地理范围、规模、复杂性和利润潜力等方面。

一个有能力的公司缺乏在特定竞争环境中取得成功的必要组成部分。通过建立合资公司（Joint Venture，JV），组织可以成为另一个或多个组织的合同合作伙伴，以弥补缺少的能力和资源。合资公司这种特殊形式就是共同所有权。它的特点是双方股权投资，然后合伙人分享收入、费用和对组织的控制权。近年来，国内公司通过合资公司加入外国公司的吸引力越来越大。合资公司的外国合作伙伴受益于进入市场的速度、双方长期合作的动力和竞争优势，以及获得合作伙伴的所有宝贵资源。或者，外国公司可以与东道国公司建立资产合资公司。在这样的合资公司中，更恰当的说法是战略联盟，因为合伙关系是在一个固定的合同期内，两个合伙人分享一个特定项目的资产和财务成果，但不承担对方已经存在的债务或义务的责任。此外，在合资公司中，外国公司不需要牺牲管理控制权，而在合资股权公司中经常出现这种情况。

尽管合资公司带来了可以共享风险的新机会，但它们往往限制了合伙人的自由裁量权、控制权和利润潜力，同时需要管理人员的关注其他可能用于公司主流活动的资源。

战略联盟与合资公司不同的是，所涉及的公司在合资公司中无股权。在许多情况下，战略联盟在一段时间存在伙伴关系，在此期间，合作伙伴为合作项目贡献它们的资源，同时保持它们的独立性。这样的联盟之所以经常出现，是因为合作伙伴希望相互学习，以便能够发展内部能力，在它们之间的合同终止时取代合作伙伴。从本质上讲，这种关系很棘手，因为双方可能会试图窃取对方的专业知识。尽管有这份合同，但双方关系是建立在信任的基础上的，而且合作伙伴很可能会以牺牲盟友的利益为代价来行使机会主义。在其他情况下，"战略联盟"一词被委婉地用来指许可协议。许可涉及将一些工业产权从许可方转让给被许可方，大多数协议涉及专利、商标或技术。服务和特许经营公司长期以来一直与经销商进行许可安排，以作为一种带着标准化产品进入新市场的方式，从而可以从市场经济中获益。将生产线的制造外包给外国公司，以利用当地在技术、材料或劳动力方面的比较优势。外包可以作为一种战略联盟，通过合作者同意执行特定的业务活动，使公司获得竞争优势，因为合作伙伴可以产生一个附加值特别高的活动，也许是因为它们能做的工作更熟练或便宜。关系中的关键概念是伙伴关系，因为战略联盟的一个显著特征是双方的收益依赖于共同努力的成果。

在许多行业中，不创新的风险越来越大。无论是消费市场还是工业市场，期待的都不仅是产品的增量变化和改进，还期待革命性的新产品。因此，一些公司发现将创新作为它们的重大战略是有利可图的。它们寻求在重复（如果不能预测的话）的基础上获得客户对新产品或改进产品的接受度，从而获得最初的高额利润。然后，当盈利的基础从创新转向生产或营销能力时，它们不会面对激烈的竞争，而是寻找其他原创或新奇的想法。创新战略的基本原理是创造一个新的产品生命周期，从而淘汰类似的现有产品。虽然大多数以增长为导向的公司意识到偶尔创新的必要性，但由于涉及巨大的风险和投资成本，只有少数公司将创新作为与市场联系的基本方式。将一个有前景的创意转化为可盈利的产品需要高昂的研发和营销成本，再加上消费者需求的不可预测性，意味着很少有创新创意会被证明是成功的。此外，因为创新是一个创造性的过程，一项发明或根本性创新所需的时间是极其难以预测的，阻碍了战略规划过程。

然而，在本书的分析中，创新被归类为合作战略。因为正在出现的趋势是，战略转型是业务好转过程中必不可少的最后一步。产品开发延长了现有的产品生命周期，而成功的创新则创造了新的产品生命周期。当新产品或服务能够蚕食旧产品的市场时，它就具有非凡的盈利潜力。从图15-1可以看出，三种合作增长战略选择在变化速度维度上差异很大，战略联盟可能比合资或创新更快完成。事实上，就时间框架和七个战略选项中任何一个的影响而言，创新都具有最高程度的不可预测性。这三种合作方式可能带来的战略转型的规模也不同，合资公司能带来最深刻的变革。总之，关于收购战略和合作战略战略转型方法的选择要考虑战略转型的速度和规模。

管理层的首要目标必须是缩减开支，直到能够停止衰退并实现稳定。然后，抓住战略转型的机遇，进行公司的重新定位是非常有必要的。在其他情况下，改变战略的动机是在生存的狂喜之后野心的扩大和期望的提高。对许多公司来说，一旦它们已经触底，对旧目标的增量增长似乎太过温和，无法激发它们未来的努力。在自身韧性或竞争对手成功的鼓舞下，公司的利益相关者为高管设定更高的增长目标。在这些情况下，公司与其环境的旧的结盟不足以满足对管理的需求。然而，在这种情况下，反映公司持久性的核心竞争力和竞争优势被认为是制定新战略的基础。管理层可以在坚实的基础上前进，但必须找到新的方法，将公司转变为市场上一支更大胆的力量。收购增长交易的一些控制保留内部增长，以更快的执行速度收购别人已经建立的业务，通常可以很快完成，但被收购的业务很少符合收购方的战略需求。虽然收购增长是实现收购者要求的速度和提供尽可能多的多样化的一种战略方式，但被收购公司的业务必须被巧妙地修改并与现有的业务整合，以满足战略伙伴关系所提出的组合增长的要求。协同增长战略在直觉上很有吸引力，它们使公司能够专注于自己的优势，而它们的互补伙伴承担项目的部分风险和责任。也就是说，考虑到通常需要的权力共享和妥协，合作战略可能是最糟糕的，而不是最好的。因此，如果一个公司能够在衰退的低谷中生存下来，并通过削减开支、重组和重新定位稳定下来，通常最好的情况是领导者构建一个新的、更合适的战略，使公司能够在变化了的竞争环境中成功地竞争。这种战略转型的组合选择包括收购和合作增长选项，每个选项在我们所描述的相当明确的情况下都能最佳地运作。

15.2 战略转型的分类

战略转型是一场深刻的公司变革。根据研究角度不同，公司战略转型大致主要分为以下几种：

1）根据公司战略转型时所处的状态，划分为优势转型与劣势转型。优势转型是指公司处于经营高峰状态时，提前预见和把握未来的机会及威胁，进行主动的战略转型，再攀事业高峰。劣势转型是指公司处于经营困境时，为使公司焕发生机，而重新培育公司的核心专长，开始进行公司战略转型。

2）根据业发展方向和经营领域的改变程度，划分为顺势转型和产业跳跃式转型。所谓顺势转型，是指公司顺应市场环境和行业环境的变化，将自身已有的优势调整为与行业发展趋势相匹配的核心业务，使之成为新的盈利增长点。所谓产业跳跃式转型，是指公司从某一个领域跳跃至另一个相关但不同的领域发展。

3）根据转型操作的实施节奏，划分为全面重建式和重点突破式。全面重建式转型是指公司整个管理系统结构和运行机制同时进行大规模的调整，力求一步到位。重点突破式转型是指公司先从某个关键环节开始入手进行改造，进而逐渐带动整个公司战略转型。

4）基于组织资源和能力的战略转型。这种战略转型模式认为，组织的资源和能力实质上就是每个组织在发展演变过程中，通过在实践中的学习，不断积累和进化而来的、组织参与市场竞争的一种内在特征的沉淀和提炼，它深深地根植于组织文化之中。这是组织生存和发展的内因，也是组织转型成功最为关键的因素。

15.3 战略转型的挑战

清晰地认知驱动行业和组织发展的外部环境要素的变化及发展趋势，结合自身的竞争能力，实施战略动态管理、配置资源，达成目标，这是众多组织保持行业可持续竞争优势的核心。在观察众多组织战略部署的过程中，发现类似"战略精进""动态调整"之类的词语已不足以表达它们在所面临的环境巨变和激烈竞争中对战略的更高期望和强烈需求，而"战略转型"一词开始更多地出现在它们的战略分析、报告和执行中，期望借助"转型"之力，对传统商业模式和运营模式进行重塑，将组织引入更具前景的新航道，实现在全新战略方向上的突破与可持续发展。

1. 挑战一：共启愿景

公司高层常用"共启愿景"来达成共识、凝聚人心，激励团队朝着共同的目标迈进。但经过一段时期的协同努力，当公司发展到一定规模并准备通过转型进入下一个发展周期时，会发现团队已经对共启的愿景"习以为常"，当日的激情四射、坚韧不拔、共创未来的共识、行动与动力，已在公司过往的披荆斩棘和功勋卓著中被极大地消耗。当公司高层对愿景、使命、中长期目标提出了更高要求时，这种对愿景目标达成所形成的系统惯性与惰性就成为一大障碍。

2. 挑战二：战略迷失

当宏观环境、行业趋势、市场竞争出现了众多新的元素、趋势、挑战和机遇，在回答战略转型的方向和路径问题时，往往在客户价值再定位、产品服务价值创造、商业模式和盈利模式创新、自身能力和资源匹配等重点领域缺乏深度分析，转型方向不明晰，达成目标的路径选择摇摆不定，会引发团队在转型十字路口的迷失。

3. 挑战三：身心分离

公司明确了战略转型的方向和路径后，虽有着一颗转型的"心"，但"身体"的行动却没有发生相应的改变，战略转型的方向和目标被公司运营体系惯性所绑架。随着公司规模的扩大，这种由传统运营模式所形成的竞争策略、商业模式、运行体系、组织架构、人员配置、组织文化等，会成为转型越来越大的障碍。

4. 挑战四：迭代变革

在国内外众多战略转型的成功案例中，最具挑战性的是如何在战略转型过程中实现新旧体系的顺利过渡，既能发挥传统业务运作的核心优势，又能完成传统业务运作模式向未来业务模式的有序、高效转换。既不能原地踏步式地"转不动"，也不是"一刀切"式的"粗放转"，而是有计划、有步骤实施的系统性迭代变革。传统和新兴二元运作模式并行与迭代，成为战略转型过程中的常态，也是组织成功转型的核心。

5. 挑战五：管控执行

有了转型意愿、动机、目标、路径和行动，如果缺少了对战略转型的过程管控与执行纠偏，战略转型就会在愿景共识、战略沟通、目标分解、战略协同、资源配置、回顾分析、执行纠偏等诸多环节发生偏离，徒增战略转型的失败风险。组织中出现诸如战略转型方向不明并缺乏团队共识，公司上下的转型方向、目标、路径不一致，部门之间对达成转型目标缺乏理解与横向协同，转型所带来组织长期利益与短期利益冲突而引发资源争夺，未能及时发现转型过程中的重大战略偏离等问题就不足为奇了。

15.4 战略转型领导力四要素

新产业模式、地缘政治、全球竞争和消费者需求的变化正在重塑组织所处的商业环境。组织可能要面临与高估值的新兴对手抢占市场份额，而激进的投资者们也在积极寻找投资目标。与此同时，组织领导者对组织的未来发展怀有远大抱负：成为具有盈利能力的创新者、抓住机遇、主导行业发展、吸引高度敬业的人才、践行组织社会责任。转型会使组织能力和形象发生重大转变，以便超越过往，创造有价值的成果，达成组织宗旨。转型不一定是一次性事件，它可能涉及持续的发展与变革，潜移默化地影响领导者与员工。

战略转型是否成功取决于多种要素，或者取决于政府的支持、市场的转暖，或者取决于外部资金的支持。但是，目前来看，这种转型成功最为重要的因素是组织领导者及其团队的领导力。因为不管一个组织的战略多么清晰、团队的执行能力多么强，如果领导力出了严重问题，那这个组织的战车、一批优秀的团队成员都将因此沉沦。很多优秀的大型组织沉沦或转型失败，不是团队不优秀、执行力不强，也不是组织缺乏相关技术和产品，而是领导力出了严重问题。

转型的规模可大可小，它可能涉及组织的各个部门，从初创组织到全球大型组织，任何类型的组织都可以实施转型；它还会影响组织架构的方方面面，如创新、财务、市场、销售、人力资源、运营等职能。不论规模大小，转型要求组织文化发生转变、领导者高度参与。可通过以下四种方式掌控组织的未来发展：

1. 战略定位：塑造战略形象

战略定位为组织描绘清晰的未来图景，并竭尽全力实现目标。"再启"即对公司使命、愿景、价值观的再认知与共识。随着外部环境和竞争态势的变化，团队已达成共识的"传统公司愿景"，需要结合现在和未来正发生重大改变的元素，如"全球产业再布局""供给侧改革""共享经济""互联网+""人工智能"等，重申"经营的意义"并再建共识。其次，公司高层管理团队在进行了深度商业洞察和机会识别的基础上，不仅应为公司清晰地描绘未来蓝图，更应该在塑造一支能够从"现状"迈向"未来"、更具竞争力的团队上下功夫，从创新、敏锐、变革、坚韧、激励、执行等核心转型领导力要素上，重塑核心团队领导力，实现战略转型牵引下的组织变革，带领全体员工实现战略转型目标。

当今，各个组织都需要打造特色标志。这不仅是在进行品牌建设，也是在塑造强大的组织形象。组织的价值主张、核心能力、客户和员工体验以及组织文化，都会相互促进。具有连贯一致、差异化战略形象的组织会成为行业标杆，如苹果、宜家、星巴克、本田等。它们遵循一以贯之的总体经营方式和组织发展的宏伟愿景，大胆阐明新愿景以及树立组织新形象，牢记以下几个准则：

（1）**讲好故事**。变革型组织的领导者经常用枯燥的理论来解释转型及其基本原理。但是，通过努力，商业领袖开始成功地运用生动的日常语言来解释公司新的战略形象。如此一来，每个人都可以清晰地了解自己的工作贡献，以及理解变革各个环节的重要意义。员工和客户都知道组织是强大的，并期望通过这股强大的力量去创造成就：建立人际关系网、创造财富、推出产品和服务或者为社会带来新的价值。当明晰地阐述了组织价值创造不仅是服务于股东和老板，还关系到社会时，员工将更能与公司的新形象产生情感上的共鸣。他们知道这会促进公司繁荣，也会为自己参与其中而感到自豪。

（2）**将战略形象与独特能力相关联。**如果仔细研究公司的核心业务，可能会发现它根本不是核心业务；相反，它是一个缺少协同的产品组合，对能力的需求也各不相同。转型能让公司有机会专注于自己擅长的业务，剥离其余部分。转型之后的数字化、成本管理以及产品和服务的开发，都应该与这些独特的优势直接相关。

（3）**树立远大目标。**在解释变革的必要性时，不要只谈论面临的威胁或"平台危机"，相反，可以谈谈想要创建的公司——能够完成现在无法完成的事情，展示怎样通过员工的优势和才能来实现这一愿景，以及如何建立或借助集体能力来协助员工工作。为了激发员工加大投入，新的目标应该更加远大——将需要前所未有的力量和技能来实现，也同样会收获前所未有的回报。目标的描述应该激发公司的领导力、员工和其他利益相关者的好奇心与活力。

（4）**提高参与度。**与员工交谈，邀请他们共同描绘公司的未来发展蓝图，在各个方面建言献策，他们会更愿意采纳自己提出的想法或建议。

2. 战略实施：建立多方信任

寻找吸引客户和员工的方式，与客户建立信任关系。重新设计激励因素，把信赖转化为奖励，并让每个相关人员的付出都得到回报。如果不相信公司员工的灵活性，就不会相信公司的变革性。转型战略需要自上而下来实施，转型成败是可以人为感知的。许多艰难的决策明摆在桌面上，包括出售公司部分业务、裁员以及进行战略上的根本变革。但如果人们看到了希望，他们就会投入时间和精力去建立新的形象，并坚信组织终将兑现承诺。领导者可以从沟通时间、对象、渠道、内容、形式等维度，建立组织对内和对外的战略沟通"时间表"，有序并持续地实施有针对性的战略转型团队沟通，明晰转型目标、路径、策略、协同、资源与执行，在核心管理团队与员工之间、组织与利益相关者之间达成转型目标共识，建立信任。从市场与客户、产品与服务、策略与运营、组织与人员、变革与文化等方面，有计划、分步骤地实施战略转型，实现公司从战略到运营的迭代变革，将目标纵向分解，组织内外横向协同，实现公司上下、部门左右、组织内外的战略协同。

建立信任不仅是使人信服，应把心理变化放在第一位：每一步都能让客户、员工、投资者、监管者和其他利益相关者产生共鸣，需要细心规划，对与目标背道而驰的人持以正确态度。以下准则可以帮助您在转型中取得实效：

（1）**自上而下实施**。公司文化起源于领导队伍。领导队伍是否步调一致、有能力？是否明显不和、彼此疏远？如果是后者，那么应通过高强度培训和对话来帮助领导队伍提高领导能力。

（2）**重新设计激励因素**。把信赖转化为有形奖励，如工资、晋升和额外收入。奖励不必是昂贵的，可以是弹性工作时间、教育机会、参与成长机会多的项目或可以接触导师或项目的机会。应发现不同的人想从这次组织转型中获取什么，并为他们量身定制相关奖励、机制、关系及实践。

（3）**尊重阻力**。一些重要的关键人物可能会反对新挑战，而反对必然有原因。领导者能否与他们接触，找出原因，在不妥协战略的基础上真诚努力地争取他们的认可？如果不得不解雇反对者，应确保为他们寻找新工作提供足够的支持。因为看到公司公平地对待他们，其他员工也会有更多的理由全心全意地投入新的事业。

（4）**与客户建立信任关系**。树立一个有能力并真诚可靠的形象，将其具体体现在线上线下的客户体验中，并投入必要的资源和注意力来实现这一目标。

3. 战略控制：把握从速度向规模转变的节奏

战略转型通过密集的、实验性的方式，以创业者的姿态尝试新的实践方式，选择有效的方式快速推广。新想法需要时间和空间来孕育，在早期阶段，必须保护它们免受干扰。但如果保持孤立，新想法不可避免地会被边缘化。解决这一悖论需要大量的实际技巧。成功的转型领导者从一开始就坚定决心，通过结合创业公司的发展速度和敏捷性与综合全面的战略控制，他们获得、发展并维持其差异化能力。

成功的战略转型包括连续的一系列小创新，每个创新都基于切实可行的概念。它们可以包括新产品或服务、市场进入、运营改进、跟踪结果的新方式，新商业模式探索，新兴技术公司的工作方式。通常，公司将在实验的基础上开发和尝试各种新方法，然后联合所有可行的方法，进行全面实施。每天更进一步的转型将比一蹴而就的计划更加容易和有效。以下是实现目标的准则：

（1）**采用灵活的创新方式**。尝试多种新的工作方式，并推出新产品和服务。小团队或公司可以采用科技公司和研究型大学中常见的开发技术来尝试多种新的工作方式，并推出新产品和服务。在典型的敏捷创新流程中，由利益相关者和知识丰富的人员组成的小型跨职能团队通常用3~6周突破创新。团队应该是多元化的，涵盖每一种相关职能和技能，如战略家、设计师、运营专家、财务专业人员和技术专家。

（2）**大规模应用计划**。新想法需要时间和空间来酝酿；它们必须受到保护，免受干扰，并在整个组织中快速落实，替换相对应的现有操作。需成立一个有权威的高层小组来决定哪些想法需要在公司中进行规模应用。这不是一蹴而就的，而应稳扎稳打，为遍布世界的团队提供足够的指导，全心全意地实施每一种新方法。

（3）**熟悉客户需求**。加深对客户及其需求的认知，以便能够更有信心地定制和发展这些想法。设计思维和深入的客户研究实践是非常重要的，而客户研究实践主要是访问购买公司产品和服务的客户代表，与其建立合作并巩固关系。

4. 战略迭代：珍视传统

战略迭代保留组织传统，剥离阻碍变革的业务，利用现有收入为未来注资。组织发展势头强劲，目前的价值很高，但正在经历转型，此刻需要冷静且富有创造力地思考如何充分利用组织价值。随着组织的转型发展，不符合新形象和运营模式的服务、流程、实践、品牌甚至子公司都不得不丢弃。

对传统组织的管理可能会影响整个转型过程。而且，在组织转型时，优良的传统必须传承下去，为组织持续带来收入和利润。因此，需要制订清晰有效的计划，让组织的传统业务在当前达到效益最优化，同时改善或剥离会影响组织转型的业务。以下原则十分有用：

（1）**实现组织价值最大化**。这包括将要剥离的业务。组织的一些传统业务和资产可能会为收入或市场份额做出贡献，但对于构建转型能力而言，则略显乏力。

（2）**平衡过去与将来**。组织要与员工进行沟通，肯定他们以往创造的价值，并确保这些员工可以在新制度下有效地工作；与此同时，不要因为满足而安于现状，需要专注于开发独特的价值主张和能力。

（3）**把有胆识和有才华的员工安排在管理组织传统的第一线**。转型过程中对组织传统的管理经常被轻视，但其实它与其他三个要素一样对成功转型至关重要，而且公司中只有一小部分具备批判思维和沉着冷静的高管才能做好这项工作。这可能是一份临时的美差，让员工能在日常工作中学习鉴别公司的战略能力，剥离不需要的业务，将良好的组织传统融入以未来为导向的公司发展中。

各组织应根据自身情况制订各阶段的行动计划。表15-1是五种组织场景中对各个领导力要素的应用情况。

表 15-1　公司发展趋势与领导力要素

公司发展趋势与领导力要素	战略定位：塑造战略形象	战略实施：建立信任	战略控制：把握从速度向规模转变的节奏	战略迭代：珍视传统
家族公司正在转向专业管理	组织可能已经具有强大且固定的形象、忠诚的客户和深刻的价值观。但是否应该与众不同，或者应该有什么其他的闪光点？	考虑公司器重的非家族成员。必须提供哪些股权和激励措施？如何建立员工和客户忠诚度？	选择由年轻、敬业的家族领导者倡导的两项或更多实验性计划并对此进行投资	哪些家族价值观对公司至关重要？哪些传统活动不再适用，应该予以加强或抛售？
创业公司正发展成"成熟"组织	除了技术能力，此后的两年您想因什么而著名？您的目标以及获得有力增长的途径是什么？	客户对公司产品的需求是什么？您将如何形成包含多元的组织文化来吸引优秀人才？	专注于规模：指派一个团队开发扩展组织想法和实践的方法，制定系统的绩效衡量方法和目标及结果考量准则	想象一下，如有更大的科技集团将收购您组织的部分业务，此时，您会保留哪些业务？
刚进入全球市场且来自新兴经济体的公司	组织形象的哪些方面是与自己国家无关的？	建立一个董事会。确保本地知识、高水平的监督，并进入全球市场。在整个组织中分配责任，同时增加非正式联系	寻求与外部组织达成合作伙伴关系，以帮助您进行创新和扩展	公司的哪些板块在转型期是有用，但转型后收效甚微的？
工业资源公司（石油和天然气或金属）	您所在的行业现在更加关注社会和环境影响，您在哪些方面可以表现出领导力？	重新思考组织内外部的结合情况。您忽视了什么？需要以新的方式考虑哪些风险（例如利率或物流）？	在没有太多资本投入的情况下，找到更好的电子模拟组织的方法（如数字孪生体技术）	哪些长期资产具有解锁数字功能的价值？
面临数字革命的零售、媒体或金融服务公司	什么样的战略形象会促进您与终端用户及消费者的互动，同时建立自己的知名品牌和优势？您应该为竞争对手的品牌提供平台吗？	什么"关键"行动可以构建组织的数字智慧？	深入创建基于智能手机的客户体验界面。从一开始就了解如何将其扩展到整个组织	进行"停车场"练习：想象一下，所有商业活动都撤离大楼，您会选择将哪些带回或剥离？

15.5　测测你的战略转型领导力

指导语：请仔细阅读以下问题，每个问题从非常不符合到非常符合有五种选择（表15-2）。如果该描述明显不符合您或者您十分不赞同，请选择"1"；如果该描述多数情况下不符合您或者您不太赞同，请选择"2"；如果该描述半正确半错误，您无法确定或介于中间，请选择"3"；如果该描述多半符合您或者您比较赞同，请选择"4"；如果该描述明显符合您或者您十分赞同，请选择"5"。

注意：请根据您的实际行为打分，而不是根据您所期望达到的行为打分。

表15-2　战略转型领导力评测

问题	非常不符合	不太符合	不确定	比较符合	非常符合
1. 随着内外部环境和竞争态势的变化，我会重新评估组织愿景、使命和价值观	1	2	3	4	5
2. 我能够为组织描绘清晰的未来图景	1	2	3	4	5
3. 我会关注从创新、敏锐、变革、坚韧、激励、执行等核心转型领导力要素上重塑核心团队的领导力	1	2	3	4	5
4. 我清楚组织的新形象能够为客户创造的价值	1	2	3	4	5
5. 我会考虑组织转型要专注于自己擅长的业务，转型之后的数字化、成本管理以及产品和服务的开发，都应该与这些独特的优势直接相关	1	2	3	4	5
6. 我会持续地与员工以及其他利益相关方沟通，明晰战略转型目标、路径、策略，建立信任，达成转型共识	1	2	3	4	5
7. 我会从转型速度和转型规模方面考虑选择战略转型的方法	1	2	3	4	5
8. 公司实施转型战略时，我会将良好的组织传统融入以未来为导向的公司发展中	1	2	3	4	5
9. 我能够有效识别推动战略转型成功的关键领导力因素	1	2	3	4	5
10. 我能够运用生动的日常语言来解释公司新的战略形象	1	2	3	4	5

(续)

问题	非常不符合	不太符合	不确定	比较符合	非常符合
11. 我能够通过组织转型为客户提供更加可靠一致的价值	1	2	3	4	5
12. 我会根据员工需求设计激励因素从而提升员工信任	1	2	3	4	5
13. 我重视线上线下的客户体验,从而提升客户信任	1	2	3	4	5
14. 成功的战略转型包括连续的一系列小创新,我会将创新的想法进行落地实施	1	2	3	4	5
15. 我会根据组织发展过程重新分配组织资源	1	2	3	4	5
16. 我会根据对客户及其需求的认知制定发展策略	1	2	3	4	5
17. 我已经准备好在组织转型过程中注重经验学习	1	2	3	4	5
18. 我会观察组织转型过程中出现的问题并进行反馈	1	2	3	4	5
19. 对组织进行重新规划时,我知道哪些业务可以继续运营	1	2	3	4	5
20. 我能够将组织传统业务整合或剥离出新业务	1	2	3	4	5
21. 我能够开发出独特的价值主张和能力以适应组织发展	1	2	3	4	5

得分与解释:

本测试共有 21 题,最高分为 105 分,主要评估被试者是否了解并能运用战略转型领导力推动组织战略转型,具体内容如下:

(1) **战略定位**:塑造战略形象,主要评估被试者能否为组织描绘清晰的未来图景,并竭尽全力实现目标。

(2) **战略实施**:建立多方信任,主要评估被试者能否提升客户和员工的信任感,并让每个相关人员的付出都得到回报。

(3) **战略控制**:把握从速度向规模转变的节奏,主要评估被试者能够尝试新的转型方式,选择有效的方式推广新转型战略,发现并纠正执行过程中出现的问题。

(4) **战略迭代**:珍视传统,主要评估被试者能否剥离阻碍变革的业务,开拓具有新价值的业务,并将存在潜在价值的传统业务与新业务相融合。

以上评估能在一定程度上反映被试者战略转型领导力的高低。各分量表分数加总之后，得分在 80~105 分，表明被试者具有高水平的战略转型领导力；得分在 60~79 分，表明被试者具有良好水平的战略转型领导力；得分在 40~59 分，表明被试者具有一般水平的战略转型领导力；得分低于 40 分，表明被试者的战略转型领导力处于低水平，需要加强。

第 16 章 危机管理领导力

组织危机包括诸如自然灾害、产品召回、公司欺诈、广泛的性骚扰、员工歧视等事件。在大多数情况下，如果团队领导者没有准备好管理危机、对组织危机的处理不当，会对组织的盈利能力、声誉、市场地位和人力资源管理系统产生负面的、长期的影响（Garcia，2006）。例如，奈特（Knight）和普雷蒂（Pretty）（1997）在研究中发现：由于对危机处理不当，在危机发生的第一周，股价下跌了10%，而在危机发生的第一年之后，股价比危机前下跌了15%；另一方面，进行有效管理危机的公司在危机后股价仅下跌5%，在随后的一年里，股价迅速回升。

危机管理领导力（Crisis Management Leadership）确实要求领导者采用一套复杂的能力（包括但不限于有效沟通），以真正领导一个组织渡过危机的各个阶段，并进入成功的复苏。此外，当这些能力被实施时，组织在危机后恢复能力的可能性将大大提高。综上所述，危机领导需要综合技能、能力和特质，让领导者能够在公众监督下对危机事件进行计划、应对和学习。在其最雄心勃勃的形式中，危机领导还包括以一种方式来处理危机，使公司在危机后比之前更好。

组织危机被描述为低概率和高后果的事件，通常具有模糊性。组织危机的有效管理依赖于鼓励成员积极参与知识获取和制定解决危机策略的领导行为。随着商业环境的不断变化和日益复杂，领导者培养一套技能尤其重要，这将帮助他们预防和有效地应对危机和其他战略问题。当危机发生时，危机领导能力与管理运营、战略和人力资源的功能和结果方面尤其相关。因此，我们认为，领导者必须直接负责协调工作环境，将基于能力的方法注入危机管理。这包括识别危机情况下需要的关键任务和活动，成功完成这些活动所需的能力（知识、技能或能力），以及对执行危机管理战略的背景的理解。这样，领导者就创造了一种文化，在这种文化中，组织成员会因为系统思考而受到鼓励和奖励。创建这样一种文化需要多方面的分析，即考虑在不同危机阶段和危机环境中所展现的领导能力。作为一种以能力为中心的分析危机管理的方法，它不仅局限于结果，而且侧重于危机每个阶段的实际行为。它可以为培训项目、商业模拟的选择和管理培训课程提供有用的信息。

通过对危机管理过程中每个阶段所展示的领导能力的研究，过滤知识和提供决策制定路线图，为构建危机管理过程提供一个结构。一般来说，危机管理研究人员已经确定了代表典型商业危机的五个阶段：①信号侦测；②准备/预防；③控制/减损；④修复；⑤学习（Coombs, 1999; Mitroff & Pearson, 1993; Pheng, Ho & Ann, 1999）。第一阶段是信号检测，要求领导者感知预示危机可能发生的早期预警信号；第二阶段是准备/预防，领导者应避免危机，并做好发生危机的准备；第三个阶段是通过防止危机扩散到组织的其他部分或其环境来控制损害；在第四阶段，即修复阶段，领导者负责执行短期和长期计划，以帮助恢复业务运作；最后，在危机管理的第五阶段，领导者鼓励从危机中学习和检查关键教训。

组织危机是对组织及其利益相关者的严重、公开、巨大的威胁，可能通过财务欺诈、员工歧视或揭示危及生命的产品安全问题等引发。组织危机的原因往往深深地植根于组织内部，通常需要现有项目之外的解决方案。在关于决定危机管理成功概率的因素的大量研究中，越来越关注领导者在处理组织危机中的作用。当一个组织处于危机中时，内部和外部的成员都倾向于将注意力和权威集中于组织的顶点。正因为如此，一个组织在危机中的生存往往取决于高层领导者的"反应的及时性和有效性"。换句话说，这不一定是组织危机本身，而是高层领导者管理危机的方式，对组织有着深远的影响。

16.1 组织危机的类型

了解危机的类型有助于界定危机，从而指导领导者的行动。马库斯（Marcus）和古德曼（Goodman）（1991）确定了组织危机的几种类型：①意外事故。②丑闻。③产品安全和健康事件。其中，意外事件的发生出乎意料，是离散的一次性事件。此外，事故的受害者通常是可以确定的，这使领导者能够将其遏制危机的战略集中于满足该群体的需要。相对于其他类型的危机，组织更容易否认事故的责任。丑闻是有损组织声誉的不光彩或未经证实的事件或交流。对于一个组织来说，丑闻引发的危机是很难否认的，因为这些事件通常是错误或不当行为的结果。与事故相比，丑闻的受害者往往更难以识别，从而使损害控制成为一项更具挑战性的任务。与事故不同，一次独特或一次性的产品安全或健康事件不会造成大规模痛苦。然而，这种问题只有在很长一段时间内反复出现，才会损害公司的声誉、品牌和可能的财务安全。④员工中心危机。以员工为中心的危机通常会随着时间的推移而发展，并由错误的或管理不善的人力资源管理实践导致的，这些实践导致了人们对不公平或不公平待遇的认知。同样，皮尔逊（Pearson）和克莱尔（Clair）（1998）将以员工为中心的危机列为社会政治体系崩溃或违反正式管理程序、政策和实践的危机。雇员陷入危机的例子包括歧视诉讼和雇员罢工（Wooten，2005；Mitroff & Anagnos，2001）。

16.2　组织危机管理过程五阶段模型

米特洛夫（Mitroff）等人提出的组织危机五阶段模型是组织危机管理过程模型的经典代表。该模型将组织危机管理划分为信号侦测、准备/预防、控制/减损、修复和学习五个阶段，这五个阶段构成了一个循环。基于五阶段模型，领导者具有相应的任务与责任。

第一阶段是信号侦测阶段，要求领导者感知预示危机可能发生的早期预警信号。在第二阶段，即预防和准备阶段，考察领导者是否对公司可能发生的危机有充分的准备，以及日常管理活动中对危机的预防能力。领导者应避免危机，并做好应对危机的准备。第三阶段是控制/减损阶段，领导者应当及时有效地收集并处理信息，采取行动对危机进行控制和处理。第四阶段是修复阶段，领导者负责执行短期和长期计划，以帮助恢复业务运作。领导者应当对危机造成的一系列问题进行修复，主要有关系系统、操作系统以及声誉系统中等方面，把损失降到最低。在第五阶段，即学习阶段，领导者应当认真总结和反思此次危机管理的过程，并通过本次危机管理吸取教训，在今后的危机管理中实现进步。需要说明的是，学习阶段会对下一次危机管理中的信号侦测阶段有正向反馈效果，能加强领导者的信号侦测能力，并逐步加强后续步骤的能力，从而在整体上提高领导者的危机管理水平。组织危机管理过程五阶段模型如图16-1所示。

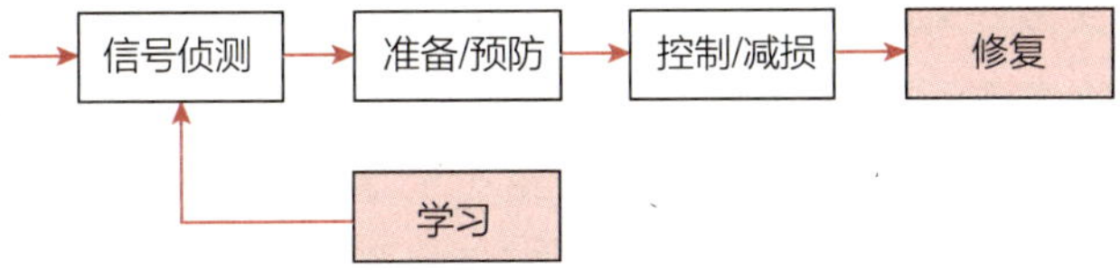

信号侦测 → 准备/预防 → 控制/减损 → 修复
↑   ↓
学习

图16-1　组织危机管理过程五阶段模型

16.3　组织危机管理过程五阶段的关键领导能力

组织危机管理过程五阶段模型中，每个阶段都有关键领导能力。具体说明如下：

1. 信号侦测

（1）**感知能力**。在危机发生时，用三个基本问题检验领导者对危机的感知能力：一件事如何成为一个事件？这件事是什么情况？我应该怎么做？在信号侦测阶段，能够协调这些问题，并以一种能够导致可信行动的方式组织答案的能力，是领导者在这一危机前阶段的一项决定性能力。

（2）**换位思考能力**。换位思考激发了利他主义，而且还与激发对另一个人的移情反应有关。在危机期间，领导者的核心职责之一是确保受危机影响者的福祉。从这个角度出发，领导者将能够更好地理解和同情他人，进而以利益相关者的最佳利益行事。在危机时期，领导者可能倾向于从危机中最有发言权的人（如激进分子或股东）的角度来看待和回应他们的需求或要求。

2. 预备/准备

（1）**上谏**。上谏是用来描述中层管理者用来引导高层管理者注意和理解重要问题的一系列行为的标签，上谏的核心是用说服力和影响力来确定或改变公司战略方向的能力。

（2）**组织敏捷性**。在组织敏捷性方面，有能力的危机领导者对业务的所有方面都有透彻的了解，并且可以跨组织职能、部门地完成任务。在准备或预备危机处理时，组织的敏捷性至关重要，因为尽管危机事件最初可能影响业务的一个方面，但最终整个组织，包括其声誉，都可能受到威胁。危机准备和预防必须考虑到整个组织。如果危机领导者能够了解组织的方方面面，跨越组织边界完成任务，那么危机计划就可能更加全面。

（3）**创造性**。工作场所创造力的概念通常是指产生新的或有用的想法、产品、服务、过程或程序。有能力创造性地思考一家公司会如何受到危机的影响，然后为多重突发事件制订计划，这就需要有能力进行头脑风暴，并以超越传统的组织问题思维的方式进行想象。除了集思广益讨论公司可能出现的潜在危机类型之外，有能力的危机领导者还将确定可能发生的事件的完整情景。然后，将这些情景作为组织准备的基础，以应对实际危机，通过允许决策者对可能的行动和假设的后果进行实验，以应对实际危机。

3. 控制/减损

（1）**压力下的决策**。在危机开始时，领导者一般只能将其视为对自己和本组织的威胁。在此框架内，决策者可能采取的相应行为通常是与损害控制相关的短期行为。此外，在这一阶段，威胁事件通常会导致诸如恐惧和焦虑等负面情绪的潜流。应该能够避免情绪、生理方面的干扰，能够在压力下做出正确和快速的决策，成为有效处理危机的核心能力。

（2）**有效沟通**。与危机管理最密切相关的领导者能力之一就是有效沟通的能力。危机沟通被用来积极塑造利益相关者对危机和组织的看法。在危机的控制/减损阶段，领导者将确定并与关键组织人员联系，提供或征求必要的信息和指示，并试图恢复平静或向受影响的成员提供保证。根据危机的类型，领导者在传达信息时可能还需要有说服力、自信或同情心。

提升领导者在危机期间的有效沟通能力，是指他或她在情感和心理上与听众沟通并影响听众对组织看法的能力。这种能力使得在危机期间和危机后的观点与危机前的观点相同或更有利。此外，在危机期间，有效的危机领导者将积极主动地进行沟通，并采取承认和问责的姿态。尽管存在实际错误，在危机中经常伤害一家公司的是缺乏透明度和被解释为防御性的沟通信息。

（3）**冒险**。威胁刚性模型表明，当遇到威胁时，组织决策者在信息共享方面往往变得更加保守和限制。因此，决策者更有可能缩小组织活动的范围，并越来越依赖于渊博的学识或习惯性行为。在不同程度上，每一种应对措施都通过缩小可能的应对方案的范围，使本组织远离风险。

4. 修复

（1）**提升组织弹性**。在应对危机时，管理层的重点是修复，即业务恢复。对大多数人来说，从危机中恢复意味着让组织回到危机前的状态，或者，正如我们的数据所描述的那样，回到"一切照旧"的状态。然而，有些领导者的组织危机后愿景是能超越过去。其实危机可以作为一种催化剂，促使人们对组织的可能性进行不同的思考，能够帮助一个组织渡过危机，并最终在发展人力资源方面取得进展的能力，有助于该组织在危机之后比以前发展得更好，这是最理想的业务复苏形式。

（2）**正直地行事。**个人诚信和从事道德决策和行为的能力是组织完整性和信任的基础。信任在危机之后尤其必要。例如，当利益相关者意识到某个组织在危机中有过错时，利益相关者往往会将其视为背叛。重新获得这些利益相关者的信任对复苏阶段至关重要，而领导者的诚信是重建这种信任的重要因素。

5. 学习

先前的危机管理阶段主要涉及在危机开始和危机期间的领导责任和必要能力。不幸的是，在组织复苏阶段，领导者往往会停止危机管理活动。然而，异常危机管理还包括以学习的形式进行的危机后活动。当组织决策者采用学习导向，利用先前的经验或他人的经验，发展最终改变组织运作方式的新惯例和行为时，危机更容易被视为机会的来源，而不是威胁。

与传统观点不同，危机可以成为个人和组织学习的催化剂。好的领导者能认识到这一点，并有目的和熟练地寻找在许多危机情况下固有的学习机会。具有学习导向的个体会对不利的环境产生更多的适应性反应，并且被描述为不太容易受到挑战和挫折的阻碍。这些特点可能会影响领导者在危机发生后是否会进行反思和学习，如果是这样，就有可能促进危机管理方面的创新和创造性问题的解决。

总之，在危机的初期信号侦测阶段，领导者通过参与有意义和换位思考的活动来展示能力，这些活动可以帮助他们更好地理解当前的危机情况，并采取适当的行动来满足多个利益相关者的需求；在危机的控制/减损阶段，领导者发现他们需要超越对威胁的情绪反应，从而进行有效的决策、冒险和沟通；在危机的后期阶段，有效的危机管理者必须表现出弹性，并在员工中提升弹性思维。

16.4 测测你的危机管理领导力

指导语：请仔细阅读以下问题，每个问题从非常不符合到非常符合有五种选择（表16-1）。如果该描述明显不符合您或者您十分不赞同，请选择"1"；如果该描述多数情况下不符合您或者您不太赞同，请选择"2"；如果该描述半正确半错误，您无法确定或介于中间，请选择"3"；如果该描述多半符合您或者您比较赞同，请选择"4"；如果该描述明显符合您或者您十分赞同，请选择"5"。

注意： 请根据公司的具体情况及尽可能多的事实信息客观、公正地打分，而不是根据您所期望达到的目标打分。

表 16-1　危机管理领导力评测

问　　题	非常不符合	不太符合	不确定	比较符合	非常符合
1. 我认为公司需要时刻警惕潜在的自然灾难或人为危机	1	2	3	4	5
2. 我曾对公司可能发生的危机做过预想，有一套较为全面的应对策略	1	2	3	4	5
3. 当危机发生时，我能够避免情绪、生理方面的干扰，能够在压力下做出正确和快速的决策，有效地处理危机	1	2	3	4	5
4. 在危机处理后期，为更好地恢复运营，公司会适当调整内部资源结构	1	2	3	4	5
5. 在组织复苏阶段，我认为不应该立即停止危机管理活动，还需要对本次危机进行深刻的反思与思考	1	2	3	4	5
6. 我认为危机管理是维护组织品牌或声誉的关键因素	1	2	3	4	5
7. 我认为我的团队需要一个善于上谏（提出公司潜在危机）的中层领导者	1	2	3	4	5
8. 当危机发生时，我将很快与关键组织人员联系，提供或征求必要的信息和指示，并试图恢复平静或向受影响的成员提供保证	1	2	3	4	5
9. 在危机处理后期，我认为我的诚信行为尤其必要。我会花费时间和精力修复与利益相关者的关系，因为重新获得这些利益相关者的信任对复苏阶段至关重要	1	2	3	4	5
10. 我认为我从本次危机中可以学到经验，并进行深度思考；本次危机被我视为机会的来源，而不是威胁	1	2	3	4	5
11. 我认为危机管理是获得竞争优势的关键因素	1	2	3	4	5
12. 公司已经引进转型需要的数字化和智能化新兴技术，在遇到不能正常进行生产的危机时可以使用	1	2	3	4	5
13. 当危机发生时，我不会依赖于渊博的学识或习惯性行为，而会考虑通过创新思维去解决问题	1	2	3	4	5

（续）

问　　题	非常不符合	不太符合	不确定	比较符合	非常符合
14. 在危机处理后期，我会花费时间和精力关注并亲自参与到解决和恢复与危机相关的技术问题中	1	2	3	4	5
15. 通过危机，我会检测公司在数字化转型方面的投入情况，并做出相应推进	1	2	3	4	5
16. 当危机发生时，我会首先思考清楚三个问题：这件事是如何发生的？这件事是什么情况？我应该怎么做？	1	2	3	4	5
17. 公司与供应商和客户保持着良好的关系声誉，即使在危机期间，也可以对已有订单进行协商与沟通	1	2	3	4	5
18. 当危机发生时，我在传达信息时具备说服力、自信和同情心等积极因素	1	2	3	4	5
19. 在危机处理后期，我会花费时间和精力修复组织的声誉，尽量减少危机对公司产生的负面影响	1	2	3	4	5
20. 我认为危机可以成为个人和组织学习的催化剂，能够在危机管理方面创新和创造性地解决问题	1	2	3	4	5
21. 当危机发生时，我会尽可能地换位思考，从能带给利益相关者最佳利益的角度行事	1	2	3	4	5
22. 我有能力进行头脑风暴，以超越传统的组织问题思维方式进行想象，创造性地思考公司如何受到危机的影响，然后为多重突发事件制订计划	1	2	3	4	5
23. 当危机发生时，我能够尽快调整公司内部资源结构，迅速适应危机带来的变化	1	2	3	4	5
24. 在危机处理后期，我会花费时间和精力调整组织内部员工的心态及整合组织结构	1	2	3	4	5
25. 通过危机，我会思考公司可能发生危机的完整情景，并将这些情景作为组织准备的基础，通过允许决策者对可能的行动和假设的后果进行实验，以应对实际危机	1	2	3	4	5
26. 在日常活动中，我会有意识地培养自己危机管理相关的能力	1	2	3	4	5
27. 我对公司业务的所有方面都有透彻的了解，包括技术、人力资源、公司上下游组织及客户相关信息等	1	2	3	4	5

(续)

问　　题	非常不符合	不太符合	不确定	比较符合	非常符合
28. 当危机发生时，我能够与公司的利益相关者进行有效沟通，并获得他们的相关支持	1	2	3	4	5
29. 我认为危机可以作为一种催化剂，促使团队成员对组织的可能性进行不同的思考。能够帮助组织渡过危机，有助于组织超越过去，在危机之后比以前过得更好	1	2	3	4	5
30. 通过危机，我会有意识地总结并认真梳理本次危机处理的经验与教训，为下次危机应对做出准备	1	2	3	4	5

得分与解释：

本测试共有30题，最高分为150分，参照五阶段模型的步骤分为五个分量表，每个分量表有六个题目，主要内容如下：

(1) **信号侦测**：1、6、11、16、21、26。该步骤用来评估被试者危机管理意识的程度，以及对危机的信号感知能力。

(2) **准备/预防**：2、7、12、17、22、27。该步骤用来评估被试者对公司可能发生的危机所做的准备，以及对危机的预防能力。

(3) **控制/减损**：3、8、13、18、23、28。该步骤用来评估当危机发生时，被试者控制危机能力和处理危机的能力。

(4) **修复**：4、9、14、19、24、29。该步骤用来评估在危机处理后期，在危机造成的一系列问题中，被试者在关系系统、操作系统以及声誉系统中的修复能力。

(5) **学习**：5、10、15、20、25、30。该步骤用来评估通过本次危机管理，被试者的学习能力和吸取教训的能力。

以上评估以米特洛夫提出的组织危机管理过程五阶段模型为框架，能在一定程度上反映领导者在危机管理中的能力。通过定量分析，帮助领导者找出在危机管理中，哪些具体步骤存在缺陷，从而引起领导者的重视并在这方面得以加强。

分量表得分在25~30分，表明被试者对此步骤的利用程度极好；得分在20~24分，表明被试者对此步骤较为重视；得分在15~19分，表明被试者对此步骤不太重视；得分在10~14分，表明被试者对此步骤非常不重视；得分在10分以下，表明被试者对此步骤完全不重视。

将六个分量表分数加总,得分在 120~150 分,表明被试者对危机管理方面十分重视,基本能够运用危机管理理论处理公司面临的危机;得分在 90~119 分,表明被试者对危机管理方面较为重视,能在一定程度上运用危机管理理论处理公司面临的危机;得分在 60~89 分,表明被试者对危机管理方面不太重视,基本不能运用危机管理理论处理公司面临的危机;得分低于 60 分,表明被试者对危机管理方面非常不重视,完全不能运用危机管理理论处理公司面临的危机。

参考文献

[1] VERA D, CROSSAN M. Strategic leadership and organizational learning [J]. Academy of Management Review, 2004, 29 (2): 222–240.

[2] SAMIMI M, CORTES A F, ANDERSON M H, et al. What is strategic leadership? Developing a framework for future research [J]. The Leadership Quarterly, 2020 (1): 1–22.

[3] WOWAK A J, et al. Inducements and motives at the top: A holistic perspective on the drivers of executive behavior. Academy of Management Annals, 2017, 11 (2): 669–702.

[4] PEARCE II J A, ROBBINS D K. Strategic transformation as the essential last step in the process of business turnaround [J]. Business Horizons, 2008, 51: 121–130.

[5] SCHOEMAKER P J H, KRUPP S, HOWLAND S. Strategic leadership: The essential skills [J]. Harvard Business Review. 2013, 91 (1-2): 131-134.

[6] RANDELA A E, GALVINB B M, SHOREC L M, et al. Inclusive leadership: Realizing positive outcomes through belongingness and being valued for uniqueness [J]. Human Resource Management Review. 2018, 28: 190–203.

[7] TRICE H M, BEYER J M. Cultural leadership in organizations. Organization Science, 1991, 2 (2): 149-169.

[8] POCHRON R S, The requisite organization of integral leadership [J]. Integral Leadership Review, 2009, 9 (3): 1.

[9] AVOLIO B J, SOSIK J J, Kahai S S, et al. E-leadership: Re-examining transformations in leadership source and transmission [J]. The Leadership Quarterly, 2014 (25): 105-131.

[10] WOOTEN L P, JAMES E H. Linking crisis management and leadership competencies: The role of human resource development [J]. Advances in Developing Human Resources, 2008 (4): 352-379.

[11] SADLER-SMITH E, ROBINSON G, AKSTINAITE V, et al. Hubristic leadership: Understanding the hazard and mitigating the risks [J]. Organizational Dynamics, 2019 (48) 8-18.

[12] KÖNIG A, GRAF-VLACHY L, BUNDY J, et al. A blessing and a curse: How CEOs' trait empathy affects their management of organizational crises [J]. The Academy of Management Review. 2018, 45 (1): 130-153.

[13] HAMBRICK D C, FREDRICKSON J W. Are you sure you have a strategy? [J]. Academy of Management Executive. 2001, 15 (4): 48-59.

[14] NEGULESCUOH. Using a decision-making process model in strategic management [J]. Review of General Managemen., 2014, 19 (1): 119-123.

[15] 达夫特. 领导学: 第6版 [M]. 苏保忠, 苏晓雨, 等译. 北京: 清华大学出版社, 2018.

[16] 纳哈雯蒂. 领导学：原书第4版 [M]. 王新，陈加丰，译. 北京：机械工业出版社，2007.

[17] 戴维. 战略管理：概念与案例：第13版 全球版 [M]. 徐飞，译. 北京：中国人民大学出版社，2012.

[18] 汤普森，彼得拉夫，甘布尔，等. 战略管理：概念与案例 原书第19版 [M]. 蓝海林，黄嫚丽，李卫宁，等译. 北京：机械工业出版社，2015.

[19] 休斯，贝蒂，迪恩伍迪. 战略型领导力：战略思考、战略行动与战略影响 第2版 [M]. 刘旭东，牟立新，沈小滨，译. 北京：电子工业出版社，2016.

[20] 希特，爱尔兰，霍斯基森，等. 战略管理：竞争与全球化 概念：原书第8版 [M]. 吕巍，等译. 北京：机械工业出版社，2009.

[21] 希特，爱尔兰，霍斯基森. 战略管理：概念与案例 第12版 [M]. 刘刚，梁晗，耿天成，等译. 北京：中国人民大学出版社，2017.

[22] 卡彭特，桑德斯. 战略管理：动态观点 [M]. 王迎军，韩炜，肖为群，等译. 北京：机械工业出版社，2009.

[23] 弗莱舍，本苏泰. 战略与竞争分析：商业竞争分析的方法与技巧 [M]. 王俊杰，沈峰，杨斌，等译. 北京：清华大学出版社，2014.

[24] 戴维. 战略管理：概念部分 第13版 [M]. 赵丹，译. 北京：清华大学出版社，2013.

[25] 希尔伯曼. 企业咨询调查问卷精选 [M]. 单敏，丛蓉，译. 北京：电子工业出版社，2003.

[26] 刘松博. 领导学 [M]. 2版. 北京：中国人民大学出版社，2015.

[27] 戴斯，拉普金. 战略管理：创建竞争优势 [M]. 邱琼，刘辉锋，译. 北京：中国财政经济出版社．2004.

[28] 爱迪思. 企业生命周期 [M]. 王玥，译. 北京：中国人民大学出版社，2017.